2018—2019 名城名校融合发展战略项目资助

中国红十字运动史料选编·湖北专辑

（第十一辑）

湖北省红十字会　红十字运动研究中心　编
宋悦明　池子华　主编

合肥工業大學出版社

《红十字文化丛书》编辑委员会

《中国红十字运动史料选编·湖北专辑》
编辑委员会

总　　序

150年前，高举人道主义旗帜，旨在促进人类持久和平的红十字运动在欧洲兴起并迅速走向世界。100多年来，红十字会为世界和平与发展做出的巨大贡献有目共睹，因而日益受到世界各国、各地区的欢迎，已发展成为与联合国、奥委会并称的世界三大国际组织之一。究其原因，乃其所奉行的七项基本原则——也是红十字文化的内核——涵盖了世界上各种不同文化的共同点，能为文化和制度不同的国家所接受，故而具有强大的生命力。

100年前，红十字运动东渐登陆中国。在其中国化的发展过程中，红十字会不断吸取中国传统文化的精髓，茁壮成长，逐步形成了“人道、博爱、奉献”的文化内涵，并成为中华文化的瑰宝之一。

百余年来，红十字运动在波澜壮阔的实践中积累了丰富的经验，也留下了许多教训。经验与教训需要上升为理论，也只有理论才能更好地指导红十字事业持续、健康发展。学界、业界对此都进行了持续的关注。

2005年12月7日，苏州大学社会学院与苏州市红十字会携手合作，成立全国首家红十字运动研究中心，旨在通过学界和业界的联合，推动和加强红十字运动的理论研究，探究红十字运动中国化的过程与特色，凝练红十字文化价值，探求红十字运动在构建国家软实力和促进中华民族伟大复兴中的地位与作用。同年12月9日，中国红十字会总会也提出，“确定一批研究课题，组织专家学者开展对国际红十字运动及中国红十字运动的深入研究”①。由此，学界、业界共同开展了对红十字运动

① 中国红十字会总会：《关于加强和改进宣传工作的意见》，红总字〔2005〕19号。

的学术研究与理论探讨。

多年来，红十字运动研究中心除通过专业网站（http://www.hszyj.net）发布和交流学界、业界动态外，已出版研究成果数十部；帮助一些地方红十字会建立与高校的合作，搭建平台，共同开展研究；举办了首届红十字运动与慈善文化国际学术研讨会；培养了一批专门研究红十字运动的生力军；积累了大量的学术资料。中心主要研究人员还借助在各地讲学的机会，传播重视红十字运动研究的理念。正是在红十字运动研究中心的引领之下，红十字运动研究在中华大地上呈现出生机勃勃的发展态势，并取得了丰硕的成果，“新红学”① 呼之欲出。仅以2011年为例，各地以纪念辛亥革命100周年为契机，纷纷整理、编辑出版了地方红会百年史；有的红会还与高校合作组建相关研究中心；等等②。这些方式有力地推动了红十字运动研究向更深更广的方向发展。

当今世界正处于大发展大变革大调整时期，多极化、经济全球化深入发展，科学技术日新月异，各种思想文化交流交融交锋更加频繁，文化在综合国力竞争中的地位和作用更加凸显。2011年10月18日，党的十七届六中全会通过的《中共中央关于深化文化体制改革 推动社会主义文化大发展大繁荣若干重大问题的决定》，提出要推动社会主义文化大发展大繁荣。11月7日，教育部发布了《高等学校哲学社会科学繁荣计划（2011—2020年）》，强调要大力提升高等学校人才培养、科学研究、社会服务、文化传承创新的能力和水平。12月7日，全国人大常委会副委员长、中国红十字会会长华建敏在中国红十字会九届三次理事会上提出，“要深化理论研究，充分挖掘红十字文化内涵，推进红十字文化中国化，广泛传播人道理念，在全社会推动形成良好的道德风尚”③。红十字“文化工程”已然成为红十字会总体建设目标之一④。进一步加

① 在2009年4月于苏州大学召开的“红十字运动与慈善文化”国际学术研讨会上，红十字运动研究中心主任、江苏红十字运动研究基地负责人、苏州大学教授池子华指出，经过100多年波澜壮阔的实践发展和学术界呕心沥血的开拓性研究，在人文社科领域构建一门“新红学”——红十字学，条件已经具备，时机已经成熟。见池子华：《创建“红十字学”刍议》，《中国红十字报》2009年4月17日。

② 池子华、郝如一：《2011年红十字理论研究之回顾》，《中国红十字报》2012年1月3日。

③ 《中国红十字会九届三次理事会召开》，《中国红十字报》2011年12月9日。

④ 池子华：《“文化工程”应成为红十字会总体建设目标之一》，《中国红十字报》2009年12月11日。

强与拓展红十字运动理论研究，尤其是对红十字文化中国化的研究，已成为历史与现实的呼唤。

有鉴于此，红十字运动研究中心继续发挥高等学校与业界合作的优势，汇聚研究队伍，科学选题，出版一套“红十字文化丛书”，弘扬有利于国家富强、民族振兴、人民幸福、社会和谐的思想和精神，凸显红十字文化在中国文化园地中的地位，使红十字文化在神州大地上更加枝繁叶茂，促进中国红十字事业可持续发展，推动红十字文化的国际交流。

“红十字文化丛书”的出版，得到了中国红十字基金会、江苏省红十字会、苏州大学社会学院、上海市嘉定区红十字会、浙江省嘉兴市红十字会、江苏省盐城市盐都区红十字会等单位的鼎力支持，也得到红十字国际委员会东亚代表处及中国红十字会总会的关心和指导，在此谨致衷心感谢。

池子华

2012 年 6 月于苏州大学

前　　言

1911年10月武昌起义，一时间湖北风云突变，硝烟滚滚，士兵死伤甚多，处于水深火热中的民众亟待救援。中国红十字会、中国赤十字会以及日本赤十字社救护队纷纷前往武汉前线，救死扶伤。在这场人道行动中，湖北地方红会崛起，并在民国时期取得较快发展，成为中国红十字运动中不可缺少的一股力量。本书在已有的资料辑录的基础上，爬梳各种报刊及未刊资料，整理出中国红十字会活动中有关湖北的部分，时间跨度从1900年到1949年。

本书辑录原则如下：

一、辑录资料依据内容分为会务讯息、工作报告、公牍选载、人道文苑、人物传记、杂俎六个专题，每个专题内按时间先后顺序排布，且每条资料后注明资料来源。

二、辑录的资料按原意分段并按现行规范进行标点。对于前后顺序颠倒的词语，直接进行改正；对于明显的错字，在“（　）”中予以纠正；对于缺漏之字，在“[　]”中予以注明；对于模糊不清之字，则以“□”表示。但对原文本身有误之处，因无从核对，只好仍旧，不免留有遗憾。

三、辑录资料的标题按照原标题照录，尽可能不做改动。

本辑资料由沈璐、涂文涛等搜集整理，宋悦明、池子华审稿、定稿。由于编者水平有限，错漏之处在所难免，还请读者批评指正。

目　录

一、会务讯息

救济善会启 …… (001)
代收红十字会捐款日记 …… (001)
万国红十字会来启 …… (001)
万国红十字会来函 …… (002)
巨款助会（节录） …… (002)
万国红十字会来启 …… (003)
赤十字会开会记 …… (003)
红十字会医队定期启行 …… (004)
红十字会已在武昌设立总事务所 …… (004)
红十字会大会志盛 …… (004)
谕旨 …… (006)
敬募红十字会捐款 …… (006)
红十字会电稿一束 …… (007)
红十字会之进行 …… (007)
旅东湖广同乡筹办红十字会 …… (008)
汉口战报 …… (008)
红十字会扩充范围 …… (009)
武昌乱事近闻一束（节录） …… (009)
红十字会医队战地来书 …… (010)
将颁内款赈济鄂民 …… (010)
汉口战报 …… (011)
日本红十字会救伤团启程赴汉 …… (011)
东京红十字会派员赴汉 …… (011)
急募红十字会捐款启 …… (011)

红十字会定期开会 …………………………………………………………（012）
赤十字会赴镇记 …………………………………………………………（013）
大慈大悲之掩埋队 ………………………………………………………（013）
红十字会组织第六医队 …………………………………………………（013）
红十字会短讯（节录） …………………………………………………（014）
红十字会第一届分会职员一览表（节录） ……………………………（014）
中国红十字会谨谢仁德号捐助棉衣寒裤 ………………………………（014）
红会之未雨绸缪 …………………………………………………………（015）
红十字会特开峨利生医博士追悼大会 …………………………………（015）
赤十字社广告 ……………………………………………………………（015）
红十字掩埋队之成绩 ……………………………………………………（016）
十字会纪事——赤十字开大会 …………………………………………（017）
十字会纪事——赤十字大会记 …………………………………………（017）
中国红十字会劝募棉衣裤 ………………………………………………（018）
左贞于、左静于女史工笔花卉润费捐助赤十字会第二团经费启
…………………………………………………………………………（018）
红十字会会长吕大臣奏推广救济会折附片 ……………………………（018）
日本赤十字社及中国红十字会（续） …………………………………（020）
赤十字社成绩 ……………………………………………………………（021）
国务院初七日纪事（节录） ……………………………………………（021）
红十字会之筹备 …………………………………………………………（021）
副总统维持红十字会 ……………………………………………………（022）
红十字会电文汇录 ………………………………………………………（022）
副总统电请禁阻人道会 …………………………………………………（022）
红十字会纪事（节录） …………………………………………………（023）
红十字会大事记 …………………………………………………………（023）
红十字会之电稿（节录） ………………………………………………（024）
中国红十字会敬募川湘鄂粤兵灾救护伤兵济渡难民经费 ……………（024）
湖北战地通信（节录） …………………………………………………（025）
美国红会进行状况 ………………………………………………………（025）
美红会近事纪要 …………………………………………………………（026）
美红会在华所募捐款 ……………………………………………………（026）
沙市设立天主堂红十字会等情 …………………………………………（026）
红十字会筹办鄂赈 ………………………………………………………（027）

鄂省电谢赈款 …………………………………………………………… (028)
汇纪乞赈之函电 ………………………………………………………… (028)
湖北义赈会购办棉衣 …………………………………………………… (029)
汉口红十字会拯难民 …………………………………………………… (029)
天津红会近闻汇志（节录） …………………………………………… (030)
沙市水灾乞赈 …………………………………………………………… (030)
中国红十字会劝募湖北上游水灾急赈启 ……………………………… (030)
分会近报 ………………………………………………………………… (031)
分会近报（节录） ……………………………………………………… (032)
分会成绩录要：武昌分会 ……………………………………………… (034)
中国红十字会成绩纪略（节录） ……………………………………… (035)
分会近报（节录） ……………………………………………………… (035)
分会成绩录要：大冶分会 ……………………………………………… (036)
分会近报 ………………………………………………………………… (037)
樊城红十字分会事迹记略 ……………………………………………… (037)
分会成绩：潜江红十字分会散放急赈 ………………………………… (040)
分会成绩（节录） ……………………………………………………… (041)
湖北潜江县江堤溃决告灾电 …………………………………………… (042)
红会劝助湘蜀粤鄂灾赈 ………………………………………………… (042)
私售红十字旗案判决 …………………………………………………… (042)
红十字分会消息（节录） ……………………………………………… (043)
红会驻昆救护队救护伤兵回锡 ………………………………………… (043)
红十字分会消息（节录） ……………………………………………… (043)
沪城红会接济鄂军粮食 ………………………………………………… (044)
红十字分会消息（节录） ……………………………………………… (044)
红十字分会消息（节录） ……………………………………………… (044)
中国红十字会救日本震灾纪事本末（节录） ………………………… (045)
宜都分会冬赈纪略 ……………………………………………………… (045)
宜都分会医院之请保护 ………………………………………………… (046)
保护宜都分会医院之官电 ……………………………………………… (047)
沙市分会报告防疫来电 ………………………………………………… (047)
汉口分会来电 …………………………………………………………… (047)
复汉口分会电 …………………………………………………………… (048)
复沙市分会电 …………………………………………………………… (048)

复宜昌分会电 …… (048)
大冶分会职员捐助牛痘经费 …… (048)
湖北潜江县决堤之请振 …… (049)
电鄂督保护蕲水分会救护队 …… (049)
湖北郧县分会预备救护匪灾之函报 …… (049)
本会会员郭云亭捐款助葬之慈善 …… (050)
湖北枣阳匪灾之酷烈　枣阳分会会员亦遭殃及 …… (050)
湖北樊城分会协救匪灾 …… (051)
湖北郧县分会请转督军省长保护令军民勿误会 …… (051)
返国灾民逐日到沪统计表（节录） …… (052)
中国红十字会二十年大事纲目（节录） …… (053)
红会赈济川灾之两电 …… (056)
运米赈济川灾之红会消息 …… (056)
红会派员调查陕鄂灾情 …… (057)
红十字会所接各方函电（节录） …… (057)
豫战中之救护消息 …… (057)
豫省战事之救护消息 …… (058)
汉口红分会报告救护情形 …… (058)
红会救护郑州信阳之电讯 …… (058)
汉口红会掩埋信阳积尸情形 …… (059)
汉口红分会报告遣送伤兵情形 …… (059)
红会救护鄂省战事之往来要电 …… (060)
红会电请保护汉口救护队 …… (060)
红会救护鄂战之电覆 …… (060)
吴佩孚保护红会之复电 …… (061)
武汉战事之救护队暂缓出发 …… (061)
电请保护武穴红分会 …… (061)
汉口红分会函请募捐赈灾 …… (062)
汉红会派员来沪募捐请接洽 …… (062)
汉口红十字会代表莅沪 …… (062)
救护队出发赴汉 …… (063)
红会组防疫救护队出发汉口 …… (063)
红会救护队日内出发 …… (063)
美红十字会救济汉灾 …… (064)

全球红会为水灾募赈（节录）…………………………………………（064）
美红会捐助急赈美金十万元…………………………………………（065）
红会诊救队今晨赴汉并再组织救护队………………………………（065）
红会振灾工作续讯……………………………………………………（066）
红会汉口救护队工作…………………………………………………（066）
红会汉口救护队续报…………………………………………………（066）
红会常议会开会记……………………………………………………（067）
红会汉口救护队要讯…………………………………………………（068）
红会汇款赈汉灾………………………………………………………（068）
红会分配赈款…………………………………………………………（068）
各省水灾纪实：湖北省………………………………………………（069）
为水灾同胞请命………………………………………………………（078）
三省义振会拨款振豫灾………………………………………………（078）
中华民国红十字会所属各分会一览表（节录）……………………（078）
红会遣送伤兵…………………………………………………………（079）
红会征求会员…………………………………………………………（079）
红十字会代表大会（节录）…………………………………………（079）
红十字会汉口分会追悼王会长征文启………………………………（080）
在红十字会产科学校讲话（节录）…………………………………（082）
红十字会昨招待新闻界（节录）……………………………………（083）
红会水灾放赈…………………………………………………………（083）
江河赈务：红会急赈代放消息………………………………………（083）
分会近讯：宜都分会成立始末记……………………………………（084）
分会近讯：汉口分会参加黎大总统国葬典礼………………………（084）
会讯：总会近讯………………………………………………………（085）
摘录上海各报所载关于红会之新闻：华洋义赈总会鄂分会代放
　红会急赈报告………………………………………………………（085）
分会近讯：宜昌分会改选……………………………………………（086）
红十字会汉分会昨举行改选…………………………………………（086）
汉妇女抗敌后援会慰劳受伤战士……………………………………（086）
东南医学院决迁武昌…………………………………………………（087）
华中红十字会计划调集外县医师来汉………………………………（088）
国际友谊社捐款一万元………………………………………………（088）
万国红十字会积极筹划救护来汉受伤战士…………………………（089）

蒋夫人电复驻汉英领嘉许会中工作 …………………………………………（089）
华中万国红十字会求助部昨招待各界参观 ……………………………………（090）
简讯 …………………………………………………………………………（092）
何主任昨举行茶会招待红会职员 ……………………………………………（092）
妇女慰劳总会迁汉工作 ………………………………………………………（093）
华中万国红会劝募难民收容所基金 …………………………………………（093）
外侨热心演剧筹款 ……………………………………………………………（094）
红会成立医疗队 ………………………………………………………………（094）
分会近讯：钟祥分会改选职员 ………………………………………………（095）
分会近讯：襄阳分会改选职员 ………………………………………………（095）
分会近讯：大冶分会新选职员 ………………………………………………（095）
摘录各报在战时关于本会之新闻：华中红会在汉成立 ……………………（096）
摘录各报在战时关于本会之新闻：华特维尔由汉飞京 ……………………（096）
摘录各报在战时关于本会之新闻：万国红会代表华特维尔赴日
……………………………………………………………………………（096）
摘录各报在战时关于本会之新闻：何成浚招待万国红会人员 ……（097）
摘录各报在战时关于本会之新闻：爱尔兰赛马募款救济我伤兵
难民 …………………………………………………………………………（097）
红十字总会医疗队编竣 ………………………………………………………（098）
港团体捐款维持红十字会医疗队 ……………………………………………（099）
简讯 …………………………………………………………………………（099）
武昌红十字会成立重伤医院 …………………………………………………（099）
国际红十字会代表返日内瓦 …………………………………………………（100）
简讯 …………………………………………………………………………（100）
武昌红十字会充实救护工作 …………………………………………………（100）
政院拨款三万元救济难民 ……………………………………………………（101）
武昌红会先设中西治疗所 ……………………………………………………（101）
疏散武汉难民 …………………………………………………………………（101）
简讯 …………………………………………………………………………（102）
武昌红十字会成立救护等三队 ………………………………………………（102）
抗敌后援会组宣传大队 ………………………………………………………（103）
汉红会开办难民产妇病院 ……………………………………………………（103）
汉红十字会开办难民产妇医院 ………………………………………………（103）
简讯 …………………………………………………………………………（104）

又讯 …………………………………………………………………………………… (104)
中国红会进行防疫工作 ………………………………………………………………… (104)
难民收容所设教室授课 ………………………………………………………………… (104)
德国药品昨举行持赠礼 ………………………………………………………………… (105)
二千难民分别疏散黄陂等县 …………………………………………………………… (105)
德红会职员过粤赴汉 …………………………………………………………………… (105)
简讯 …………………………………………………………………………………… (106)
简讯 …………………………………………………………………………………… (106)
大量疏散难民　第一批日内运出 ……………………………………………………… (106)
红会下期工作 …………………………………………………………………………… (107)
德红十字会运药来华 …………………………………………………………………… (108)
汉国际委员会收国内外捐款 …………………………………………………………… (108)
中华民国红十字会总会驻汉办事处征求医护人员启事 ……………………………… (109)
汉口红十字会工作概况 ………………………………………………………………… (109)
汉红会之救护工作 ……………………………………………………………………… (110)
救护伤兵捐款 …………………………………………………………………………… (111)
汉红会续办救护训练班 ………………………………………………………………… (111)
简讯 …………………………………………………………………………………… (112)
救护伤兵捐款 …………………………………………………………………………… (112)
中国红十字会总会驻汉办事处紧要启事 ……………………………………………… (112)
德红会代表团昨日由长沙抵汉 ………………………………………………………… (113)
德红十字会代表团抵汉 ………………………………………………………………… (113)
救护伤兵本报代收医药捐款 …………………………………………………………… (113)
红十字总会赶制急救包 ………………………………………………………………… (113)
国际红十字会成立振款顾问委员会 …………………………………………………… (114)
青年夏令营 ……………………………………………………………………………… (114)
红十字会从业员均应服兵役 …………………………………………………………… (115)
印度救护队即将出发前方服务 ………………………………………………………… (115)
汉口十万难民被迫迁离难民区 ………………………………………………………… (116)
国际友人印度救护队到渝 ……………………………………………………………… (116)
印救护队长为伤兵呼吁 ………………………………………………………………… (117)
摘录各报在战时关于本会之新闻：林康侯今日飞汉口 ……………………………… (117)
本会专员视察分会记 …………………………………………………………………… (118)
苏红十字及红半月会汇巨款 …………………………………………………………… (118)

英美救济难民捐款 …………………………………………………………………… (118)
中华民国红十字会总会训令：第七十七号：令所属各分会 ……… (119)
德红十字会募药救济我受伤军民 ……………………………………………… (119)
红十字新闻：救护武昌遭空袭 ………………………………………………… (120)
红十字新闻：行政院决议聘任红会理事 …………………………………… (120)
德国红十字会派医来华服务 …………………………………………………… (120)
意国捐赠药品 ………………………………………………………………………… (121)
红十字新闻：蒋夫人主持华中国际红委会 ……………………………… (121)
中国红十字会武昌市分会工作日记 ………………………………………… (122)
零讯（节录） ………………………………………………………………………… (126)
伦敦市长捐款充中国红会经费 ……………………………………………… (126)
红十字新闻：色斯已返国 ……………………………………………………… (126)
荷政府捐巨款协助中国防疫（节录） …………………………………… (127)
红十字新闻：救济陇海路难童一千二百［名］ ………………………… (127)
中国红十字会总会上海以外其他各地救护事业概略（节录） …… (127)
中国红十字会上海国际委员会近讯 ………………………………………… (128)
红十字新闻：日机惨炸大冶医院 …………………………………………… (129)
红十字新闻：捷克遭遇困难仍不忘助华 …………………………………… (129)
红十字会在汉口工作影片，帝航公司免费运英 ………………………… (130)
教务新闻：国际红十字会称誉公教救护工作之努力 ………………… (130)
英国华灾救济会之创立与其工作概况 ……………………………………… (130)
分会近讯：新成立天门县分会 ……………………………………………… (131)
三年来本会运输工作概况（节录） ………………………………………… (131)
第三中队防治鄂西时疫 ………………………………………………………… (132)
慰劳鄂西将士 ………………………………………………………………………… (132)
光化分会筹备改选 ………………………………………………………………… (132)
中国红十字会抗战中的努力 …………………………………………………… (133)
英红十字会帮助服务伤兵经费 ……………………………………………… (133)
三十二年度全国疫情概况 ……………………………………………………… (133)
蒋会长在筑报告会务 ……………………………………………………………… (134)
战时救护工作之影响（节录） ………………………………………………… (135)
红十字会扩大征求会员 ………………………………………………………… (135)
美红会运华药品分区发给收复区 …………………………………………… (136)
复员期间的中国红十字会（节录） ………………………………………… (136)

工作动态 ………………………………………………………………………… (137)
中华民国红十字会战时工作简报（节录） ……………………………… (138)
中国红十字会新闻（节录） ……………………………………………… (139)
中国红十字会新闻（节录） ……………………………………………… (139)
中国红十字会新闻（节录） ……………………………………………… (140)
中国红十字会新闻（节录） ……………………………………………… (140)
中国红十字会新闻（节录） ……………………………………………… (141)
中国红十字会新闻（节录） ……………………………………………… (142)
中国红十字会新闻（节录） ……………………………………………… (142)
中国红十字会新闻（节录） ……………………………………………… (142)
中华民国红十字会大事年表初稿（节录） ……………………………… (144)
中国红十字会新闻（节录） ……………………………………………… (144)
中国红十字会新闻（节录） ……………………………………………… (145)
中国红十字会新闻（节录） ……………………………………………… (146)
中国红十字会新闻（节录） ……………………………………………… (146)
儿童福利工作在中国——民国三十五年度的调查（节录） ……… (147)
中国红十字会新闻（节录） ……………………………………………… (149)
中国红十字会新闻（节录） ……………………………………………… (151)
中国红十字会新闻（节录） ……………………………………………… (152)
本会新闻（节录） ………………………………………………………… (153)
中华民国红十字会总会卅五卅六年度工作简报 …………………… (154)
中华民国红十字会分会地址及负责人姓名一览表（节录） ……… (156)
湖北孝感乐仁麻风病院 ………………………………………………… (157)
汉口红十字会医院巡礼 ………………………………………………… (158)
复员以来的黄陂分会 …………………………………………………… (160)

二、工作报告

中国北京红十字协会幼幼会第一次报告 ……………………………… (162)
中国北京红十字协会幼幼会第一次报告（续） ……………………… (164)
中国北京红十字协会幼幼会第一次报告（续） ……………………… (165)
中国北京红十字协会幼幼会第一次报告（三续） …………………… (167)
红十字会之战地报告 …………………………………………………… (168)
宜都分会继续冬赈之报告 ……………………………………………… (169)
红会救护豫战之报告 …………………………………………………… (169)

汉口红会之救护报告 …………………………………………………………… (169)
汉口红分会报告救护情形 ……………………………………………………… (170)
汉口红会医院结束之报告 ……………………………………………………… (171)
汉口红分会救护战事之报告 …………………………………………………… (171)
汉口红会报告救护情形之两电 ………………………………………………… (172)
武昌城灾义振委员会 …………………………………………………………… (172)
武昌城灾义振委员会纪 ………………………………………………………… (172)
华洋义赈总会鄂分会代放红会急赈报告 ……………………………………… (173)
一个小小的报告 ………………………………………………………………… (174)
美善团募助华灾救济费最近报告 ……………………………………………… (174)
中国红十字会武昌市分会报告 ………………………………………………… (175)
中华医学会会务报告（节录） ………………………………………………… (178)
第五十团童军服务报告（节录） ……………………………………………… (179)
同情中国抗战印救伤队队长过港返国报告工作 ……………………………… (179)
英国在华救济基金两年来工作报告（一） …………………………………… (180)
中国红十字会工作报告 ………………………………………………………… (182)
中国红十字会第二届会员大会报告（节录） ………………………………… (184)
救护总队部业务通报第十一号（节录） ……………………………………… (184)
救护总队部业务通报十七号（节录） ………………………………………… (185)
救护总队部业务通报十九号（节录） ………………………………………… (185)
救护总队部业务通报第二十一号（节录） …………………………………… (186)
本会医疗队去年有增加（节录） ……………………………………………… (187)
救护总队部业务概况（节录） ………………………………………………… (187)
会员征信录（节录） …………………………………………………………… (188)
救护总队部业务概况（节录） ………………………………………………… (189)
伤队防治脑膜炎 ………………………………………………………………… (189)
救护总队部业务概况（节录） ………………………………………………… (190)
救护总队部业务概况（节录） ………………………………………………… (191)
战地工作报告·第六大队与鄂西战役 ………………………………………… (191)
救护总队部业务概况（节录） ………………………………………………… (192)
襄阳分会改选职员 ……………………………………………………………… (193)
豫南鄂北剧烈战斗　五六两队活跃前线 ……………………………………… (193)
三十三年医务工作择要发表统计数字 ………………………………………… (194)

三、公牍选载

中国赤十字会临时章程 ……………………………………………………（195）
中国赤十字会临时章程（续） ……………………………………………（195）
中国赤十字会临时章程（续） ……………………………………………（196）
幼幼会缘起（附简章）（续） ……………………………………………（196）
临时政府公报附录 …………………………………………………………（197）
临时政府公报附录（中华民国元年二月二十五日） ……………………（197）
令示：大总统令内务部准予中华民国红十字会立案文 …………………（198）
北京袁宫保来电 ……………………………………………………………（198）
本会致北京临时政府袁电 …………………………………………………（198）
武昌复电 ……………………………………………………………………（199）
武昌黎副总统来电 …………………………………………………………（199）
武昌副总统来电 ……………………………………………………………（199）
武昌副总统来电 ……………………………………………………………（200）
武昌副总统来电 ……………………………………………………………（200）
武昌副总统来电 ……………………………………………………………（200）
武昌副总统来电 ……………………………………………………………（201）
重订资遣被难人民简章 ……………………………………………………（201）
内务部批第六七九号 ………………………………………………………（201）
批：国民政府交通部批：第一二四号 ……………………………………（202）
批：国民政府交通部批：第一五五号 ……………………………………（202）
命令：国民政府交通部训令：第一三三号 ………………………………（202）
批：中央政治会议武汉分会财政委员会批 ………………………………（203）
函汉口市政府为红十字会救济队已饬属保护函复查照文 ………………（203）
指令本部特务营营长范天印据报皮子街附近尸棺多具奇臭难闻已函红十字会掩埋仰知照文 ……………………………………………………（204）
公函：函湖北省政府、民政厅为据郧县红十字会请转鄂当局列为极重灾区函请核办文 ………………………………………………………（205）
电及代电：代电复郧县红十字分会为准养代电报灾请鄂当局拨振已据情照转文 ……………………………………………………………（206）
电及代电：代电铁道部为据汉口红十字会漾电以在信阳购有振米一千石由信阳运至汉口请转部饬局拨车免费备运电请查照办理见复文 ……………………………………………………………（206）

电及代电：电汉口红十字会为准铁道部艳代电以在信阳购振米一千石由信运汉已饬路局记帐备运文 …………………………………（207）
水灾告急电文 ……………………………………………………………（207）
摘录上海各报所载有关本会之新闻 ……………………………………（208）
中国华洋义赈会救灾总会征募股来文 …………………………………（209）
中国华洋义振救灾总会征募股来文 ……………………………………（209）
中国红十字会汉口分会来函（节录） …………………………………（209）
振务委员会公函 …………………………………………………………（210）
训令：本府训令：省民三字三四七八六号（二五·一二·一四）：令各区专员、民政厅、汉市府：准咨关于红十字会会员职员免除征兵义务一案情形仰即知照并转饬知照 ………………………（212）
汉口分会会员大会组织暂行规则 ………………………………………（213）
汉口分会会员大会会议暂行规则 ………………………………………（214）
汉口分会选举暂行规则 …………………………………………………（216）

四、人道文苑

中国红十字会月刊出版 …………………………………………………（218）
中国红十字会月刊一周［年］祝词…………………………………………（218）
分会颂词（节录） ………………………………………………………（219）
苦兵吟 ……………………………………………………………………（223）
鄂城红十字分会成立勉成俚句四章录呈诸大吟坛以博一粲 ………（224）
中国红十字会月刊出版纪盛………………………………………………（225）
兵祸（调寄蝶恋花） ……………………………………………………（225）
总办事处月刊出版纪盛 …………………………………………………（226）
中国红十字旗歌 …………………………………………………………（227）
苦匪吟 ……………………………………………………………………（227）
中国红十字会二十周大纪念 ……………………………………………（229）
救护队 ……………………………………………………………………（230）
言论：急救水灾议 ………………………………………………………（231）
言论：根本救灾在全国人心的悔悟（节录） …………………………（233）
放赈谣 ……………………………………………………………………（234）
本会为水灾乞赈文 ………………………………………………………（235）
介绍“伤兵之母”——蒋鉴女士追忆之一…………………………………（235）
东方的南丁格尔 …………………………………………………………（237）

五、人物传记

女慈善家（红十字会之功臣）…………………………………（239）
峨利生医博士传…………………………………………………（239）
刘少玉先生传……………………………………………………（240）
潜江分会会长旷世伟从父旷先生传……………………………（240）

六、杂　　组

中国赤十字会第二团广告………………………………………（242）
红十字会九月初三开会广告……………………………………（242）
红十字会发现……………………………………………………（243）
红十字旗岂可借用………………………………………………（243）
红十字会赴汉医队家属鉴………………………………………（243）
武昌革命军四十二志（节录）…………………………………（244）
武汉之闻闻见见…………………………………………………（245）
红十字会恺恻慈祥………………………………………………（245）
中国红十字会谨告中外大慈善家………………………………（246）
赤十字会会长张竹君女士演说词………………………………（246）
赤十字会会长张竹君女士演说词（续）………………………（247）
公电——武昌黎副总统电………………………………………（247）
公电——武昌黎副总统电………………………………………（248）
红会造福伤兵……………………………………………………（248）
红十字会方兴未艾………………………………………………（249）
武汉战场闻见录…………………………………………………（249）
鄂江风潮余波点点………………………………………………（252）
鄂省查缉乱党之余波……………………………………………（252）
王利用被捕记……………………………………………………（253）
战时之红十字会（节录）………………………………………（255）
黎督之疑心病……………………………………………………（256）
特别访函一………………………………………………………（256）
湘鄂宣布罢兵后之小战…………………………………………（257）
特别访函二………………………………………………………（257）
欧洲战事之武汉观——十字会组织行队………………………（257）

中国红十字会谨谢湖北段上将军、吕巡按使捐助青岛救护经费银五百元……………………………………………………（258）
中国红十字会敬谢黄潜记君经募无名氏大善士捐助洋一百元……（258）
时局渐平中之鄂讯……………………………………………………（258）
黎总统颁给汉口红十字会匾额………………………………………（259）
湖北水灾之杂闻………………………………………………………（259）
武汉间近闻一束（节录）……………………………………………（260）
催缴福引券款…………………………………………………………（260）
红商两会之纠葛………………………………………………………（261）
美红会今年五月份筹款报告…………………………………………（261）
美国红十字会之中美提携成绩（节录）……………………………（262）
湖北新店被劫之惨状…………………………………………………（262）
红分会复鄂督电………………………………………………………（263）
救灾时军民对红会发生误会…………………………………………（263）
中国红十字会各省分会一览表（节录）……………………………（264）
中国红十字会全国分会总数表………………………………………（264）
中国红十字会之新年希望……………………………………………（265）
鄂同乡会欢迎汉红会代表……………………………………………（266）
各省区灾况调查表……………………………………………………（267）
各机关各分会乞赈文电一览表………………………………………（268）
全国红十字会统计……………………………………………………（269）
中国红十字会大事记…………………………………………………（269）
第二次征求会员各省市县委员题名录（续）（节录）……………（270）
中国红十字会总会月刊纪念…………………………………………（270）
纪录：中国红十字会总会放振委员会第一次会议纪录……………（271）
组织：分会一览表（节录）…………………………………………（271）
中国红十字会总分会一览表（节录）………………………………（272）
中华民国红十字会总会所属分会一览表（节录）…………………（273）
中华民国红十字会总会驻汉办事处鸣谢广告………………………（273）
上海国际红十字会支配赈款顾问委员会募捐启……………………（274）
汉日军留难难民米谷…………………………………………………（275）

一、会务讯息

救济善会启

代收救济北省被难士商捐款处：上海交北京路庆顺里救济善会公所、申报馆协振所，杭州交清和坊巷口记钱庄，苏州交东大街同元钱庄，广东交源丰飞票号，宁波交北江下富康钱庄，绍兴交保昌钱庄，杭州庆福钱庄、苏州中市仁和钱庄亦可代收，湖州交彩凤坊洪元钱庄，汉口交中马（码）头春源油行经手吴干庭，南京交宝美源银号。

原载于《申报》1900 年 11 月 16 日

代收红十字会捐款日记

初一日汉口庆云楼助洋四十元，初二日茗南居士助洋五十元，均由本馆代领，容即汇解会董验收，先此登报，奉扬仁风。

新闻报馆启

原载于《新闻报》1904 年 3 月 19 日

万国红十字会来启

启者：本会昨承招商总局交来福州招商局王会翁经募平梅山馆无恙乐助鹰银一百元；广东臬宪程廉访捐助鹰银五百元；汉口裕和、祥友患愈子捐助规元一百两；同和庄焦乐翁交来通州蒲典无名氏捐助洋银二百元；瀚字第十一号同人洋银五十一元，瀚字第十二号胡振懦鹰银三十元。除分掣收照并函复外，谨乞登报，伏希公鉴。

上海万国红十字会同人谨启

原载于《申报》1904年9月27日

万国红十字会来函

启者：本会昨承驻韩许星使交来汉城领事陈太守代募各帮华商日钞票洋一千二百四十元，釜山领事吴太守代募各帮华商日钞票洋六十五元，内除汇费三角，实洋六十四元七角，两共一千三百零四元七角，合来元一千零二十八两一钱零四厘。又武昌电报局交来代募鹰银一百元。又烟台分会来函，驻烟美国兵船助洋银二百七十元，黄县无名氏助洋银七十元，烟台无名氏助钱四千文，青州府四印堂王助烟平银八两五钱，烟台巡政厅助罚款洋银三元，隐名氏求病愈助洋银一百元，黄县电报局交来代募鹰银一百七十三元，求萱堂永茂人助洋银十元。日本留学生云南邓荆川酌提川资鹰银十元臂助会费，用祷高堂无恙。辽北兵戈正在吃紧，人民涂炭，惨迫呼号，承中西各大善士不分畛域，慨行募助，或自捐输，生死人而肉白骨，诚不啻再造鸿施。谚云：修德必获报。行见湛露长承，吉星永获，福喜齐集，正不止家口平安，病返灾消已也。除分掣收号并函复外，谨乞登报奉扬。

上海万国红十字会同人谨启

原载于《申报》1904年10月31日

巨款助会（节录）

再启者：本会昨承湖北汉黄德道台梁观察自助并代募龙洋八百元，王贯山大令助洋一百元，彝德堂陈求子惊病速愈助洋五十元，许笙鹿、许建屏求病速愈各助洋两元。际此灾氛正炽，时事孔多，诸君子慷慨乐助，力任援救，或散家财以济民困，或拯人危以愈己疾，仁施远沛，景佑同膺，勿乐有喜之占，定可操券而得矣。

上海万国红十字会同人谨启

原载于《申报》1904年11月1日

万国红十字会来启

启者：本会昨承四川川东道冯观察募助第三批渝平银一千二百两，合规元一千二百六十两；广东惠潮嘉道褚观察募助鹰洋二百二十元，又交来博罗县邓炳春捐洋四十元，内除贴水汇实洋二元，实洋三十八元；铭新氏助洋三百两；童传本求咳呛痊愈强健如初鹰洋一百元；北京江西印结局京足银一百两，钱间香京足银三十两，二共合来元一百三十两九钱；丁甘仁新旧棉衣一百套；汉口招商局交来刘延龄龙洋二十元，浏河求病子英洋五元，善士旧棉衣三十件，无名氏铜洋二十七元；新场郑仁大旧衣十二件；兴化不留名鹰洋十元；遗德堂汪捐助棉衣六十六件。战地苦寒，难民饥寒交迫，据各分会急电，且兼有冻毙者，日数十百人不等，沟壑余生，朝不待夕。蒙诸大君子悯念灾黎，慷助巨款并棉衣等件，祗领之下，曷胜感纫！除分掣收照外，谨乞登报奉闻，伏希公鉴。

上海万国红十字会同人谨启

原载于《申报》1904年12月2日

赤十字会开会记

昨日午后，南市上海医院开赤十字会发起会，到会者男女约四五百人。开会后即由发起人张竹君报告发起缘由及宗旨，次宣布草章；次李平书君演说，略言此会在今日为万不可缓之事；次杨千里君演说，略言赤十字会当先发一队至汉口，即在汉口设立总机关，然后再由上海筹进行及扩充方法以继其后（众鼓掌）；次布告各员意见书约七八通，有一函附有药单纸，云候出发时将该药品送至舟中，其余大致皆谓宜联络西人、赤十字会急筹经费迅速出发等，云云；次由陈继武君演说，略言男女医士宜联络一气，西人赤十字无无男子，亦无无女子者；次川人刘君言川中惨苦情形，赤十字会成立后愿认募数万金为川中之用；次推举职员；次决定办法；次决定九月初三日为出发日期；次请到会者签名担任捐募。此时座客散去者大半，而毅然登台认捐者男女共四五人，所书捐数约可得三百数十元。会中人拟请会董迅速设法筹款以备出发云。所举职员姓字录如下：会董伍秩庸、宋跃如、虞洽卿、李登辉、曹锡根、顾馨一、李平书、王一亭、莫子经、吴怀久、王培生、沈缦云，会长张竹君，汉口事务所长何乃全（上海医院西医），上海事务所长王维廉（同上），干事员田北湖、朱少屏、杨千里、王宝仑。

原载于《申报》1911 年 10 月 20 日

红十字会医队定期启行

顷闻上海红十字会总董沈仲礼君昨接汉阳由某国兵轮递来无线电报，以两军死伤过多，请即亲率红十字会中西医队迅速前来战地，普救同胞等语。沈君当用洋文电复云，当率甲、乙、丙、丁四医队，备足药品、棚帐，初四启行，招商局特派江轮专送汉口。本会慈善性质，两军伤兵一视同仁。（此电系托英国兵舰用无线电递去）

原载于《申报》1911 年 10 月 24 日

红十字会已在武昌设立总事务所

红十字会已在武昌设立总事务所，有西妇多人充当，看护妇二十七人。两战革军死伤者约五十余人，官军闻死三百人，其受伤者已请外国医生前往疗治。

原载于《申报》1911 年 10 月 25 日

红十字会大会志盛

初三日下午四时为红十字会开特别大会及报告医队出发期，假座工部局议事厅，中西来宾达七百数十人。沈仲礼观察报告开会宗旨及成立甲、乙、丙三医队，定初五日乘招商局特派之江宽［轮］北上，公举柯师医生为领队，并声明今日西字报所载援救革军受伤兵士转送官军一节，实属子虚，必有人有意指使，重诬本会，阻挠进行，并公决各办法：

——以三马路新闻报楼上为红十字会事务所，举江趋丹君为干事部长，金兰□吴敬仲、朱仲宾君为华、洋文书记，正金银行大班儿玉君、慎裕朱葆三君为会计处专司收支银钱。各部办事人、医生、学生等既不支给薪水，又举杨仲言为医队经济干事。

——筹备上海总会，进行劝募捐款，采办药料、食物。

——汉口宜设养病院。

——战地附近临时宜设野战病院。

——战线附近宜设绷带所。

——宜组织卫生队及救护队。

——宜速行募集实行经验之救护员。

——药料、器械、担架应筹备完全。

——筹备经费宜充足。

经众赞成，当时由多数来宾及西医生等以上海总会成立伊始，捐款布置甚关重要，沈君虽具热诚，不应舍本逐末，亲赴战地，决以止其行，并为干事部会（部）长。

旋由柯医生演说：本会系万国签允，非任意可以设立，红十字旗号不能随意借用。今战务方兴，不有经验之医生、看护亲临战地施救，实属无用，并历举各国红十字会成绩，经王培元医士逐句译成华文。众鼓掌。

续由李提摩太博士演说，略谓沈仲礼乃救苦救难之大元帅、救命军之大教主，组织此会，必能完全无缺，深望中西善士，随愿乐助，庶可扩大范围。众鼓掌。

继由《纽约报》驻华代表唐乃而君演说，谓沈公成立之红十字会，不特为中国人士所欢迎，即泰东西各国亦莫不馨祝，鄙人当立电本报报告成立并募捐款。

续由沈观察宣布红十字会救人宗旨：不分革军、官军。凡革军受伤医治后送还革军，官军亦然。众鼓掌如雷。继报告今日临时捐款及药物等件，共计捐款筹垫款洋八千三百三十九元，银四千零八十二两，各药房捐助之物甚伙。（细单列后）并布告此次赴战地之医生六人、看护生三十一人，分作甲、乙、丙三队，分驰战地，有进无退，概无半途中止之虑。众鼓掌赞成，各医生、学生起立。（各医生、学生、看护生名单列后）。是时来宾捐款愈形踊跃（捐户花名列后）。时已七时，旋散会。

原载于《申报》1911年10月25日

谕 旨

同日奉上谕：昨据盛宣怀奏设立慈善救济会派员赴鄂救济被难人民一折，此次湖北变乱，武汉居民同遭惨祸。现既不得已而甲兵，凡军前之受伤被难军民，其困苦尤堪悯念。著即设立慈善救济会，盛宣怀现已革职，著尚书吕海寰妥速筹办，并督饬派往各员于医伤救难两事认真救济。又片奏派令沈敦和福开森前往办理救济事宜。又片奏在京设立会所，选派得力人员随同规划各等语，均著吕海寰酌核办理。该衙门知道，钦此。

原载于《大公报》1911年10月28日

敬募红十字会捐款

武汉风云日迫，战事剧烈，两军兵士出入于枪林弹雨之中，死亡载道。其被伤者，类皆血飞肉薄，肢缺骸残，展（辗）转呼号，性命呼吸，惨酷之状，实为目不忍睹，耳不忍闻。他若战地附近一带人民，更不免池鱼殃及，群罹无妄之灾，其颠连困苦，较之水深火热殆有甚焉。本会为万国缔盟正式红十字会，建医院，设学堂，以培养人才，历有年所。兹特组织医队驰赴战地，恪遵日来弗新旧条约，严守中立，普救两军受伤兵士及战地男女同胞，已伤者为之医治留养，未伤者援之脱离危险，并在汉口设立养病院、绷带所，一力进行，务达慈善救护之目的。惟烽火烛天，干戈满地，兵连祸结，来日方长，而兹事体大，需款浩繁，非赖众擎，何能持久？务祈海内外大慈善家热血一喷，解囊相助，集腋可以成裘，聚沙可以为塔，多固益善，少亦不拘，惟冀源源接济，同襄善举，功德无量。如蒙慨助捐款，请送交上海三马路新闻报馆楼上敝会办事处及各处经济会员收捐处，敝会曷胜盼祷之至，雅祈公鉴。

红十字会理事总长沈敦和等谨启

原载于《申报》1911 年 10 月 29 日

红十字会电稿一束

北京吕尚书致红十字会电

沈仲礼观察：初五日奉旨筹办慈善救济会，派弟督饬各员赴鄂认真救济等因。弟甫接手，均无头绪。兄本旧交，极愿借重，未知目下作何布置？何人帮办？弟拟略事部署，即行赴沪，先此布闻，乞速复。海寰。阳。

红十字会复电

北京吕尚书钧鉴：阳电敬悉。查沪红十字会系民捐民办，甲辰四月、十二月两次奉旨嘉许，实称善举。上年夏钦派盛宫保为会长，并拟改名大清红十字会，当经敦和力陈利害。案大清红会应归陆军部筹办，如遇战事，仅止随本国军队后救伤，与和等所办瑞士缔盟万国承认之中立红十字会宗旨不同，且沪会系募中外捐款而成，殊难归并，业蒙盛公允商政府在案。此次川鄂事起，适本会经济告匮，经和延聘中外医生、学生、看护组织甲、乙、丙三队，初五赴鄂，又成丁队，日内赴川。初三开会，和在会场募得万四千元。更于三马路设办事处，举江绍墀、张书等为理事，并征集中外绅商为会员，广募中外捐款，众情踊跃。又推正金银行儿玉、慎裕朱佩珍为会计，掌收支刊月报，事毕即报告征信，和独担责任。公奉命筹办慈善救济会，应否在京津令福开森君等克期组织前赴信阳、聂口一带救护民军，以期周密而助红会之不逮？宪节指临，尚容缕禀。职道沈敦和叩。佳。

原载于《申报》1911 年 10 月 31 日

红十字会之进行

本埠红十字会甲、乙、丙三医队业已到汉，昨由无线电报告沪会，谓初六、七日大战，军士、居民死伤遍野，医员、看护不敷分布，所带药物器具只敷旬日之需，迅即接济等语。该会理事总长沈仲礼君拟赶办药物，一面续发别队医士，妥订章程，征集中外男女会员。按照万国红十字会条约，除公推名誉经理员外，并广征特别会员、正会员两项，驰电欧洲赶制佩章。惟战务方兴，会员愿入会者纷至沓来，不得已，先将医队及事务职员所置之金银佩章暂行假用，以资佩带，俾得出入战地，妥为保护。一俟正式佩章到沪，再行倒换。凡报名者，先觅一介绍人，或同会会员介绍入会，纳足会费，即行赠予佩章。俟会员成数后，再行开会，续发医队。救护人员悉于会员中公推，闻日来报名者甚众，捐款亦尚踊跃云。

原载于《申报》1911年11月2日

旅东湖广同乡筹办红十字会

奉天函，日前旅东湖广同乡因鄂省事起，必有多数同胞横罹死丧流亡之苦，乃秉慈善性质，特拟创办红十字会，筹款派员前往乱区实行救死扶伤之事。当于上月廿九日在湖广会馆开会集议，选举办事人员，并议决电致上海中国红十字会商议加入总会，以便办理一切。闻提学司卢木斋司使、盐运司熊秉三司使暨该省各同乡等电致中国红十字会会长盛杏荪宫保请示办法，已经宫保覆电允许。

原载于《新闻报》1911年11月3日

汉口战报

初七日，中国赤十字会于午前九时登岸，以邮政总局为病院，以美国圣经书会为事务所，预备治疗一切事务。

原载于《申报》1911年11月4日

红十字会扩充范围

本埠红十字会自甲、乙、丙三医队出发后，通电通商各埠聘请有经验之医员编立丁、戊、己各医队常驻各大埠，除函请各医院认可外，昨午由汉口医士团公议，特派普济医院英人雷盛休医士代表来沪与理事总长沈仲礼观察决议。凡有武昌汉口各医院，各为本会之红十字分会及军民养病院，一律悬挂该会红十字旗。医员、看护等悉悬该会佩章，以资识别。惟现在各医院及甲、乙、丙三队所设之分医院，伤兵住院诚有人满之患，必须续添病院所需药料、各种器具甚伙，必须有沪会陆续接济。预算经费颇巨，事关救济，当力任其难，沈君允为劝募，暂时不敷当向各处筹垫。

又经南京金陵医院团体代派医士刘仲篪来沪延请美医希而德、白琅二医士，华医刘仲篪四人，看护十余人赶制制服、旗帜、佩章，定十五日成队，暂驻南京。

又请红十字会医院医生侯光迪、脑（挪）威医士亨司德、华医王吉民、陈家恩及看护等暂驻上海，以备紧急出发。并拟教练救护队百员，于会员中公选，教练一月，俾得分遣各处。兹将武汉医院各分会医士名单列后：

武昌武圣庙普爱医院英医普富英、女医魏医生；

同人医院美医马医生、梅医生；

汉口普济医院美医雷盛休及其夫人；

仁济医院英医吉立生猛医生；

天主教医院英医汤医生、耶医生、看护英人富女士、帮看护英女士克迪；

以上各医院为中国红十字会分会，各医生、看护亦悉遵总会章程，从事救援医士云。

原载于《新闻报》1911 年 11 月 4 日

武昌乱事近闻一束（节录）

（前略）此次战役，革命军皆系招集之众，只知前进，不知退守，

所以死伤之数较多，闻上海到汉之红十字会收拾负伤之众殊觉为难。（后略）

原载于《大公报》1911年11月4日

红十字会医队战地来书

本埠红十字会扩充范围，编立七队，分驻武汉、宁、镇、沪各处，刻意进行。昨午理事总长沈仲礼君接驻汉医队队长柯师医生由汉口来函，照录于下：

襄阳丸于初八日入（午）后抵汉，候至初九进口，高悬红十字会旗，缓缓而行，至十一点始抵汉口租界，因日清趸船先泊有他轮，是以船在江中下碇，即有人上船欢迎，随即与来人乘坐渡船登岸至大智门，相近俄国租界，先经有人代备俄商新建三层楼大洋房一所作为战地本会事务所并养病院。布置尚未粗定，即有两军伤兵纷纷□来求治。现在一面添购床铺、桌椅等具，一面医治。幸予与峨利生、王培元诸医生，均心手敏捷，东西女看护均系熟手，治法毋虞不速。惟此间携来之药品、绷带、药棉花、法兰绒仅敷旬日之用，务请亨司德医生迅速购办一大批，仍交日清公司轮船寄下以应急需，因汉口租界内仅止日清公司一家有趸船也。余再详布。

原载于《申报》1911年11月5日

将颁内款赈济鄂民

十五日，内库提出内帑二十万两，听候指拨。闻此款系为赈济鄂省难民之用，俟乱事稍靖，即行降旨颁发。

原载于《大公报》1911年11月8日

汉口战报

汉口自初十日以后连日停战，惟北兵仍在汉口街上放火，烧去民房一千余间。袁世凯虽出示安民，然北军到处抢劫奸淫，无所不至，所统兵士多无智识，只知打革命党，并多不识字。连日汉口路上所见者惟赤十字（会）员、外国人、北军。其商人与上等人均已逃往他处，民军则尽退在武昌、汉阳两处，黄兴兵亦在武昌守卫。北军兵士逃往汉军者不少。

原载于《申报》1911 年 11 月 9 日

日本红十字会救伤团启程赴汉

日本红十字会救伤团二十九人定期二十二日启程赴汉。

原载于《申报》1911 年 11 月 10 日

东京红十字会派员赴汉

东京红十字会决议派员三十四人，内有医生三员、制药师一员、看护妇等二十一人赴汉口日本租界，定期二十二日启程。同仁会亦派医生二员、制药师一员及助手三人于十七日由神户赴汉，以助汉口同仁医院。（二十日东京电）

原载于《申报》1911 年 11 月 11 日

急募红十字会捐款启

武汉血战，伤亡极众，敝会业已组织甲、乙、丙三医队，由英医柯师领队，会同峨利生、班纳德、王培元、杨智生诸医博士暨男女看护三十余人，驰赴战地，普救两军受伤兵士及被殃人民，已伤者为之医伤，未伤者援之出险。惟此项人才吾国经验者甚少，不得不借才邻国，航海而来，断难概从义务，他如购办药品、器具、担架、绷带、帐幕以及川资、旅费，需款甚巨。兹事体大，端赖众擎，为此征集会员，竭力扩充办法，务乞热心君子，毅然入会。凡带有入会佩章者，咸得出入战地，受万国之公认、两军之敬重，不特赞襄义举，抑且保卫自身，一举而两善备焉。现接战地医队来电，此次血战汉阳，炮攻军民，死伤遍野。余在汉口俄租界设立本会战地总医院外，并经武汉普爱、同仁、普仁、仁济、天主堂等五医院专派代表来沪，与本会联合，均作为本会分医院，一力推广救护，每日医伤多至千余人，需款尤为浩巨。如南京、镇江亦承美国红十字会相与联合办理，他如南昌、九江、清江、扬州、无锡、常熟、苏州、吴淞等处，亦已相继组织分会。而上海一埠，本会亦已于徐家汇路总医院及天津路分医院一律施治，并编成医队，随时救护。此外凡有军兴之地，均须陆续扩充，范围愈广，经费愈繁，尚祈海内大慈善家慨解仁囊，源源接济，同襄善举。如蒙乐助，请送上海三马路新闻报馆楼上敝会办事处，掣给收条，或苏州顺康庄及各经收敝会捐款处亦可。敝会并未派人在外挨户募捐，合并声明。此启。

红十字会理事总长沈敦和谨启

原载于《申报》1911年11月12日

红十字会定期开会

战祸蔓延，生灵涂炭，伤者固待医救，死者亟宜掩埋。上海红十字会早经组织医队前赴武汉一力救护，其紧要各埠如宜昌、长沙、南昌、九江、南京、镇江、苏州、杭州、无锡、常熟、吴淞以及本城已次第设立分会，并续编医队驻沪，以备不虞。兹该会理事总长沈仲礼君接汉口医队报告，以武汉血战之后，军民尸骨遍野，不下五六千人，臭秽触鼻，恐酿疫疠，亟待掩埋，尤需倩（请）人赴汉经理。拟即于第一次征集特别会员、正会员内选举理事，而旅沪各国绅商敦促开会讨论进行方法。闻定于二十六日下午五时假大马路小菜场工部局议事厅开特别大会，凡中西士女莅会观礼可任意入内，并不分送入场券。届时想中外热心慈善家必当联袂偕来，共襄善举也。

原载于《新闻报》1911年11月15日

赤十字会赴镇记

中国赤十字会自本月初三日由张竹君女医士率第一队赴汉口后，在汉救疗受伤战士数百人，队中男女医士及看护员皆热心任事，饥渴劳瘁，虽苦不厌，军士感之，至为泣下。昨日又组织第二队乘沪宁第一次车前赴镇江，将往战地。该处战机已近，受伤军士当众，该队之福不小也。闻赴镇者男队员二十人，女队员二十一人，昨日黎明时由南市上海医院乘马车十余辆至沪宁车站，车站中人为之特备车厢，招待周至云。

原载于《申报》1911 年 11 月 20 日；《民立报》11 月 21 日

大慈大悲之掩埋队

武汉血战，陈尸累累，白骨磷磷（嶙嶙），忠魂义骨，为狗雀争食，蝇蚋飞集，不特灰勇士之心，阻从军之志。中国红十字会理事总长沈君仲礼特发宏愿，于捐款项下凑足一万元，倩（请）朱庆章为队长，屠也香、沈石农、周佐尧、姜彰容、姚蕴甫诸君随带芦席、绳索、石炭酸、喷壶、铁扒等物数十捆，定昨晚乘日清公司大元丸出发，假汉口俄租界宝善里并由沈君备函致黎元洪都督觅武昌隙地从事掩埋，事定之后再行筑墙建塔，以慰忠魂。

原载于《申报》1911 年 11 月 21 日

红十字会组织第六医队

本埠红十字会沈仲礼君，鉴于战火蔓延于中国十八行省及通都大邑，设立分会医院，武昌、汉口亦联合英、法、美各医院及日本赤十字社，甲、乙、丙三医队赴汉医治伤兵，更组织掩埋队专葬阵亡忠烈之士。惟最近战祸尤烈，汉阳之红会医院不敷拯救，爰急发第六医队专驻汉阳，聘定邓祥光、关衍辉、刘仲篪三医士及医学生、看护人等定初六日由沪起身。近日采办药料、被褥、棉衣种种器具，颇形忙碌云。

原载于《新闻报》1911年11月24日

红十字会短讯（节录）

△又据红十字会报告云，廿八日复剧战，悉用开花弹。是夜有一弹坠入英领事署花园，炸死园丁一名。

△红十字会会员经汉口至长沙花楼地方，被流弹击去手指，即投会中临时医院医治。

原载于《申报》1911年11月25日

红十字会第一届分会职员一览表（节录）

（第一届报告九月廿六日止）

武汉分会医院：武圣庙普爱医院英国普富医士、英国魏女医士；同仁医院美国马医士、美国梅医士；普济医院美国雷盛休医士、美国雷盛休夫人；仁济医院英国吉立生医士、孟医士；天主教医院英国汤医士、英国艾医士，看护英国富女士，帮看护英国克迪女士。

宜昌分会：医院地址、医士衔名续刊。

原载于《申报》1911年11月27日

中国红十字会谨谢仁德号捐助棉衣寒裤

迭接武汉红十字医院来函，受伤兵士留院养伤，天气寒冷，若无御寒之具，瑟缩可怜，即当地难民无衣无被，饥寒交迫，不忍坐视，业□棉衣棉被运汉接济。顷承仁德号特发宏愿，特制棉衣八十五件，棉裤五十九件，□为转解。仁心义问，无□钦佩。谨谢。

中国红十字会部长沈敦和、苏玛利同启

原载于《申报》1911年12月13日

红会之未雨绸缪

本埠红十字会沈仲礼君自武汉医队成绩优美，中外交颂。南京之红十字火车，宁、镇各分医院，种种良好效果，以及汉、宁掩埋队日事进行外，并急发长沙、浦口医队，以期有备无患。而津浦铁路自浦口起至山东之济南止，由包医士组织临时医院十二处，一有战事，随时施救。复经中西董事部核议准办。至宁城难民，坐困乏食，生计顿绝，业由沈君约会旅沪宁绅组织上海绅办南京急赈会，昨晚在万家春妥议开放办法矣。

原载于《申报》1911 年 12 月 21 日

红十字会特开峨利生医博士追悼大会

丹国医学博士峨利生君，素称剖解专科，现充红十字会总医院医生兼教员。此次武汉军兴，自愿驰赴救护，躬入战线，不避危险，活人甚众。且有兵士脑部为弹洞穿，亦经博士治愈，得庆更生，成绩优美，声誉鹊起。旋因积劳致疾，遽于十月二十二日在鄂溘逝，悲悼殊深。兹择十一月初二日下午四时在白大桥浜南四川路转角友宁礼拜堂开追悼大会，务请本会会员、各医学生及与博士素有感情诸君准时莅临，同伸哀悼，无任盼祷，惟祈公鉴。

原载于《申报》1911 年 12 月 21 日

赤十字社广告

武汉事起，鄙人租定轮船拟即前往救济，适值市面恐慌，经费难筹，力与心违，迄尚未发，已请孙询刍君搭轮赴汉开办。近因南京待赈甚急，于廿七日由火车装运棉衣裤六千零五十件，饼干二千磅，面饼两大箱，交驻宁事务所散放，并承宁沪铁路总管处允免收费。昨又接汉口来信，敝会到汉，民军、北军极欢迎，惟深盼衣被御寒，米粮平粜。所虑者，杯水车薪，无济于事，伏乞诸大慈善家慷慨解囊，源源接济。如蒙捐助棉衣、米面等物，请即交本社总事务所随时解往，以救同胞，不胜感激之至。敝（鄙）人历办慈善事业，兢兢自守，遇事则和衷商榷，不敢稍存意见；办事则勇往争先，不敢略分畛域。功则归人，过则责己，总以款不虚靡，功归实际为主义。此心可质天日，匡扶全赖诸君，区区愚忱，伏维公鉴。

赤十字社普济部陆树藩谨启

原载于《申报》1911 年 12 月 21 日

红十字掩埋队之成绩

武汉剧战，忠骸义骨为狗雀争食，伤心惨目，为有历史以来所创见。本埠红十字会沈仲礼君素持人道主义，竭力筹巨款，编成掩埋队，一驻武汉，一驻南京。由该会特派员李伯安君赴汉会同队长朱庆章君等逐件调查，兹得详细报告以告热心慈善家：初七午后在四码头用芦席裹阵亡军士二十八名收埋；初八掩埋死尸二口；初九起至十一到赫山由铁道步行三十余里，同全队带干粮、铺盖上山，同洋干事三员至古亭庙前掩埋二百四十名，工毕摄影为志；十二更进至三山境，掩埋七百五名；十五起系洋干事余思恩约定全队多派工人至武圣庙捞尸，共掩（埋）五十九名，掘地数丈，深三尺；十六洋干事派全队至汉阳南面大别山下江口捞尸五百余口，就在保善堂前空地掘长数丈深三尺埋葬，江中无数尸身势难遍捞为遗；十九至汉家墩，行三十余里，旷野间死尸极多，四肢不全，被犬噬去者移在一处掩埋，计二十名，尚拟再寻。今因各处尸积遍野，派沈石农、周佐尧往武昌等处，又派林世丰、姜彰容与洋人向大智门一带掩埋。沈、周二君查武昌有柩三四百具，往往被野狗撞去棺盖，啖噬枯骨。江中有尸极多，业禀明黎都督觅地安葬。林、姜二君查得大智门外铁道下河口已派工人捞尸二十六口，手足不全，秽气难堪，在荒郊掘地深埋，又柩六口，又沟内尸八口，又白骨骷八个，一并埋在穴内，计共六十名，原处再派人逐日捞尸，数目容详报。大智门外死尸极多，自二十一起之（至）廿五止，计坑八处，每坑计二百四十余具。但天寒风猛，施工较难，不能从速耳。

原载于《申报》1911 年 12 月 21 日

十字会纪事——赤十字开大会

本埠南市上海医院自武汉事起，即行组织赤十字会，以院长张竹君为会长。九月三日，由会长率同第一队赴汉口，继复分队驻汉阳，计两月中两处救疗受伤战士一千三百余人。事务殷繁，常至不遑寝食。两军战酣时，每出入枪林弹雨之中，亲舁伤者至病院，耐劳冒险，中外人皆称道不置，西人至屡载报章以颂扬之。九月二十九日，该医院续发第二队赴镇江，旋即随先锋队入南京，所救疗亦千余人，其勤劳亦为中外人所赞叹。第一队在汉口，汉口俄领事拟组织俄国医院，欲以委托该会会长张竹君，而武昌军政府亦欲设立医院于武昌，城中极力邀致，张该会［长］之为人所欢迎可知已（矣）。顷闻该会长以积劳致两手尽肿，而两军适又停战，因暂回沪上，略为休养，且采办冬衣、药料。张之亲友多往存问，乃定于本日午后二时，借张园开大会报告一切，凡欲审知该会内容及战地情形者，盍往临焉。

原载于《民立报》1911 年 12 月 25 日

十字会纪事——赤十字大会记

本埠南市上海医院赤十字会，□日午后借张园安垲第开大会。到者除该会男女会员外，中外男女来宾四五百人。二时四十五分开会，会长张竹君君登坛演说该会在汉口、汉阳战地情形，每至劳苦危险之处，闻者皆为鼓掌（其演说稿另登）。继由该会南京临时会长张祥仲君演说该会第二队至南京情形，张祥仲君说毕，有粤人徐茂君君以粤语演说，由张竹君女弟为译沪语，大致言该会热心办事，可为中国四万万人模范。徐君下坛，张竹君又续言，本会冒险至战地救伤，实为人道主义，非假借赤十字以沽名鬻货，并言货利至轻，名誉至重，故欲劝凡徒求货利、不顾名誉者，勿以至轻失重，且害世界最纯洁之赤十字。语毕，闻者皆鼓掌，遂下坛，散会时钟已五下矣。

原载于《民立报》1911 年 12 月 26 日

中国红十字会劝募棉衣裤

南京、汉口难民遍地，无衣无褐，饥寒交迫，惨苦万状，即留养本会医院受伤兵士人数尚多，衣服、被褥需用尤众，除陆续在沪赶制装运济急外，伏念吾同胞处此冰天雪地之中，既遇锋镝，又罹寒冻，失业贫黎朝不保暮。仁人君子如有旧存之棉衣棉裤，不拘男女，不拘单夹皮棉，慨赐捐助，请送大马路万品当余鲁卿君、三马路本会事务所、苏州阊门顺康庄洪少圃君，掣给收条，登报征信，随时运往灾区散放，无任感祷，伏祈公鉴。

中国红十字会部长沈敦和、苏玛利谨启

原载于《申报》1911年12月28日

左贞于、左静于女史工笔花卉润费捐助赤十字会第二团经费启

武汉义师，战争剧烈，同人念人道主义，组织本会，恤死拯伤，惨淡经营，心苦力薄。今有阳湖左贞于女史暨其妹静于女史，乃浣香吴江冰如之胞侄，渊源家学，均在弱龄，花卉写生能得南田神妙。闻兹□举愿与赞成以润笔所入悉助会中经费，特将润格刊后，以告同胞之具热心爱美术者。纨扇每柄一元，斗方帐额每尺一元，三尺小堂五元，小屏六折，劣绢不画，泥金加倍，点景另议，绘件请交敝会或九华堂笺扇庄收转。

中国赤十字会第二团谨登

原载于《申报》1912年1月9日

红十字会会长吕大臣奏推广救济会折附片

奏为拟恳恩准推广救济会按照红十字会章程办理以广皇仁而资观感恭摺，沥陈仰祈圣鉴事。窃臣前因奉命筹办慈善救济会，业将开办一切

事宜，先后奏陈在案。臣当即督饬洋员福开森聘请洋医士暨本会会员，约同湖北绅士赶紧前往实行救济，惟是灾黎之颠沛固属无辜，兵士之伤残亦殊可悯。连日与各国医士及慈善绅商再四讨论，佥谓各国红十字会所以两国伤亡一体救治者，固以人道主义为重，亦缘医士往来战地，必须双方承认，方能处险如夷等语。

臣愚以为武汉之役虽系近于嫌疑，究之潢池弄兵皆吾赤子。近日迭奉谕旨宥赦党人，派员宣抚朝廷政崇宽大，一视同仁，无微不至。十五日又奉上谕，此次党人均著准其按照法律改组政党，藉以养成人才，收作国家之用等因，钦此。跪诵之下，钦感莫名。朝廷弃瑕录用，业已衅隙全泯，则无知莠氓似亦在覆帱矜恤之列，而不应显分迎拒，致伤感情。且阅官报内载，陆军大臣行营司令处颁布关于处理战地死伤规则第四条，亦准一律抬送野战病院，分别医治等语。查行营司令规则与红十字会办法相同，在行军一面尚施法外之仁，况此会本乎慈善，均系中国子民似不应坐视其颠连困苦而不一援手。虽救济之会出自特恩，根据日来弗红十字条约之第十条及第二十五条条文办理，而各国人士均不视为完全办法，殊难联络。且查大清红十字会系与各国订立条约，奉旨派员入会签押，业已载在保和会条约之内。若此次不用红十字会名称，是无端暗行取消，亦恐无此办法。臣现在所办事宜纯属慈善，主义正宜，不分畛域，俾得共被仁慈。如蒙俞允，拟请明降谕旨准臣按照各国红十字会章程推广办理。不独在事中外人员可以出入险地而两军将士亦当闻而感泣矣。

正缮折间，又据绅士袁廷彦、李焜瀛、史履晋、蒋式瑆、汪忠杰、叶恭绰、冯恕等呈称现在军务倥偬，京外生民流离颠沛者，各处皆然，救济会范围究嫌稍隘，吾国之万国红十字会早经成立，自应用红十字会名义速筹救济善策，庶几多所拯援。惟原派会长前邮传部大臣盛宣怀现已罢黜，目下已无职权，自应另举大臣接充会长，以便迅速筹办一切，请即力任其难，奏明接办该会事务等语。所述各节均系实在情形，该绅等迫切万状，微臣不敢壅于上闻，谨据实披沥直陈，伏乞皇上圣鉴，训示遵行，谨奏。

再慈善救济会需款甚繁，虽经刊启广募，而各省乱事迭起，风声鹤唳，人心惶惶，一时殊难应手，且零星凑集，尤虑缓不济急。自非优予奖励，悬格相求，不足以动观感。查定例，绅富捐银一千两者，准其请旨建坊，自应照旧办理。现拟凡捐助棉衣及他项救济物品，核有银数实逾一千两以上者，比照前案，由臣具奏请旨，准其建坊，略事推广。又从前捐银万两至数万两者，准其请奖四五品京堂候补或赏给卿衔以示优异。现拟变通办理，如有捐此项巨款者，准由臣随时比较成案，奏请特旨施恩。惟此项捐输与从前办理善后及各省水旱赈捐不同，合无再恳天恩，准如所请，无庸交部核议，俾免文法限制。又从前捐局收款为广为招徕起见，大半暗减成数，故有名为一万两，实则仅收五六千两不等。臣现办此事，实用实销，则捐输必不踊跃，但使所捐之款于灾区实受其益，于朝廷名器无滥无亵，不得不稍予变通。惟有随时据实上陈，仰求宸断，破格给奖，庶捐生可以奋兴会事，亦不致掣肘，灾黎幸甚。所有略拟推广变通捐输缘由，是否有当，伏乞皇上圣鉴训示遵行，谨奏。

原载于《大公报》1912年1月13日

日本赤十字社及中国红十字会（续）

（译日本赤十字日报）

本年六月，江皖水灾，继以大疫，死者极多。该会派出甲、乙、丙、丁四医队分往灾区救治，计六万七千五百八十人。此次鄂省事起，因派医生柯师为队长，带领医学生念三名及日本细谷看护妇、前陆军看护人等组织医队，前往救护。先到汉阳，继往武昌，今已到南京。此外又联合教士在汉口万国医院组织医院，代尽义务。及日本赤十字社临时救护队到华，以为期已迟不得入此医院，因另借某商栈居住。此救护队与两军联络皆赖中国红十字会介绍，该会纯系慈善性质，救护两军伤兵不分彼此，且与官民两军声气接洽。但救护伤兵外，其余战地尸骸如不掩埋，必酿疫疠。该会理事总长沈氏曾致书与民军黎元洪君举办掩埋一切，故该会布置洵为无全云。沈氏致黎元洪书录后：

（上略）汉镇伤者过多，救护难能普及，承日本赤十字社关怀邻国，愿来协助。到汉之后，务祈优待，以笃交谊云云。（下略）

（上略）敝会医院在汉购米甚难，今拟备价缴呈钧处，请于购备军粮时代为采办，如蒙金诺，感荷之至。（下略）

（上略）武汉血战之余，伏尸遍野，鸟啄犬食，惨不忍睹，兹派朱庆章率埋葬队赴汉择地埋葬，以免疫疠。敬乞于武昌郊外，指示相当地址。因汉口毗连租界，日后商业繁盛，恐有变迁，故卜地于武昌，宜总期地虚空旷，庶将来可以增筑围墙，并建塔以留纪念。业向汉镇礼和洋

行商借钢驳及小火轮以供搬运云云。（下略）

原载于《新闻报》1912年2月9日

赤十字社成绩

赤十字社经杨君千里、汪君惕予、陆君纯伯、黄君朴安等发起，于去年阴历九月初成立。内分医药、普济、掩埋三部，各设部长，即先后支配医队，出发苏州、杭州、嘉兴、湖州、崇明、汉口、镇江各处。南京剧战，复遣派东洋留学［生］组织之医药团联络进行，并于苏州、南京设立完全医院，镇江曾设临时医院。战祸停止，即切实举办掩埋、普济等事。计在南京收尸二百余具，汉口、南京、镇江各发棉衣万余件，饼干等数千磅。近于苏州开办苦儿院，收养被难男女幼孩百数十名，施以相当之教育。南京、镇江并各设留养所，以便陆续收留，俾无失所。现已造具成绩表册，分别呈送内务、陆军等部存案矣。

原载于《民立报》1912年3月11日

国务院初七日纪事（节录）

一、湖北江汉关监督禀：据江汉关监督黄开文呈称，据武汉赤十字会长洋员马毅良函称上年战时在事出力人员开具姓名清单，应如何议奖之处，请交部裁夺。

原载于《大公报》1912年10月8日

红十字会之筹备

中国红十字会总会总办事处鉴于南北冲突，赣省事急，救护手续亟应筹备，除电九江分会、教会出发救护队疗伤葬亡，并照万国红十字章程，恪遵人道主义，不分畛域，一体救护，并电北京海陆军部、武昌、皖、赣各处，一律协助。惟急需组织本会医队数队，随时出发，拟招救护队五六十人，设练习救护担架，初级救伤讲习所，并通□泰东西同盟之国取决方法，定今日下午五时开常议会，特别议决一是云。

原载于《申报》1913 年 7 月 19 日

副总统维持红十字会

武昌黎副总统电中国红十字会沈仲礼云：赣事发生后，湘鄂赣组织红十字会者纷起，其尽心慈善事业者固不乏人，而射利营私冒用记章作奸者亦复不少。查战时国际法关于战军伤兵慈善条约第八章念七、念八条禁制滥用红十字旗章云，有犯者以违法论。执事领袖总会，应有监督纠察之权，祈即派员查明兼严行整饬，以保名誉而杜弊端，希速维持为祷。黎元洪，文。

原载于《新闻报》1913 年 8 月 14 日

红十字会电文汇录

（黎副总统电）红十字会沈仲礼君鉴：元、覃电悉，执事拯济为怀，广行善道，消弭祸变，救护□亡，仁言利溥，感佩之至。汉口人道总会屡经批驳，现将武汉私立十字会人，饬警禁缔，堪慰远念。惟赣、皖、徐、镇、淞沪等处战事业已终止，宁垣亦不日肃清，至拯救防疫善后事宜，希毅力图之。元洪，□，印。

原载于《申报》1913 年 8 月 22 日

副总统电请禁阻人道会

武昌黎副总统致上海郑镇守使、红十字会沈仲礼君电云：勘电悉，汉口人道会既以红十字会为名，当然以贵总会之认可与否为定准，无论有无敝处文件，均应严加取缔。既有黑夜潜赴制造局附近占寺住宿情事，踪涉嫌疑，并应由镇守使速行禁阻为要。黎元洪，卅一。

原载于《申报》1913年9月2日

红十字会纪事（节录）

武昌黎副总统致红十字会沈仲礼君电云：卦电悉，宁省大兵之后，满目疮痍，贵会济众博施，救民水火，宏兹愿力，惬我颂私，已查照来电，分转张都督、雷副使请饬军队一律保护矣！知念转复。黎元洪，文，印。

原载于《申报》1913年9月15日

红十字会大事记

八月十九日，武汉起义，越旬北军南下，争战甚烈。本会天职攸关，急宜组织救护医队，驰往施救。爰假英租界议事厅，聚集中外绅商，筹商进行方略，莅会者甚众。决议组织甲、乙、丙三医队，以西医柯师为领队，总医院峨利生、王培元、杨智生诸君为救护医生，而以本医学堂高等医学生为看护生，韦增瑛、范孟园、徐祉君、傅光宇诸女士为看护妇。中外慈善家捐助银钱、药物甚众。迨振铃散会，已金乌西坠矣。

九月初四日：甲、乙、丙救护队出发汉口

全队于是晚乘襄阳丸号出发。初九日抵汉口，翌日即设临时医院于俄租界时，两军搏战正烈。院中伤兵拥挤，至无容膝地。

九月十二日：分电通商各埠设立红十字会临时医院

武汉起义，四方响应，风声鹤唳，一夕数惊。爰电各通商口岸教会医院，改设红十字会临时医院，俾有备无患。

九月十三日：上海光复，本会特派救护队赴制造局救护

上海光复时，制造局曾经争战，本会急派救护队前往施救。

九月二十九日：武汉掩埋队出发

武汉开战以来，伤亡甚众，白骨燐燐（嶙嶙），遍地皆是。旋接汉口来电，嘱往掩埋。爰特组织掩埋队，驰赴掩埋，以朱君殿卿为主任，沈石农、姜彰容、周际唐诸君副之。是晚乘大元丸赴汉。

十月初七日：赴川红十字会救恤会出发

刘君昌言等悯桑梓遭毒，发起救恤会。一赴武汉难民，出发□□□□□□成绩。

（未完）

原载于《中国红十字会杂志》第二号1914年6月

红十字会之电稿（节录）

本埠红十字会昨接汉口分会电称，湘省战事，本分会已组织救护掩埋各一队，拟即出发，合先电达，请呈中央转咨傅、王两督军及前敌各司令严加保护所有车舟，并凭照袖章旗帜各种手续，应如何办理之处，祈详细电示云云。该会当将该队所需旗帜袖章等件盖印邮寄应用，并分电傅、王两督军，通令前敌各军切实保护。

原载于《申报》1917年11月13日

中国红十字会敬募川湘鄂粤兵灾救护伤兵济渡难民经费

……川、湘、鄂、粤诸省战云日紧，早经本会分电各战区分会召集医队出发救护，并设立临时医院疗治受伤兵民，以及创办妇孺救济所引渡难民在案。现迭接重庆、常德、岳阳、通城、樊城、崇阳、潜江、汉口及广东各分会纷纷来电，佥称日来血战未已，受伤军兵肢残骨折，血肉模糊，沉吟郊野，痛楚不胜。而战地人民多受池鱼之殃，或为流弹所摧残，或遭匪徒之劫夺，兵戈所指，村市皆墟，其惨酷情形尤难言状。现经□行救护并设法济渡难民，量予资遣，惟费繁款绌，请速接济等语。亦经本会筹垫巨款，购备药品分别寄汇，并派遣医员前往，以资协助。特是本会正在办理京直水灾赈务，为款浩巨，竭蹶方虞。今又重以兵灾救济，泛应无穷，棉（绵）力有限，虽深披发缨冠之义，殊有声嘶力竭之情，为此登报广募，务祈薄海内外仁人君子悯战事之凶危，拯斯民于水火，慨解仁囊，共襄义举，曷胜跂祷。如蒙惠助，请迳送上海二马路本会总办事处，照掣收据，并登报征信，不致有误。

上海二马路望平街东首中国红十字会总办事处沈敦和谨启

原载于《申报》1918年2月6日

湖北战地通信（节录）

汉口红十字会为人道主义组织，一二两救护队分发战地救护，本属慈善性质，无分南北，一视同仁。其标识缘用日来弗条约所规定红十字记章旗号，他人不可冒滥。乃日来嘉鱼宝塔洲太平口一带沿江发现红十字旗，差轮民船甚伙，昨竟有小火轮悬红十字旗运枪械等件，至新堤并采办军需，深违公法。为该处救护队查知，系直隶第一旅之差轮，向之交涉，竟不得若何结果。该会以事关会务国格决通电严重交涉，不使万国尊重之红十字失其价值也。

原载于《申报》1918年3月10日

美国红会进行状况

昨日美国红十字会又得永久会员田肃民君等十余人（每人会费七十五元），更得沪宁铁路局办事员三百人，中西女塾师生二百人，南洋公学三百四十人，南洋路矿学校二百五十人，务本女塾三百二十人，万竹小学三百五十人及江南船坞捷运公司同人全体加入为会员。

汉口开会之第一日共募得捐洋五千元，所有居留汉口之西人，每国均被选举干事一人，分向本国人民募集。汇丰银行大班格拿为中国方面之干事，更有洋行买办多人相助为理，现在印刷红十字会说明书三万册赠中国人。

原载于《新闻报》1918年5月23日

美红会近事纪要

汉口美红会开幕以来，已募得一万七千五百元，今晨安乐尔君、莫格利根君、萨柯君等将赴工部局设立之四学校，拟组织红会童子队。

美国红十字会大游行会本定于上星期六下午举行，嗣彼（被）天雨所阻，遂改期于本星期二游行（即今日）。届期本埠各团体之加入者甚多，其所经过之处之沿途观看者亦势必拥挤，以故英美总巡麦高云君昨特谕饬红十字大游行会经过处之各捕房捕头，届时加派中西探捕沿途照料，以免匪徒乘间溷入人丛攫窃云。

原载于《新闻报》1918 年 5 月 28 日

美红会在华所募捐款

大陆报云：顷据本埠美国红会正式报告清册云，本年五月间该会在中国所募捐款共约二十五万金元。上海捐款凡墨银十万八千二百十一元余，所招会员西人一千五百五十二人，华人二万六千五百七十七人。汉口捐墨银四万五千八百四十元余，广东一万五千六百三十五元余，南京一万三千一百四十九元又美金四百十七元。

原载于《新闻报》1918 年 10 月 16 日

沙市设立天主堂红十字会等情

沙市设立天主堂红十字会等情，已志本杂志第四期。近有自称沙市红十字会会员名萧英者，通电表示反对天津大公报，并为登载披露荆州总铎马公。闻悉之后，当即照会沙市商会，预备与萧英交涉。其照会文照录如下：

径启者，本堂于三月十八日，接到鄂西主教杨来札，内开近阅天津大公报载教堂设会敛财之黑幕一则，殊于本堂名誉攸关云云，并将该报纸寄示。其登报通电之人，为沙市红十字会会员萧英。窃去岁荆宜战事，仓卒（促）发生，沙市前商会总理萧书卿，现商会协理廖如川等邀集慈善绅商，发起红十字会，救济伤亡兵士。敦请修德及沙市司铎雷多默，荆门司铎郭医士泽宽，荆州北门天主堂医士李正富代为照会双方军官。其一应医药器具，均由天主堂担任义务。至会中一切用费，均由各会员担任捐缴。因系临时救济，未遑通报，原非藐视条约。至各会员门首，钉有红十字木牌，以为标志，以便急时召集，原与法律不背。所收枪械六十五枝，当缴司令部，并未藏匿，何尝破坏条约？至引渡灾民，设妇孺救济会三所，饮食俱系会中备办，并未取费，何谓破坏条约？至谓出发队欺诈取财，主教充耳不闻，试问欺诈者何事？取财者何人？更系凭空捏诬，毫无影响。但本堂与本镇慈善绅商，发起此会，乃体上主爱人之德，念基督救世之心，原非专为名誉起见。但任意污蔑，将以阻后来办理慈善之心。为此仰烦贵会查明沙市红十字会，设于何地，成于何时，创于何人，其会员确有萧英与否？赐函示咨，以便本堂与该会员交涉。为赔偿名誉之举，是为至要，须至照会者。

荆州东城总司铎马修德

阴历二月十四日

原载于《圣教杂志》1918 年第 7 卷第 6 期

红十字会筹办鄂赈

本年湖北各属大水成灾，昨由该省王大（督）军、何省长通电沪上各善团筹募赈款并派劳敬修等为驻沪募赈专员。兹悉红十字会于事前已分电湖北各属分会调查灾况，以凭散放急赈，刻又接该省军、民各署乞赈［电］报，爰由该会理事长唐露园会同仁济、广仁两善堂暨劝赈专员劳敬修，商请南洋烟草公司筹垫洋一万元汇鄂，以应急赈，除电复外，闻该款亦已起汇云。

原载于《申报》1919 年 8 月 26 日

鄂省电谢赈款

本埠红十字会总办事处前接湖北王督军、何省长乞赈急电，当由该会会商仁济、广仁两善堂暨鄂省驻沪劝赈专员劳敬修等晤商南洋烟草公司，先行筹垫洋一万元汇鄂，以应急赈。兹得湖北军、民两署复电如下：

红十字总会蔡耀堂先生鉴：接诵宥电，感佩莫名，承劝南洋烟草公司垫募一万元，远普仁施，分到监河之润，情深饥溺，奠兹江汉之灾，除俟收到汇款再行专电奉达外，谨此电谢，并希转达南洋烟草公司代为致谢，仁济、广仁两善堂诸公并此致意。再贵会在鄂各分会并承分电同募，尤见远道关垂，有加无已，合表谢忱。王占元、何佩镕，勘。

原载于《申报》1919 年 8 月 30 日

汇纪乞赈之函电

……

本埠湖北义赈会以湖北赈灾万分急迫，日前由红十字会借垫五千元，现已取出。又由该会正、副会长及各董事多方筹垫，约共万余元，不久即行派员前赴该省散放矣。又该会接到驻汉董事劳用宏来电，以前购之面粉四千包又南洋分公司赈米二千石，已会同分公司经理李经磋及查赈各员借楚安兵舰开赴天门、汉川等处调查散放，惟灾民过多，恐尚不足分配，并望沪会接济云云。

又接黎前总统由津来电云：沈会长、朱、劳两副会长均（钧）鉴：电悉，诸公历赈偏灾，活人无算，兹为敝省设会筹赈，义浆仁粟，悉仗鸿施，谨代江汉灾民称谢。黎元洪，铣。

原载于《申报》1919 年 9 月 20 日

湖北义赈会购办棉衣

湖北义赈会以该省被灾奇重，待赈孔殷，前已敦请唐、郭、郑君亲赴灾区散放急赈。兹以天气渐冷，赈衣尤为要需，故唐君在无锡绅商各界募有棉衣四千四百件装运来沪，该会收到红十字会送来棉衣千余件，一并装轮运赴灾区散放。

原载于《申报》1919 年 10 月 29 日

汉口红十字会拯难民

汉口红十字会近为岳州难民积至数万，粮食告绝，急待救援。兹悉该会救护办法，日来着手进行，特将详情分志于下：

安置难民。迩来太古公司之湘潭轮船由湖南抵汉，载有岳州难民四百余人，计其中湘籍者二百余人、鄂皖等籍者二百余人。该会职员王森甫君闻信，当同警厅督察长王寿山君往太古码头，将鄂皖等籍者分别代觅船车令其回籍。其有湘籍者，则一一送往本埠湖南、长沙、宝庆三会馆安置居住，一面商同该会馆首士等筹备粮食以资救济。

队员出发。当岳州代表抵汉时，该会已具文呈请军民两政长拨输助款前往救济，当蒙核准。惟准拨之输尚需一日，而岳民盼救甚急，刻不容缓。该会乃在褡鄂公司租得丹阳输船一艘，特派救护员徐钧轩等偕同岳州代表当晚出发，一面仍催请两政长拨输继续开往云。

电呈督军。武昌王督军钧鉴：难民盼救如炽，敝会特雇丹阳小输，先派徐钧轩、陈少人二员同岳州代表熊庆云等携带米粮药品，今晚出发往岳救济。恳电沿途军队一体保护，所有详情另文呈报。特先电达，迅盼施行。汉口红十字分会叩，漾。

原载于《大公报》1920 年 6 月 29 日

天津红会近闻汇志（节录）

红十字分会昨接湖北督军王占元、省长何佩镕电云，中国红十字分会台鉴：接诵皓电，悯恻殊深，鄂省自湘事发生，频年均为兵事所困，张敬尧督军溃退以后，兵灾益复蔓延，救死恤伤，殆较津埠为尤甚。前接曹经略使曹省长电告兵灾善后救济情形，已勉力筹济洋三千元。兹尊处如须拨款，尚希就商曹公，量为挹注。俾借资救济，可以双方兼顾也。谨此奉复，尚悉鉴谅是荷。

原载于《大公报》1920 年 8 月 11 日

沙市水灾乞赈

本埠中国红十字会总办事处昨接沙市红十字会分会来电云：红十字会总办事处钧鉴：沙市下游石首县属西区之藕池口，突于七月元日被大水冲溃屋院（垸）百余里。桑田沧海，老弱流离，强壮者或栖身树杪，或抱木逐波，嗷嗷哀鸿，待哺孔亟，除由敝分会筹备急赈外，转瞬冬令，严寒交迫，杯水车薪，势难普及。谨代灾黎请命，电恳力予劝募，源源接济，俾死者获安窀穸，生者得登衽席，万家生佛，功德无量，不特迫切待命之至。沙市红十字会，卅一。

总办事处接电后，当即预备设法筹款，办理该灾地急赈矣。

原载于《申报》1920 年 9 月 2 日

中国红十字会劝募湖北上游水灾急赈启

湖北上游一带，承长江及洞庭之下流，势如仰盂，一有泛滥，荆南各属便成泽国。本年阴历七月初一日夜间，石首县属西区之藕池口突受上游大水冲决，奔流百余里，冲浸田园庐舍不可胜计，实为历年仅见之浩劫。兹据本会沙市分会飞电告灾并惨述灾民流离状况，恳请劝募，除业由本会电知该分会筹办急赈并通知沪上各善团外，所虑车薪杯水，无济时艰，尚望各界仁人君子慨惠巨款，拯此遗黎，俾生者早登衽席，死者获枕首邱，谨代百万灾民九顿首请命。

吕海寰、蔡廷干谨启

原载于《申报》1920年9月3日

分会近报

第一次汉口红十字分会救护队出发蒲属战地报告：为报告事，本会因湘鄂战起，依万国红十字会救人之义，特派代表李养和、徐忠海偕医士十员、队员二十员督率夫役八十名，携带药品、材料、器具等件，于本月四日下午四句钟由武岳铁路开赴蒲圻、赵李桥等处实行救护，除分报各官厅团体外，特陈总会鉴核。中华民国十年八月五日，救护队长王明福。

第二次汉口红十字分会救护队出发蒲圻第二次报告：为报告事，窃敝会救护队于本月四日出发蒲圻战地救护伤兵，业经报告在案。兹因救护代表在蒲圻来电报告，连日所救伤兵为数至众，请派轮前往，运载来汉诊治等情。兹特派尹茂哉、喻万安、任炳山、林良栋四员租定厚生公司之一台轮船，于本日下午一时开赴蒲圻。除分报外，谨陈总会鉴核。民国十年八月七日，救护队长王明福。

第三次汉口红十字分会第二救护队出发咸宁报告：为报告事，窃敝会于本月四日组织救护队出发蒲圻收救伤亡，曾经一再报告在案。兹因前方救护事务殷繁，一队之力恐难兼顾，特又组织第二救护队，推定汤开镛、田强民二君为队长，偕同医士四员、救护员四十四人、夫役五十名于本月十四日上午十时乘德泰救护轮出发咸宁一带，实行收救职务。除分报外，谨陈总会鉴核。中华民国十年八月十三日，救护部长王明福。

第四次汉口红十字分会第二救护队□□、咸宁战地妇孺报告：为报告事，窃敝会第二救护队长汤开镛、田强民于本月十四日率队出发咸宁，业经报告在案。兹准汤队长开镛救护战地妇孺一百七十三名，于昨日下午二时乘德泰轮回汉。报称本队于本月十四日出发，十五日抵咸，当时谒见直军张总司令、豫军赵司令，投递公文，声明来意。承两司令通饬保护本队，遂择定审嘴为驻地，出发救护。因前方战事紧急，仅救得出险妇孺一百七十三名，护送来汉云云。敝会当即派员将载来妇孺送入咸宁会馆暂住，一面仍派汤队长偕同随来队员、夫役等乘德泰、翔鸥二轮于今午复赴咸宁实地救护。除分报外，谨此报告。中华民国十年八月十九日，救护部长王明福。

第五次汉口红十字分会第一救护队在蒲圻救护伤兵报告：为报告事，窃敝会第一救护队出发蒲圻救疗伤兵，经过情形迭经报告在案。顷据该队队员张啸秋等五人回汉，报称救护队抵蒲，陆续救得重伤兵士二百二十九人，轻伤兵士五百三十二人，假蒲邑考棚旧址为临时医院，分别治疗。事阅七日，轻伤者多半就愈，俱已随队归营，重伤者留院治疗急切，难以痊可，原拟送回汉口。惟以军情紧急，交通困难，诸多未便，只得仍留蒲圻，免劳往返。再查本队抵蒲之次日，即有湘军第二师长鲁涤平率队入城。地方人民初甚惊恐，继因本队已于天主堂、自治会两处附设妇孺救济所从事收容，又经鲁师长出示保护，该县民心因之渐定。现以医药缺乏，特请张啸秋、林良栋、任炳出、吴相琴、陆正荣等五君乘楚裕轮回汉采买，务祈照数购妥，克日运蒲，以应急需。据此，除分报外，谨此报告。中华民国十年八月十七日，救护部长王明福。

第六次汉口红十字分会第一救护队在战地收救死伤军民报告：为报告事，顷据敝会驻蒲第一救护队电称，连日伏铺、官塘驿等处，战事激烈。本队在战地收埋两方亡兵约五百人，又救得受伤军民二百余人留蒲医治。惟值秋凉病发，棉被缺乏，祈速设法接济等情。据此，敝会当派会监予查、石菴二员，携带棉夹被各一百副，于昨夜乘吉安轮船取道赴蒲。本日上午复得第一队救护员陈至林、喻万安等由官塘驿附车回汉，报称队员等由蒲圻开至官塘，洽值两军激战，救得伤兵四十名，除轻者仍送蒲城外，内有刘永瑞、魏正华伤势较重，特护送回汉诊治等情。除将该伤兵收诊外，谨此报告。中华民国十年八月二十八日，救护部长王明福。

原载于《中国红十字会月刊》1921 年第 1 期

分会近报（节录）

大冶救护（大冶分会来函）（十年九月十四日到）：敬启者，前湘鄂战事发生，最为剧烈。大冶属地距战线不满二百里，当时北军溃散，过境者不下万余人。仓促之间，权宜办法，经全体常议员共同议决，由分会正会员分途出发，照料收容输送。所有沿途避兵平民，幸得安全。曾经发去各正会员十字旗及袖章，以为证明，俾便接洽溃军而保卫人民，理合呈报钧处备案，是为公便。此陈中国红十字总会总办事处。中国红十字会大冶分会谨启。

樊城赈灾（樊城分会来函）（十年九月二十六日到）：敬陈者，前蒙总会汇来大洋五百元，以为襄河水灾重大，各县救济赈恤之用。业经□函奉谢，并派员分途调查灾情，以凭分别施赈。去后，兹据各该员等返会报称，樊城周围纵横百里，又经七月下旬、八月上旬两次大水，所有低洼穷民，均已流离转徙。仓促散赈，恐难普济。现经会员决定，暂将此款购办杂粮。且俟河水落潮，秋汛平定而后，灾民归藏，即由分会设法添募，一并分别赈恤，以期普惠而免虚糜。将来办理蒇事，再行续报。谨陈上海中国红十字会总会总办事处。樊城分会分会长李广德谨启。

第七次汉口红十字分会第二救护队收束回汉报告（续前）：为报告事案，据敝会第二救护队队长汤开镛、田强民二君由咸宁率队回汉报称，本队于八月十一日出发咸宁，适值两军激战，战地人民流离失所，曾经陆续救回二千余人，报告查照在案。兹因双方停战，无须久驻，正拟收束。适接会电，亦嘱救援队回汉，特将咸邑所收伤兵就其诊治就愈者一一遣送回营，实存重伤兵士五名随队运回并设法转送诊治，以期速愈等情。除将该伤兵五名转送中西医院诊治外，谨此报告钧鉴。中华民国十年九月三日，救护部长王明福。

第八次汉口红十字分会第一救护队收束回汉报告：为报告事案，据敝会第一救护队代表涂钧轩君由蒲圻率队回汉报称，本队于八月四日出发蒲圻组设临时医院，身临战地救护伤兵。除轻微受伤随时诊愈送回原营或资遣回籍，陆续册报，共计八百余名外，其余重伤兵丁尚存一百零六名。接读会电并送来衣被药品等件，嘱为留蒲诊治等因。本拟遵照办理，惟刻值双方停战，久驻非策，由钧轩商准蒲圻吴知事就火车运回伤兵二十二名。另雇民船四只，由李代表养和从水路护送八十四名，不日到汉等情。除将该伤兵等转送各医院妥为诊治外，谨此报告钧鉴。中华民国十年九月四日，救护部长王明福。

原载于《中国红十字会月刊》1921年第2期

分会成绩录要：武昌分会

（一）组织

该分会于民国五年五月成立，会所地点在湖北省城之斗级营街。有特别会员二员，正会员一百六十三员，理事长盛春颐。其内部之组织，有理事四员，议事九员，名誉职一员，文牍书记名二员，会计一员，庶务一员，均抱博爱宗旨，纯粹的义务职。

（二）经费

由总会拨助基本金共三批，计洋一千六百八十七元五角。特捐、常捐项下，自五年六月至八年底止，总共收入洋三千八百三十四元九角四分，支出洋五千零十二元二角二分，实亏洋一千一百七十七元二角八分。该会办事人员，政界实居多数。其所亏各款，联络商界，设法筹垫。

（三）成绩

该分会成立，是时尚无战事发生，遂设医院，周恤贫乏病人，并随时施治时疫以为进行。自院所布置定妥，设在汉阳门内鸿翔巷中，计厅楼三大□，病房共七间。时当炎夏，正疫症盛行之际，先用中医中药开办，嗣后贫乏之家，病人就诊者甚多。自六月至十二月，经二十九星期，诊号达二万一千五百余号，治愈病人一万一千二百余名，办理尚有成效。惟发药二万余剂，又须外科丹散及时疫药水，用费综计合洋二千四百余元。若以全年计之，每年需款三千数百元之巨。因筹募困难，暂时停办。至六年冬，由总会致商该会，南北战争，风云日紧，亟应将军事救护先事筹备，以防不虞。该会同人遂两开会议，主张募捐首重商界，而商务均在汉口，须清汉口分会协助。于是竭尽心力，一面募捐，一面设法借款筹设临时医院，并备救护，一切就绪。旋幸战地渐远，战事渐停，计自七年一月起至四月止，治愈病伤就诊军人八百十三名，男女患病民人七百十五名，种痘男女一百八十六名。所有各项用款，已达一千三百五十余元矣。据十年七月二十六日来函云，现拟遵章开办医院，延请中西医士恤治伤兵，诊疗各症，并附设中医学校储备人材，以资应用而符博爱恤兵之意。

原载于《中国红十字会月刊》1921年第3期

中国红十字会成绩纪略（节录）

辛亥救护成绩：辛亥秋，武汉起义。血战经旬，死伤甚众。清廷遂派吕海寰为会长，以继盛宣怀；并派沈敦和、福开森为总董，会同办理救济事宜。于时本会，北京则兼组织医队，由京汉铁路赴孝感、黄陂，从事救护。上海则应时事之需求，改名中国红十字会，组织万国董事会，以利进行。即举沈敦和及英按察使苏玛利为议长，并举沈敦和为理事长，施则敬、任逢辛为领袖董事，江绍墀为理事。开大会于议事厅，藉筹捐款，共策进行。遂组织甲、乙、丙三医队，驰赴战地。设临时医院于汉口、武昌、汉阳，从事救护。别派掩埋队，携带芦席等物，驰往掩埋尸骸。计武汉治疗伤痍数千人，掩埋尸骸八千余具。当是时，复由董事会决议，制定名誉、特别、正会员三等会员，制造银质佩章，刊印凭照，由理事长署名发给，从事征集会员，以裕捐款。旬日之间，入会者千余人，既而各省响应。宜昌、沙市、荆州、南京、宿州、正阳等处相继剧战，本会急就各地组织医院医队，分请当地士绅担任其事。凡经战事之处，无不成效卓著。若南京分会之掩埋尸骸，多至七百余具，刊立碑石以为标识。（见上期月刊中分会成绩栏内）天津分会之组织医队，驰赴战地从事救护，则尤为彰明较著者也。（未完）

原载于《中国红十字会月刊》1921年第3期

分会近报（节录）

宜都红十字会出发宜昌战地记略（十月十九日到）：宜昌自八月初一日战事发生，本会当即电请总会转告双方司令准备出发，向宜昌战地方面救护。初一、二、三等日，宜昌河西地面战事方烈，间有军民淹死大江者，尸骸漂流，目不忍睹。经本会沿江收捞掩埋者，约有二百余具。维时双方攻击日益激烈，于是本会遂租定二马路之屋，宏大可容百余人，并于北门外北五省会馆内设驻扎掩埋队。连日以来，分队向战地出发，救伤埋亡，竭力前往营救，以尽天职。惟夏历八月十四日晚，双方猛击异常剧烈，是晚受伤来至本会就诊者，已达数百名。本会职员几无立足之地。翌晨，理事长雷春阳，救护队长鲜于丹、庭书记、彭晴川，医务长曹蓝田、卢幼青亲身率领救护队、医队共七十余名向东山寺、慈云寺等地，向战线一带实行救护。是时战事未停，而闻伤军呼救之声频入耳鼓。本队员等体耶稣舍己救人之心，怀孔子杀身成仁之训，乘双方射击于枪林弹雨之中，救护伤军甚多。双方军队甚表欢迎。本会经历战线，救伤恤亡，甫及月余，全队人员幸皆无恙。本会夫役余海山、姚德□被流弹射穿衣帽，而身未受创。此我宜都红十字会之幸福，实系上帝默佑之所赐也。现枪声渐远，宜昌平靖。本会掩埋治疗，亦将收束。然有双方重病军人数十名，尚未痊愈，一并带至宜都治疗。待痊愈后，当给护照，分送回籍。用将本会出发宜昌经过事实，略志报章，以贡献阅者诸君。

原载于《中国红十字会月刊》1921 年第 3 期

分会成绩录要：大冶分会

十年十二月九日，接到大冶分会成立后第一次报告四条，如左：

一、招待军队。本年七、八月间湘鄂之战，有大批军队自汀泗码［头］溃下，纷集大冶县属之黄石港、石灰窑一带，连同输送夫，为数不下万余人，其势极形复杂。本分会协同各团体预备供应，设法招待，始免他虞。该军队见本会十字旗帜，颇加敬礼。

二、输送难民。常溃军纷集之时，即有无数乱民，状极狼狈。随军队至港，络绎不绝，本分会协同各团体设法输送。除商由汉冶萍轮驳输送外，并函知本埠各轮船公司，酌给半票，分送上下水轮船。俾难民分途归去，藉免流落。

三、施诊施药。本分会应俟募集大宗捐款后，照章建立医院，始尽一份天职。现因甫告成立，经费未充，建立医院遽难办到，爰暂就施诊入手。现有精通中西名医及内外方脉詹君玉华、杨君春山、阮君毓齐、方君文轩，诸先生热心慈善，毅力救济，按日施诊。由会分设男女两候诊所，候诊者颇形踊跃。每位暂取号金六十文，分作各个医士津贴，前经陈报覆准在卷，并由会酌制膏丹分给，以惠贫苦。

四、施棺救生。施棺一项，颇需巨款，加以地近市镇，失业穷黎死无棺木者，岁计不知凡几。本会为慈善机关，对于此事，特加注意。凡无棺木，确系穷黎，以及路毙浮尸，自当照施。前并蒙武帮财神会会首朱芹香君拨交该会木匣、基金钱三十串文，以为补助，足证乐善好施。此外，救生一事，亦在极力进行。现时规定每名酌给救生费若干缗，俾船户勇于救济，以广好生之德。

原载于《中国红十字会月刊》1922 年第 4 期

分会近报

武昌分会近报（十年十一月三十日到）：敬启者，窃以武昌省城红十字分会于民国五年六月创办成立，报明贵总会总办事处，咨请陆军部并咨湖北军署立案，转行警务处及武昌知事随时保护在案。计自开办以来，于兹数载，历逢时乖，颇费经营，救患恤贫，聿著成绩。前于民国五年并七年一月两次设立医院，其屋宇或租或假，只可临时，不能持久。本年夏秋之间，湘鄂事起，伤兵病疫，实繁有徒，无如会所狭隘，不敷展布。同人等佥谓为善不足，负疚良深，遂设法募化捐资，将分会间壁房屋购置改造，设立中西医院，常年开办，附设医校研究医理，延请中西医士，分别诊治病伤，悉遵总会定章办理。惟当此时艰，经济困难，仅已大致成立，使抱恙者有养疴之室，诊疾者获敬业之区。现择于夏历十一月初五日，即阳历十二月三日，正式开幕。因事属方兴，就诊者众，诚恐无知军民以及地方不安本分之人，藉端滋扰，有滞善行。除陈报总会转咨湖北军省公署备案，行令军警并地方各公署照案出示保护外，相应将组设院校情形及开幕日期函陈（下略）。武昌分会理事黄祖徽、副理事吕迪先谨启。

原载于《中国红十字会月刊》1922 年第 4 期

樊城红十字分会事迹记略

一、创办分会之原起

民国七年一月，荆襄独立，风鹤频惊。同人等佥谓欲谋保全之计，自卫治安，非设立红十字分会不可以。故于枪林弹雨之际，仓促创办。

而又暗于章程，始向汉口分会接洽，索来简章筹办一切。

二、劝募捐款手续

同人发起，无经费可以筹措，遂各解囊捐洋五十元，曰特别捐，以为提倡。继续到会者，每人捐洋十元，曰普通捐。藉资挹注，临时会赖以成立。

三、设立临时医院

医院需款甚巨，手续尤繁，抑且仓促创办，无从筹备。同人等深虑进行之难，遂就商天主堂主教助理，假以地址，并延医备药，战时遂率救护队从事救护伤者数百余人，治疗者二百余人。

四、组织正式成立

事莫难于创始，尤贵全乎厥终。本分会创于荆襄独立、战事方兴之时，事过即停。同人等痛定思痛，遂奔走呼号而有正式成立之组织。邀集全体，再四磋商，方得稍有就绪。推举杨承恩君为理事长并劝齐会员三十六人，报请总会承认，颁发凭照、佩章、旗帜、图记，于民国七年阴历十月初六正式成立，邀请军民各长官莅会并报告各机关立案保护，刷印《办事规则》并《为善最乐书》两种。

五、计划常年经费

经费有著，规模始备。本分会既经正式成立，自宜筹备常年经费为持久之计。遂由理事长杨君承恩每年倡捐二百串，十年为限，会员量力捐输，自百至千不等，约计共凑有八千之谱。存储生息按月支用，有此经费以为基础，然后可积极进行。

六、请领空白章照

空白章照原欲多劝会员入会，以便临时填给之需，易于劝募。乃总会见驳，不肯发给，反复函询。本分会预先垫缴半数费款始经认可，令陆续函报注册。分会仍一次请领十份，每届十人，报请注册一次。

七、议筹修葺会址

分会假钱公所为地址，辄议修葺，以需款甚巨难以筹措，加之连年水旱偏灾应接不暇，尚未举办成立之日。曾经会员及绅首公（共）同议决，将五显庙火场捐入会内为会中基地，将来储有基金，亦当设法修葺。

八、归并皆不忍、启善堂事务

皆不忍堂、启善堂为樊城向有善堂，开办有年。近数年来，因办理失宜，以故经绅商公请襄阳县知事立案归并，由分会经理。皆不忍堂施棺木，启善堂临冬设粥厂，仅此两事，每年需款约三四千串。原有房产按每年所入开支，不敷由分会补助。

九、选举第二届职员

理事长杨承恩君辞世。九年十月间开会员大会，投票选举李广德君为会长，杜椿君为理事长，王朝湘君为议事长，选定后清核账目并整顿一切。

十、历办救恤事项

本分会历办成绩撮要录左：

一兵灾。荆襄独立时，组织救护队，携带药品出发战地，从事救护并设立临时医院治疗伤兵。

一水灾。己未年新邓水灾，本会竭力募捐并招集梨园演古三日，派代表李君宝甫、张君紫峰前往调查，携款四千串，分别助赈。辛酉，襄河一带水涨，为数十年所未有。樊城周围百余里，尽成泽国。本会各会员捐施米饭、麦糊，乘划四出散放。继而下游各县纷纷函求助赈，实属力不暇及，募款维艰，乃蒙总会拨助大洋五百元。延至今春，始由各会员议决筹办。除绅商特别捐外，演古三日助赈，连总会拨洋五百元，共筹钱四千七百余串。除支用外，拨给钟祥、王家营堤工一千串，咸宁八百串，天门八百串，襄樊则连同总会拨来之款，发给本县各区保一千六百零四串，散给后均有花名册存卷。

一豫鄂旱灾。辛酉年三月筹办。除募劝绅商各界特别捐助外，演古四日，共筹钱四千余串，全数助赈。

一施药送诊。延聘中医一员送诊并临时酌施药品。

一消防。戌（戊）午年冬，首先由分会购置水龙一架，次年下甲募款添置一架。其常年经费并水池修理费，均由本会担任。

一施寒衣。由各会员自行捐款，冬令购备散发。九、十两年，襄郑镇守使施给破烂军装，由本会染色补缀散发。

一发贫米。每届年终由各会员捐款举办。

一辅助灾赈。七年捐欧战协济会一百串，九年捐给湖北义赈会五百串，捐给淅川水旱灾荒七百串，捐给北五省旱灾五十串，捐郧均各县旱灾二百串，聊资救济。

一养恤残废。辛酉六月，奉襄阳道尹熊函令认养三十名，每名每月口食钱六百文，按月送县署转交育婴堂发给。

一公益捐。助襄阳演讲所经费一百串，捐助修街四十串。

一救生。原设救生船一只，另有存款子息以作经费，不敷之数由分会补助。每月并津贴、商会救生船经费九串。

一恤烬。凡被灾民人有极贫苦者，酌给恤金。

一资遣饥民，施给贫人。各处往来逃荒饥民，均寓泰山庙，来会报告。由本会派人查点人数，按名发资遣回。

一补助粥厂。启善堂款项不敷支用，本会曾拨助两次，计钱八百余串。

原载于《中国红十字会月刊》1922年第11期

分会成绩：潜江红十字分会散放急赈

中华民国十年七月十八号，潜江红十字分会以王家营等处溃口，灾情重大，乃于扼要地方张港附近，散放急赈。凡装配船四船，计面包、食品各千斤，又时疫药若干，于是日辰时分途出发。第一艘主任为萧君文祥，所至之地，为车墩、垸宫、季口、张贺湾等处，至午方回。第二艘主任为郭君士芬，所至村落，以念数，知名者为蒋家场、郑家滩二地，系天门辖。第三艘主任为保正孙光泽，所散放者为象家桥、金家滩、熊邓台、诸通口等村落念余处。第四艘为一小艇，记者乘之，船方解缆，忽见岸上一人飞至，则崔寿康乐局主人也，携所制五行妙化丹一百粒、五行丸三百五十粒，附以治法说明若干张。继又由永达祥药局捐来清暑丸三十瓶、痧丸二十瓶，交余散于病者。余谨领称谢而别。余艘所指，最低之一村为收麦湾，次则秦家岭。此二村属塘南垸，潜江境也。艇掠秦家岭而过，顺流半里许，至易家垸，已入天门境矣。迎首所见为周家台，凡廿余户，水未入室者，四户而已，余则尽在沉溺中。群儿见船，争呼救渡，情极可悯。予告以红十字会，特来施药治病、发面包于不能举火者。于是群儿咸来争索饼饵，病者各求医药。余询其病状，告以治法，授以说明纸。次至熊家岭，因隔村即呼救也。盖从此迤东迤北，愈下则愈低洼，一望泛白，仅露树颠。水封屋檐者，数见不鲜。余为之浩叹。东向遥望，车垱一小集场也，闻因洄流湍急，今晨犹坍塌房屋三幢，吁可胜叹哉！余以饼饵药品均剩无几，尽散之病者小儿。事毕，返棹而归。归循各村，带病者贺明扬等八九人至张港，使各投亲友就医。是役也，余所乘小艇，赓续三艘后发，故归亦最迟。抵岸，日已过晡矣。周围凡三十余里，历村落近二十所，其水不入室者，仅百中之二三耳。病人居百分之二十五，漂毙人口牲畜、坍塌房屋无算，灾情最重。综计汉江以北，十余州县，受害之烈，其惨万状。嗟乎！吾人安得一一为之援手也？且吾人同处此灾区之中，虽有拯救我被灾同胞于万一之念，而愿望终有难达之慨。非我海内外仁人君子拯溺救焚，迅解善囊，则荡析离居，其鱼之叹，恐无噍类矣。余等放赈之次日，尚有面包饼若干，委戴君家盛等散于附近村中，驻港警察分所长崔君，亦募得捐款，制面包若干，散放较远之处。又三日，同人等嘱余为之记，余乃述其事实如右。

原载于《中国红十字会月刊》1922 年第 13 期

分会成绩（节录）

鄂城分会开办以来之成绩：十二年三月十二日接湖北鄂城分会会长高华来函云，敝分会系于民国十年十月三十一日成立，创办之初经费维艰，华捐洋二百元为开办经费及助行各种慈善之用。惟鄂城地方与黄冈对峙，当长江下游之冲要，江宽水险，往来行旅，时遭不测。敝分会与向有之善堂商洽，补助经费，议订章程，办理义渡救生红船，每救生一名，赏犒钱一串，捞尸一具，赏犒钱五百。上年救活生命十二名，捞尸十八具。江乡称，善在人耳目。目近年水旱频灾，疫疠既甚，敝分会因组设医院，经费难集，先从中医入手。交夏之时，募捐制备丸丹、药饵、药茶施济城乡，不取分文，延医每日送诊，不取号金。又痘症盛行，华苦心研究，得有实效，每于春季逐日在会自备苗浆送种，纯属义务。值时多艰，贫民甚广，敝分会目击心伤，每年底筹劝募捐款，在城乡调查赤贫，给发米票，岁杪在会，按票散放，以拯饥寒。又鄂城地瘠民贫，失业穷黎，死无棺木者不知凡几。敝分会对于此事特别注意，凡属无棺以及途毙，由地保赴会报明，给领棺板而免尸骨暴露，隐消地方疠气，藉资讲究卫生。理合遵章，将敝分会成立后办理事宜肃函呈现。

原载于《中国红十字会月刊》1923 年第 19 期

湖北潜江县江堤溃决告灾电

红会亟电请赈

中国红十字会总办事处，昨接湖北潜江分会通电云：宥日，敝邑禹王庙、龙头拐相继溃决，田庐人畜，漂荡无算。敝邑及沔阳、监利、江陵各属，尽成泽国。敝会现正从事拯救，无如杯水车薪，殊不济事，务恳速赐急赈，以惠灾黎，无任盼祷。潜江红十字会叩，陷。

原载于《申报》1923年8月23日

红会劝助湘蜀粤鄂灾赈

本埠红十字会总办事处前日举行常会，讨论各省水灾劝赈案，议长王一亭君主席，报告本年湘闽等处先后发生水患，灾区浩广，业由本会登报劝赈。最近粤鄂等省，亦有同样灾情发生，先后电沪，请为救济。当经议决，亦一体登报劝赈，俾藉群力，以拯灾黎云。

原载于《新闻报》1924年7月8日

私售红十字旗案判决

天津人李四郎，自称法国红十字会汉口分会驻锡会员，私制红十字会旗帜符号出售，被商团第一支队查悉，解送司令部移县讯押，其详已记本报。昨经俞承审员开庭，将李四郎自押所提出宣判，处李四郎徒刑十个月，以示惩儆。

原载于《无锡新报》1924年9月27日

红十字分会消息（节录）

办事处昨收杨味云捐助银二百元，尤景记捐助小洋五百角，王敬修堂捐助银二十五元、小衣十八件，尤幹臣、胡征若来函，交通部同乡合助会费洋一百元，收齐即寄。又接荣月泉君由汉口来函，捐助银五十元，已请荣德生君代付。

原载于《无锡新报》1924 年 10 月 1 日

红会驻昆救护队救护伤兵回锡

本邑红十字分会派赴昆山第二救护队，前经沈景华队长率队前往安亭、方泰、龙里等镇救护伤兵，日前办事处特派救护队总队长孙蟾卿驰往协助，并派专轮新裕福开往，以便救护时输送之用。昨日下午六时半，第二救护队在方泰、龙里两镇救回伤兵六十九人，由救护队队长孙蟾卿押送回锡，其有鄂军第七团二营八连下士荣长悦因伤重中途病故，即经办事处派第二掩埋队为之棺殓，抬往义塚掩埋外，尚有六十八人，就中有湖北、山东等军连长三人，六师三十四团排长一人，伤重者三十余人，轻伤二十余人，尤以二师五团二营八连康得功、六师二十四团三营十一连排长徐鹏伤势最重，均经办事处分别重轻发送医院。计重伤送入第一临时代用医院（普仁）者三十一人，轻伤送入第二代用医院（大同）者二十四人，送第三代用医院（协济）者十三人。此项伤兵，计山东第一混成旅二名，苏军七十六混成旅二名，苏军二师三十五名，苏军六师十名，豫军五名，中央第一混成旅四名，苏军第五混成旅三名，鄂军第五混成旅八名，省警备队一名云。

原载于《锡报》1924 年 10 月 2 日

红十字分会消息（节录）

十九师七十四团三营十一连兵士徐大胜，及湖北第五混成旅九团一营十二连兵士臧东扬，均经第二（大同）临时代用医院治愈，当由红会分别遣散。双十节私立竞化第一女学校校长施献臣君，率领全体学生至惠山救济妇孺留养所慰问被难妇孺，并将该校职员学生捐助大小衣服二百二十三件，赠送施祠内被难妇孺穿用，余则送交红会转发。

原载于《无锡新报》1924年10月13日

沪城红会接济鄂军粮食

鄂军第五混成旅赵营长所带军队八百余名，于前日由北站移至南站，因无驻扎之处，暂住习艺所内，要求供给粮食、稻草、木柴等物。旋由沪城红十字分会得信，派员购得面包一千磅，复与救火联合会合购面粉四十包，车送该营收用，可备一日之需，嗣后一切所需，已由该分会会长夏、殷二君与商会会长姚紫若商定，由彼担任，请该营直向上海防守司令部领取，不使断乏。

沪城红十字分会临时医院前日收到伤兵三名，火（伙）夫一名，留院医治。现在战事虽平，救护之事，继续办理，须至大局平静，方可结束云。

原载于《申报》1924年10月17日

红十字分会消息（节录）

湖北第四混成旅七团三营十一连兵士李凤翔，又八连兵士杨景文，均经第三临时代用医院治愈，当由红会照章遣散。又第一临时代用医院治愈第六师二十四团三营十一连一排排长徐鹏，照章遣散。

原载于《无锡新报》1924年10月20日

红十字分会消息（节录）

河南军三旅一团一营四连兵士康金贵，十九师七十四团二营五连兵士卢梦辅，又三营十二连兵士夏胜昌，均经第一临时代用医院治愈伤病；六师念一团一营一连输卒李兴仁，二师六团三营十一连兵士朱润田，湖北第五混成旅九团二营六连兵士杨清山，均经第三临时代用医院治愈，送交红会照章遣散。

原载于《无锡新报》1924 年 10 月 25 日

中国红十字会救日本震灾纪事本末（节录）

接沙市分会来电云："阅报载日本震灾，惨不忍闻，敝分会天职所在，已发起募捐以资救济，贵处如何进行，未奉电示，将来款若筹得，如何办理，希电复以便遵行。沙市分会，寒"等语。即复电云："沙市红十字分会鉴，寒电悉，日本奇灾，此间已由庄理事长督率医队随带药品、器具共九十余件前往救护伤病，南京分会已协济本会一千元，并闻，删。"

是日接沙市分会电云："日本大灾，敝分会绩（积）极筹振，兹先垫汇一千元，请汇解灾区实行施救，今由裕成美汇上，收到后希电复为盼。沙市分会汪文燦、邓育，感。"

即复电云："感电悉，日本振款承筹汇千元，今已照收，除先行汇解外，□此复谢，收据另函寄。中国红十字会总办事处，勘。"

原载于《中国红十字会二十周年纪念册》1924 年

宜都分会冬赈纪略

宜都当巴蜀要冲，阨（扼）鄂西咽喉。自民国六年兵兴以来，往来重兵咸集于此，频年军饷欠缺。官绅为维持地方现状起见，遂将历年防饥积谷作为军事招待费所用。今夏洪水为灾，四周田亩竟成泽国，秋收既无，生计益艰。城厢居民以纺织度日者，实难糊口。时值隆冬，大雪连绵，米价奇贵，每升涨至二百五六十文，一般穷民饥寒交迫，尽成延颈待毙之势。于是红十字会各职员起而提倡，商请县知事并商会会长，召集各殷实商家，计议募款急赈。当募得款项三千余串，米十一石，即于阴历腊月二十七日，分派职员，往各处确实调查，按人发米二升。次日，仍于商会地点发给，饥民扶老携幼，奔走呼号，拥挤于商会者，数达三千余人。目睹心伤，情惨万状，于是摄影以作纪念。按，是日发给，颇有秩序。二十九日，远路饥民源源而来，较前两日更形加增。惜钱米皆尽，现筹款数百串，按人发给后，经红十字会理事长雷春阳向饥民演说，此次冬赈不过暂时，非良久之策，应请县知事转陈政府，筹拨巨款，再行赈济，于是饥民各自散去。宜都分会谨志。

原载于《中国红十字会二十周年纪念册》1924 年

宜都分会医院之请保护

四月二十四日，接宜都分会会长雷春阳来函云：宜都现驻有援川黔军两旅、中央陆军一团，寺观、庙宇、民房、商家及各店铺无不住兵。最可虑者，近因黔军病者日多，死亡亦兼有之，兵民共处，惟恐疾疠传染，难以收拾。敝分会为思患预防计，当开常议会议决，一面自行募款，筹备医院开办；一面函恳总办事处，电达洛阳吴巡阅使及湖北萧督军兼省长，转饬宜都黔军刘师长、八师姬团长、宜都李知事，对于此举，加意维持保护，俾分会医院得以急行开办，以尽天职而全善举，是所至祷。

同日总办事处复函云：来函备悉，宜都苦兵，所请设立医院疗治疾病，应准照行。除分函外，望接洽为荷。

四月二十五日，汉口分会来电云：顷准宜都分会长雷春阳君来会，声称近有黔军约一旅，驻劄宜都。分会婉商弗去，医务、会务因而搁浅。恳代电总会电请鄂督，特令该黔军退出，以全善举等语。特电代陈，并盼复。汉口分会叩，敬。

同日总办事处复电云：汉口红十字分会鉴，敬电悉，宜都事昨已分函吴巡阅、萧督军，请即令行黔军退出，祈转知雷君为荷。总办事处，有。

四月二十四日，总办事处第七四七号公函致吴巡阅使、第七四八号公函致萧督军云：据宜都红十字分会函称，现在宜都驻有援川黔军两旅、中央陆军一团，寺观、庙宇、民房、商家及各店铺无不住兵，深恐兵民杂处，传染疾病，日多死亡，难以收拾，亟应筹设医院。仰恳分电吴巡阅使、萧督军，特饬宜都黔军刘师长、八师姬团长、宜都刘知事，加意维持保护，以尽天职而全善举等情，函陈前来。查设立医院疗治疾病，为红会天职。所请维持保护，应恳鉴核俯准，深为德便。

原载于《中国红十字会二十周年纪念册》1924 年

保护宜都分会医院之官电

十二年五月十五日，接湖北督军来电云：来函敬悉，已分电宜都县知事及驻军各长官，一体维持保护矣，特复，萧耀南，寒。

原载于《中国红十字会二十周年纪念册》1924 年

沙市分会报告防疫来电

（六月三日上午八时到）

上海红十字会总办事处钧鉴，卅电悉，蒙准所请，无任感荷，防疫医院现积极进行，准删日开幕，知注特闻。沙市分会叩，冬。

原载于《中国红十字会二十周年纪念册》1924 年

汉口分会来电

（六月十七日八时到）

中国红十字会总办事处鉴，项（顷）奉湘北萧督军谕，因赣省伤兵甚众，嘱本会组队往救。现在医士他往，急难召集。拟祈大会迅电就近分会，先往驰救，本会当设法后至，盼复。汉口分会叩，铣。

原载于《中国红十字会二十周年纪念册》1924 年

复汉口分会电

（六月十七日十二时发）

汉口中国红十字分会鉴，铣电悉，早经分电赣州、吉安、南昌三分会，前往救护在案。现又据吴城分会出队矣，特复。总办事处，筱。

原载于《中国红十字会二十周年纪念册》1924 年

复沙市分会电

（六月念八日发）

沙市红十字分会鉴，据宜昌分会来电，以宜昌米价腾贵，灾民嗷嗷待哺。已在沙市云锦碾米公司购米四千袋，运宜平粜等情。请转知贵分会照料前来，希即查照。中国红十字会总办事处，勘。

原载于《中国红十字会二十周年纪念册》1924 年

复宜昌分会电

（六月念八日发）

宜昌红十字分会鉴，漾电悉，碾米运宜平粜，已转沙市分会知照。中国红十字会总办事处。

原载于《中国红十字会二十周年纪念册》1924 年

大冶分会职员捐助牛痘经费

大冶分会理事长来函云：现值久旱不雨，预防时疫流行。本分会附设施种牛痘，得蒙傅县佐庚三、沙警佐益三、郭会长莲舫、郭局长仪阶、李理事质卿、朱会计员芹香、苏议员忻廷、骆议员粹峰、杨会员月臣、张会员国珍、杨会员子仁、王斌臣君各助经费等语。郭理事长鹤年，亦有捐助。古人云修德获报，诸君好善乐输，广种福田，必邀天佑，彼苍不负人也。

原载于《中国红十字会二十周年纪念册》1924 年

湖北潜江县决堤之请振

八月间接潜江分会通电云：上海中国红十字会总办事处、总商会简照南、聂云台先生、湖北萧督军、潜江同乡会、汉口红十字会、慈善会、总商会钧鉴，宥日，敝邑禹王庙、龙头拐相继溃决，田庐、人畜漂荡无算，敝邑及沔阳、监利、江陵各处尽成泽国。敝会现正从事拯救，无如杯水车薪，殊不济事。务恳速赐急振，以惠灾民，无任企盼。潜江红十字会，陷。

原载于《中国红十字会二十周年纪念册》1924 年

电鄂督保护蕲水分会救护队

湖北萧督军大鉴，蕲水江西会馆现由蕲水红十字分会借用，办理救护事项。客军抵蕲，往往闯入占住，妨害公务。兹启台端，出示申禁，同深感荷。中国红十字会总办事处，马。（十月二十一日发）

十一月二日接复电云：中国红十字会总办事处鉴，蕲水县城并无军队驻扎，贵会既在江西会馆办公，除饬县随时保护外，特复。湖北督军公署，东。

原载于《中国红十字会二十周年纪念册》1924 年

湖北郧县分会预备救护匪灾之函报

十二月六日，接湖北郧县分会函云：自秋冬间，豫匪万余窜扰汉江之北，沿途奸掳烧杀。上攻老河口，将电线斫断，船只停泊难行。该匪于前月来扰郧阳，围城攻击三昼夜。幸得驻郧刘团长文瑞先为布防，以逸待劳。兼有均县、竹山县两处军队大集，始解城围。匪虽畏退，尚未远扬，窜至距城一百四十里，军队仍在截剿，分会救护队正在出发，容候再陈。

原载于《中国红十字会二十周年纪念册》1924 年

本会会员郭云亭捐款助葬之慈善

十二月二十五日，接沘源湖阳镇育婴会郭云亭来函云：樊城后街赤贫居民马指图，其母于民国十一年七月病故，停柩不能安葬。十二年十月间，鄙人在樊，经田龙吉君，字云，偕系保康人，向鄙人捐募，为之助葬，鄙人助钱六十串。马指图之母柩于十月二十五日安葬，全赖田君热心经募，全人子之孝思。祈登月刊，以扬仁风等语，即为照录。

原载于《中国红十字会二十周年纪念册》1924 年

湖北枣阳匪灾之酷烈　枣阳分会会员亦遭殃及

一月二十五日，接湖北枣阳分会来函云：前日豫匪陷枣，敝分会不忍坐视，急急自北太平镇跋涉至县，蒙襄、樊两分会赐赠药料，又蒙樊分会派来义务医员雷耀庭，随带应用药物，星夜同至枣城，暂设临时疗伤所。今查疗伤者一百四十余人外，被绑去外国人一名、打伤者二名，绑去商民数百男女，焚毁房屋数百间，县署已付一炬，兵士阵亡二十余人，商民死者百余人，掩埋匪尸亦有二十余具。匪扰数次，惟此次最为酷烈。敝分会会员多有损失，计诸如下：

枣城内会员王奎仕所募入会洋一百元，及己之佩章，均被匪夺去。

刘家寨会员刘近钧房屋被匪焚烧，文凭、佩章全失。

会员吴明安被匪伤亡，吴明顺凭照亦失。

钱家岗会员张高祥在鹿镇遇匪，将佩章夺去。

会员李星禄在刘家寨将文凭、佩章全失。

鹿镇地方被匪焚劫数处，萧明智掩埋十余尸。

三河店被匪焚劫一空，房屋十留二三，张敬轩掩埋十余尸，散放票米十石，以给贫民云。

原载于《中国红十字会二十周年纪念册》1924 年

湖北樊城分会协救匪灾

一月三十一日，接湖北樊城分会会长李广德来函云：前月豫匪老洋人股窜扰鄂北，攻陷枣阳县城，奸掳烧杀，抢掠一空，人民死伤数百人，断手缺足，洞腹穿胸，情形极属可惨。旋据该县太平店红十字分会理事长李东汉来会，面称成立未久，医药未备，乞协助救护等情。当由分会特聘雷君耀廷为临时西医员，携带药品，并救护队数名，驰往该县协助太平分会实施救护。兹已事竣回樊，共计疗治兵民一百余名，特此具报。

原载于《中国红十字会二十周年纪念册》1924 年

湖北郧县分会请转督军省长保护令军民勿误会

三月十九日，接湖北郧县分会来函云：我会以博爱恤兵为宗旨，章程载在六法全书，列入军事首条。军士上讲堂，先为宣讲演说，俾知红会之美意。兵燹迭兴，宣讲久停，知红会之名义者少，所以此次老洋人窜郧，围攻三昼夜，及其退去，红会原有出发救护、掩埋伤亡之天职，因电线早为斫断，又不能以快邮代电通知总会，请转前途饬知保护。乃遵章就近通知军事长官、地方长官饬知保护，地方官已饬警备照章保护见复，团长因见宛洛会员被老洋人所拉之报未经发明，迟迟未复，乃有无知见嫉之瞎汉（见会员门首有旗牌）唆动无知之军官（误会催其与土匪战），诬以分会与老洋人通函欢迎等语，将与分会为难，岂不知此匪到处烧杀蹂躏，无所不为，谁无身家性命而欢迎无人道之匪？彼姑妄言，此竟妄听，烦言啧啧，几将合会会员哄动偾事，幸得在上津带来兵士齐抬赴分会医治，始将风潮按息，险哉险哉！事已往矣，姑不必言，务请函知督军、省长通饬各军长、各县长一体出示，优加保护，不令军民误会名义，破坏慈善，阻碍进行，是为至祷。

即去电云：武昌督军、省长大鉴，据郧县红十字分会来函，声称老洋人窜郧，红会会员率被扰害，而军官听人诬唆，转信红会会员通匪，几致偾事，幸该分会办理医队疗治病兵，始得证明，风潮方息等情。相应据转，敬请贵督军、贵省长通饬各军长官及地方官厅一体出示，妥为保护，令军民切勿误会，破坏善团，是所祷切。中国红十字会总办事处，皓。

三月二十二日，接督军复电云：中国红十字会总办事处鉴，皓电敬悉，郧西上年被匪，贵分会热诚援助，几致误会，准电前因，当饬知军队及地方官妥为保护，以免误会，特复。萧耀南，马。

原载于《中国红十字会二十周年纪念册》1924 年

返国灾民逐日到沪统计表（节录）

……

十月二十七日接郧县分会函云："迭奉函电，日本奇灾，集款放赈，当即招集同人筹捐。无如敝地年来饥馑荏（荐）臻，旱潦频仍，生活程度愈昂。又于九月二十九日，豫匪由紫荆关窜扰鄂郧之南化、羊皮滩、过风楼、盐池、八亩地、梅家铺等，所经之处有百余里之遥，奸掳烧杀，惨无人理，瓦房芳（茅）舍尽成邱墟，中泽哀号实不堪命，谁云偏灾惨酷最烈，现已商会员李国铨先运粮二十石，会长史治平、副会长杨国辅、文牍马凤华、前理事长高凤逸等携带款项于十月十一日驰赴受灾地方调查拯济，以救燃眉。敝地已有自顾不暇之势，仅集大洋一百一十九元二角、债票一十五元，明知滴水半尘，不经指弹，而门户所在不能不勉竭棉（绵）薄，实觉力与心违，抚衷滋愧，尚祈查收，勿哂是幸。"

玉山分会函来，附缴捐册，已填写募集捐款一百五十元。阿城分会函来，附缴册，已填写捐款五十二元，为职员所自捐者，该款均已到。宜都分会募捐一百元，册、款均到。

十一月二十二日，收到樊城分会捐日本灾款一百元，又收到大荔分会五十七元，又收到沘源分会二十五元零三分。

……

嗣由臼井哲夫致答，由殷汝耕君翻译，略谓："代表等此行自十月二十日由日本出发，经大连、奉天、天津、北京、洛阳、汉口、南京、杭州等处，所至承中华民国朝野之优待，此行之道谢目的亦一再声明于中华人士之前。今以超政府、超政党之纯粹代表日本国民的资格，藉此机会，得对于超政府、超党派之上海各界领袖，道达日本国民感谢中华大民国振济日灾之盛意，实为荣幸。盛会长见教各节，容于三十晚答礼席上更为致答，今谨代表同人拜谢招待厚意。"

原载于《中国红十字会二十周年纪念册》1924 年

中国红十字会二十年大事纲目（节录）

第八年：辛亥，清宣统三年，西历一九一一年

（纲）吕海寰复为会长，沈敦和、福开森为总董，会同办理救护武汉战事。

（目）辛亥之秋，武汉事起，血战经旬，死伤甚众。清廷仍派吕海寰为会长，以继盛宣怀，并派沈敦和、福开森为总董，会同办理救济事宜。

（纲）改名中国红十字会，组织万国董事会于上海。公举沈敦和及英按察使苏玛利为总董，施则敬、任逢辛为领袖董事。公举沈敦和为理事长，江绍墀为理事。开大会筹捐款，即组医队驰赴战地。设临时医院于汉口、武昌、汉阳，疗治伤痍数千人，并出发掩埋队，掩埋尸骸八千余具。事竣，特刊《武汉战地写真》一册，以留纪念。

（目）于时本会改定今名曰中国红十字会，即组织甲、乙、丙三医队，由英医柯师领队，会同峨利生、班纳德、王培元、杨智生诸医博士及男女看护三十余人，九月四日驰赴战地，设临时医院从事救护，别派掩埋队携带芦席等件从事掩埋。

……

（纲）组织宜昌、沙市、荆州、南京、宿州、正阳医院、医队，推设分会于各省，南京分会、天津分会救护尤力。

（目）武汉事起，各省响应，宜昌、沙市、荆州、南京、宿州、正阳等处相继剧战。本会悉就其地组织医院、医队，分请教会西医竭诚救护，并复推设分会于各省，分请当地士绅担任其事。凡经战事之处，无不成效卓著。若南京分会之掩埋尸骸，多至七百余具，刊立碑石以为标识；天津分会之组织医队驰赴战地从事救护，则尤彰明较著者也。

第十年：癸丑，中华民国二年，西历一九一三年

（纲）抚恤峨利生医士。

（目）峨利生，丹麦人，生有特操，好医术，弱冠毕业于大学，以精解剖术名于世。庚戌，本会总医院之医学堂落成，特聘为剖解专门医员，热心服务。辛亥武汉事起，举充救护医员，偕全队赴汉，医治伤兵应手即愈。有一兵，弹穿脑部，为之剖脑捡取枪子，未几而愈，其他贯胸、洞腹、断股、折肱者，或为之剖腹，或为之截腿，都庆更生，术亦神矣。维时战事甚烈，伤兵满院，早夕临治，未曾少息，卒以积劳致病，犹复力疾从事，竟以不起，时辛亥十月二十二日也，年仅二十有五。名医不寿，不仅本会之私痛，中西士绅无不悼之。本会武汉救护队员及中西士绅为葬之汉口，且立碑石，旋议抚恤三千五百两。

第十六年：己未，中华民国八年，西历一九一九年

（纲）救振江、浙、皖、鄂四省水灾。

（目）与上海各界慈善团合办。

第十七年：庚申，中华民国九年，西历一九二零年

（纲）改定组织分会章程，增设各省分会三十四处，征集各省会员五千三百余人。

（目）是年改定组织分会章程二十四条，至民国十一年会员大会，更订分会通则，此章程遂废止。

是年添设各分会如直隶之承德、建平、赤峰；江苏之涟水、东台、兴化、建阳、江阴、淮泗、灌云；安徽之宿县、怀宁、凤台；江西之黎川；河南之鹿邑、信阳；湖南之永顺；湖北之大冶、蕲水；山东之惠民；广东之阳江；四川之合江、江津、垫江、罗江、铜梁、中江；陕西之凤翔、武功、周至；吉林之长春、延吉、敦化；山西之平遥，共计三十四处，征集各省会员五千三百余人。

第十八年：辛酉，中华民国十年，西历一九二一年

（纲）助振湖北樊城水灾。

（目）八月十九日复樊城分会函云：来函阅悉，襄水陡涨，被灾十余县，青苗尽没，秋收无望，甚念甚念，本会急应筹济，惟是基金素无储积，一时苦乏钜款可拨，兹于无可设法之中勉筹洋五百元信邮寄樊，希即查收，择赤贫者散放之，聊尽周恤之谊，并将查放情形随时开报为要。

（纲）增设各省分会十有四处。

（目）是年各省分会之增设，以发给图记之先后为次。一月某日发给常州分会，一月某日发给永顺分会，一月三十一日发给贵阳分会，二月某日发给赤水分会，四月六日发给太和分会，四月六日发给兴化分会，四月六日发给兴化刘庄分会，四月二十六日发给洪江分会，七月十三日发给大冶分会，九月二十八日发给芷江分会，十月五日发给鄂城分会，十月十七日发给蕲水分会，十月十七日发给宜昌分会，十月二十一日发给颍上分会，计各省分会之新成立者十有四处。

第十九年：壬戌，中华民国十一年，西历一九二二年

（纲）救护赣战。

（目）南昌、赣州、吉安、吴城各分会均出队救护，宜黄分会设妇孺救济会，汉口分会由邹督嘱往助救。上年汉口分会救护蒲圻等处兵灾，厥功尤伟。

（纲）救湖北宜昌荒灾。

（目）宜昌分会、沙市分会协办平粜。

第二十年：癸亥，中华民国十二年，西历一九二三年

（纲）湖北宜都分会继续冬振。

（目）宜都前年洪水，去岁旱灾，十室九空，宜都分会办春振以继续冬振。

（纲）湖北鄂城分会办义渡救生红船兼设医院散米施棺。

（纲）湖北宜都分会、湖南浏阳分会、四川梁山分会均设医院治疗伤病兵民。

（纲）增设各省分会三十一处。

（目）是年各省分会之增设，以颁发图记先后为次。一月二十三日发给仪征分会，二月二日发给灵宝分会，二十六日发给昆明分会，又发给屯溪分会，二十七日发给锦西分会，三月二十二日发给玉山分会，五月二日发给赊旂（旗）分会，又发给新野分会，五月十日发给镇江分会，十四日发给武安分会，又发给安顺分会，十六日发给邵武分会，二十三日发给垫江分会，六月七日发给商邱分会，十一日发给邻水分会，十二日发给桦川分会，又发给永城分会，二十五日发给桦甸分会，七月十七日发给溧阳分会，十八日发给洛宁分会，十九日发给哈尔滨分会，九月十一日发给高密分会，十二日发给曹县分会，二十八日发给枣阳分会，十月八日发给资中分会，十五日发给蕲春分会，十一月九日发给临颍分会，又发给襄城分会，十二月五日发给桃源分会，十九日发给亳州分会，二十二日发给下关分会，计共三十一处。

原载于《中国红十字会二十周年纪念册》1924 年

红会赈济川灾之两电

中国红十字会总办事处，前徇四川夔州分会之请，特致北京税务督办电云：迭据四川夔州分会电称，夔地食料尽绝，人民饿毙及自杀者日有数起，特派员赴宜昌采办赈米万担，散放急赈。请为电达，转饬宜昌关税务司查照放行等情，相应电请，俯念灾民，准予电饬该关免税放行，感纫公谊。中国红十字会总办事处叩，冬。同时又复夔州分会电云：电悉，赈米事，现已电请北京税务督办转饬宜关查照办理矣，希接洽。总办事处，冬。

原载于《申报》1925 年 5 月 5 日

运米赈济川灾之红会消息

中国红十字会总办事处，前徇四川夔州分会之请，分电北京税务司，暨宜昌海关税务司云：据四川红十字分会电称，川东大旱，夔地食料尽绝，人民饿毙及自杀者，日有数起。分会特托救护队长蔡云樵，前往宜昌采买赈米济急，请为电达，相应电请俯予维持，以便输运，感纫公谊，并盼电复。中国红十字会总办事处叩，敬。闻该会昨已接得北京税务司之复电，谓已令关免税放行云。

原载于《申报》1925 年 5 月 27 日

红会派员调查陕鄂灾情

中国红十字会理事长庄得之君对于救济各地灾情素极关心，现因陕鄂毗连之兴（安）、汉（中）、（襄）阳、郧阳等处灾耗频仍，特由会派调查员李连普君赴该处调查，以备救济，闻李君等日内即由沪启程云。

原载于《新闻报》1925年8月13日

红十字会所接各方函电（节录）

中国红十字会总办事处昨接各分会所来之函电，并录如下：（上略）（二）汉口分会救护部来函云，敝会组织救护队于本月八日出发豫境战地，实行掩埋与医疗职务，一切情形均经呈报各军政官在案。兹据救护队长汤子善派员回汉报称，该队于八日下午七时，至广水车站，因更换车头，九日上午六时始抵武胜北站，正拟稍事布置，即赴前线救护。适陆第三旅乘车赴战，车至武胜关北五里地发生出轨情事，致车辆损坏四乘，堆塞路轨之上，北上列车，因此不能前进，现已由路局派工收拾。一俟收拾完毕，本队即可开赴前方各等语。再敝会现已觅得本埠新兴街后友仁义社为后方医院，布置就绪，以备容纳伤兵。

原载于《新闻报》1926年2月19日

豫战中之救护消息

汉口红十字分会救护部长王明福报告红会总办事处云，敝会救护队长汤子善报告，本队于十四日上午十时，由双河派员至战地，掩埋阵亡排长一员，兵士二十余名。十五日凌晨，复派员役分两路出发，一赴信阳南约二三里地方，一赴信阳城东陈家湾地方，计收得国民第二军阵亡目兵姚文凤、韦双全等多名，又陆续收诊伤兵二十余名，均经员役等觅地掩埋，订立标识。又陆续收诊伤兵二十余名，除仍派员役赴前方实行职务外，相应将经过情形函复察核等语，用特据情报告云云。

原载于《新闻报》1926 年 2 月 23 日

豫省战事之救护消息

中国红十字会总办事处接汉口报告云，据敝会救护队长汤子善报称，本月十七日上午十时，信阳蒋军派手枪队数百人，缒城而下，与鄂军作战。昨鄂军奋勇击退，前方伤亡颇多，停战之后，本队员役当赴战地掩埋尸身一百余具，救回伤兵数十名，本拟全数运回，因难民纷纷逃鄂，火车拥挤异常，只得先派医务员谢汇东护送二十四名赴汉，内有营长丁得胜、排长高成旺两员，均留院诊治等语，用特据情报告，敬祈备案云云。

原载于《新闻报》1926 年 2 月 25 日

汉口红分会报告救护情形

中国红十字会总办事处昨接汉口分会救护部长王明福报告云，敝会在友仁义社设立第一临时医院收容伤兵各情，业经报告在案，兹因第一医院容纳已满，特在花布街太平会馆设立第二临时医院。正值着手筹备之际，昨日又由前方运到伤兵九十二名，内有受伤最重者三人，车抵汉口时，业已身故。敝会当时派救护员率同夫役，将伤兵抬至第二临时医院诊治，一面备棺将死者三人，抬往桥口义地掩埋，钉立标志，用特报请察核云云。

原载于《新闻报》1926 年 3 月 2 日

红会救护郑州信阳之电讯

中国红十字会总办事处，昨接汉口分会第十次报告函称，顷据敝会救护队来电称，本队因联军已攻克郑州，特拨队员张汉卿、魏世铭、杜荣斌、曹其康，医士胡幼元、王治斌等，率夫役四十名，开赴郑州，实行救护。并议定在郑州举行办理难民收容所，救济难民，仍留一部驻信，俟信阳开城之日，收埋尸体。闻城中妇女投井死节者甚多，请铸大铁钩四十根，以备捞尸之用，由汤队长运来，是为至盼等情。据此，除照办外，谨此报告，敬祈察核。汉口分会救护部王明福呈。

原载于《申报》1926年3月15日

汉口红会掩埋信阳积尸情形

中国红十字会总办事处，昨接汉口分会救护部部长王明福第十六次报告云：为报告事，案据敝会救护队来函报称，本队于二十日上午出发信阳南门，在同善社、金星桥、师范学校三处，收得棺尸三十五具、露尸三具。又大南门外三里店桥边，收得棺尸三十一具、露尸三具。均经就地掩埋，共成四冢，其中有徽章者，俱已钉立标记，抄录入册，以备查考。二十一日上午出发谢家河沟，收得棺尸三具。又仁大洋油栈后，收得棺尸三十六具，又骷髅十个，碎骨一堆。又仁大栈前面收得露尸六十四具，均经就地掩埋，共成五冢。相应函报察核等情。据此，用特据情报告，敬祈察核。

原载于《申报》1926年3月30日

汉口红分会报告遣送伤兵情形

中国红十字会总办事处，昨接汉口分会理事部第五次报告云；为报告事，窃敝会第一、第二两医院诊愈之伤兵，业已陆续给资遣归在案。兹又有第二医院伤兵张兴同、曹守功、刘金海、王之杰、侯照才、任季先、胡占魁、冯占元、丁金生、尹从之、郑文言、王天顺、王富贵、丁本忠、吕占魁、苗心玉、贾善如等十七名诊治就愈，已于昨日下午八时每名给川资五串文，派员送至循礼门车站，点交讨贼联军总司令部副官处关副官永胜押送上车，沿途遣散回籍。用特将办理情形，报告察核。

原载于《申报》1926年4月13日

红会救护鄂省战事之往来要电

中国红十字会总办事处，昨接湖北蕲春分会会长刘学海虞日来电云：南北战争，属会当防线之冲，已成立救护队四十名，妇孺收容所三处，恳迅电南北军统保护云云。该会当即分电云：孝感、汉口□□联军总司令吴、公安司令刘鉴：敝会各分会现正出发救护，请饬前线各军，遇有敝分会救护队及医院收容所等，一体妥为保护是幸。上海中国红十字会总办事处，真。又复蕲春分会电云：电悉，已电请吴总司令、刘公安司令饬属一体保护矣。

原载于《申报》1926年9月12日

红会电请保护汉口救护队

中国红十字会总办事处，为汉口分会组织救护队两队，出发战地，实行救护，并设立收容所四十四所，救济灾民事，特电汉口保安司令刘佐龙，请分饬所属，一体保护。

原载于《申报》1926年9月14日

红会救护鄂战之电覆

中国红十字会总办事处前接鄂城分会来函报告发生战事，请电请双方保护救护等情。昨总办事处当即复函云：迳复者，来函已悉，地方既发生战事，自应竭力救护，以尽天职。双方军事长官业由本处电请饬属一体保护，希即酌量进行可也。

原载于《新闻报》1926年9月14日

吴佩孚保护红会之复电

中国红十字会总办事处前接湖北靳春分会会长刘学海虞电，转请双方长官保护等情，曾发真电致双方长官去后，昨接吴佩孚自孝感复电云：（上略）真电诵悉，已通饬各军一体妥为保护矣，吴佩孚，元。

原载于《新闻报》1926 年 9 月 15 日

武汉战事之救护队暂缓出发

本埠中国红十字会总会、中国济生会、华洋义赈会等各慈善机关，前以武汉战事异常剧烈，炮火相持，互历数旬，双方死伤为数必多，各机关等拟组织善后救护队分赴战地救护一切。旋因前方尚在搏战，恐滋危险，暂不调动。本月八日，蒋介石攻克武昌，吴佩孚驻兵信阳，前方战事告一段落。该各慈善机关亦纷纷接得战地分会救护报告，咸以人手太少，引为缺憾，当由各机关动议，预备组队出发，乃不意前昨两日盛传武昌又发生剧变，吴部残师又与党军接触，两方以炮火相击，夜以继日，形势较前更形险恶，是以该各慈善机关，复将动议暂时打销（消），容俟相当时期，再行组织出发云。

原载于《新闻报》1926 年 9 月 17 日

电请保护武穴红分会

武穴绅商界因战事迫在眉睫，日前推派代表来沪，请求红十字会总办事处设立武穴分会，即于前日缴款七百五十元，领到三十位基本会员章照及旗帜图记，遄回武穴成立红十字分会。昨日下午四时本埠红十字会总办事处来电报告，已设立妇孺收容所四处，组织救护队四十名，请分电北伐军、联军长官妥为保护。总办事处已据以分电双方司令，饬属妥为保护矣。

原载于《新闻报》1926 年 9 月 23 日

汉口红分会函请募捐赈灾

中国红十字会汉口分会，致函上海总商会，详述此次办理兵灾经过情形。并谓连年举办赈灾救伤事宜，耗费已多，虽承各大善士解囊相助，仍杯水车薪，无济于事。素仰贵会乐善为怀，请不分畛域，鼎力提倡，广为劝募，集腋成裘，以济穷黎云云。

原载于《申报》1926年11月21日

汉红会派员来沪募捐请接洽

汉口红十字分会，拟派代表来沪募捐，昨已分电上海总商会、湖北旅沪同乡会、中国红十字总会，请赐接洽。文曰：敝会推定王森甫、杜树棠、谢铸陈、方鉴予四君为代表，携带救护写真册，乘吉和轮船来沪募捐，祈贵会赐予接洽，余函详云云。

原载于《申报》1926年12月7日

汉口红十字会代表莅沪

中国红十字会汉口分会以此次武昌围城兵灾，救护灾民甚众，设所收容五万余人，并掩埋死尸浮棺数千具，见义勇为，有口皆碑。惟收容所灾黎无家可归者，啼饥号寒，惨不忍闻，该会因公帑已竭，无法接济，特派王森甫、杜树棠、谢铸陈、方鉴予四代表，携带救护灾民写真图多帧，于昨日莅沪，分向总商会、中国红十字总会、湖北旅沪同乡会及各慈善团体、各大善长前呼吁，筹募振款，以济急需。闻该代表现下榻麦家圈惠中旅馆云。

原载于《新闻报》1926年12月14日

救护队出发赴汉

自豫战而后，汉口伤兵，骤增至九千余。本埠红十字会等团体，尽力筹助，遣发救护队，已于昨晚乘南洋丸出发赴汉，计中外医生男女看护士共二十三人。医生八人，中有西人两名，即苏州博习医院院长施耐尔及安庆教会医院戴宝尔二氏，皆系著名外科专家。此次人员多由数处招（召）集，北京协和医校，并派男护士四名。队长颜福庆博士，因事留申，拟于十三号动身，同行者尚有华西大学柯博士及中西队员七人。此次医药用费，全由华人捐集，惟伤兵过多，所费甚巨，尚望各地善士慷慨解囊云。

原载于《申报》1927 年 6 月 12 日

红会组防疫救护队出发汉口

中国红十字会，以汉口水灾，为数百年来所未有，居民浸入水中，发生疫病，危险尤大，特组防疫救护队，前往救护，拟派医生四五人、护士十余人，携带医治痢疾、疟疾、伤寒时疫等药，择期出发。

原载于《申报》1931 年 8 月 20 日；《新闻报》1931 年 8 月 20 日

红会救护队日内出发

中国红十字会，以汉口水灾奇重，瘟疫流行，特组防疫救护队，连日购办药品，极形忙碌。约一二日间，即可出发，昨因各省水灾急振会代表李组绅，乘飞机赴汉，该会特电汉口红十字会妥为招待，并电告湖北省政府以救护队出发之期云。

原载于《申报》1931 年 8 月 22 日

美红十字会救济汉灾

昨日美国红十字会电中国红十字会云，近来贵国水灾浩大，深为悬念，本会已发美金十万元交驻汉口美领事就地散放矣，特此奉闻云云。

原载于《新闻报》1931年8月23日

全球红会为水灾募赈（节录）

【汉口二十三日下午五时发专电】江水二十三日退寸许，汉商会二十一日电蒋，请饬湘赣皖三省当局解除运鄂米禁，鄂省赈委会二十四日并入鄂水灾急赈会办公，赈委会所存二十万赈款，亦拨急赈会充赈。

【汉口二十三日下午八时发专电】市内已无车辆，水深灭顶，行人稀少，交通惟赖船只，商店除必需生活品外，已停业，公私损失，难以计数。赴沪旅客拥挤异常，汉市内外治安交通，由防险处、警备部、要塞部分别负责维持，可望无虞。外来灾民拒入武汉，由省府振会令各县就地收容办振，武昌近江十堤均溃，现只依旧城基布置防水工程，城内亦已进水。省府成立武昌城垣临时防水委员会，派方达智、刘文岛、陈克明、彭介石、何葆华、张刚为委员，方主任以前所有防水机关，均予撤销，以一事权。

【汉口八月二十二日路透电】刻间武汉待救孔殷，水仍盛涨，但祸水终有限度，而苦痛则无穷尽也。今晨美孚公司人员语记者，据彼等调查所得鄂省灾况，被水区域计有三万五千方里，达全省面积之半，估计贫困无家者，达五百万人，至湘省则被水区域有二万英方里，难民二百万人，欲估计此等省份死亡灾民人数，在事实上不可能，但将达二百万无可疑议。仅就武汉饿病死者而言，现时每日即有千人，死人尸骸，与死狗、死驴、死马同付江流。因缺乏运输食品之便利，一般渐多认明（为）施行立时救济之计划为不可能，惟有听降于洪水之残酷的天意，完成其浩劫，当彼摧灭数百万生灵后，人力始能达到，以救济劫余之孑遗。昨有救灾人员与美孚代表乘飞机视察汉水灾情，据报，目力所及，水天无际，灾民无数，广集堤顶，距水亦不过一英尺，此辈灾民无法存活，惟有逐渐死于饥、疫、暴露云。

【汉口八月二十三日合众社电】迎宾旅馆因水浸倒塌，死十五人，数百人因不愿避往他处，亦不愿饿毙皆自杀。汉水已涨至未有之高度，汉口江水颇有涨至五十尺之可能，汉口下游堤坝，继续溃决，田园城镇，更多淹没。数万难民，皆避往山中，救济委员会拟运移此间及他处难民，深感困难，因彼等不愿离被水之家园。食粮价格，虽经地方官吏努力制裁，仍继续飞涨，存储之食粮，多毁于倒塌之堆栈中，运输充分食粮救济上游数百万难民，颇为困难。

原载于《大公报》1931年8月24日

美红会捐助急赈美金十万元

【汉口三十一日下午二时发专电】美红十字会助赈十万美金，日内即临到。

【汉口八月三十一日合众社电】美红会捐助急赈美金十万元，顷已由驻汉美领亚丹姆斯接到，现时救济工作业完全交全国救灾委员会之手，当地官署则倾注全力于维持秩序，救灾委员会劝沿平汉铁路提防灾民迁徙，颇感棘手，彼等希望能恢复一部分财物，并坚拒打防疫针。长沙顷运到蔬菜若干，上海与下游各地大宗食品，源源而来，德士古煤油公司货栈被焚，损失达一百万元。

原载于《大公报》1931年9月1日

红会诊救队今晨赴汉并再组织救护队

中国红十字会筹备赴汉诊救灾民疾病各情，已志前报，至于采办药品及聘请医生等等，昨日已完全办妥。救（医）生护士及杂役等共计十余人，定今晨乘怡和公司隆和轮赴汉，诊救灾民。并再将组织一救护队赴邵伯高邮一带，施行救济云。

原载于《新闻报》1931年9月1日

红会振灾工作续讯

本埠中国红十字会……派出之汉口救护队业于八日抵汉，该地分会及绅商各界□□欢迎。旋至卫生署金司长及祖祥科长、国府振灾会主任李组绅等处，均赞成分工合作。明日预备出发赫山一带从事救济，该地灾民近二万余人，露宿餐风，尤为凄惨云。

原载于《新闻报》1931 年 9 月 11 日

红会汉口救护队工作

本埠中国红十字会出发汉口救护队工作情形，已志前报。兹又得续报，该救护队到汉后，于昨日全队出发赫山一带，从事工作。该地离汉约二十余里，灾民麇集约二万人，既遭水浸，复受强烈日光熏蒸，致疠疫流行。随即注射霍乱防疫血清诸剂，灾民得以稍安。惟自晨七时出发至下午五时回队，饮食难寻，皆枵腹从公，加之日光激烈，面部颈部均成焦黑。吾侪强壮之人，犹虞不能忍受，灾民其何以堪，故该队异常兴奋，预备明日继续努力工作云。

原载于《新闻报》1931 年 9 月 13 日

红会汉口救护队续报

中国红十字会昨又接到所派汉口救护队报告云：连日赴汉阳赫山一带，从事工作，医愈灾民约二千余名，其中以痢疾、疟疾占多数。自上午八时工作至下午四时回队，平均每日医治灾民约一千余人。尚有汉阳、武昌、汉口共设收容所四十七处，灾民约达十余万人，亦急待医治疾病，故连日忙碌异常。刻下水势尚未见退，且有续涨之患，交通颇感困难，幸蒙汉口分会代雇划船，招待颇周，甫觉便利。灾地影片已拍成，随后即寄。惟灾区浩大，灾民众多，所带药品，不敷应用，请速设法补寄，以拯灾黎。该会得报后，已电复日内准陆续补寄大宗药品，以资接济。

原载于《申报》1931 年 9 月 16 日

红会常议会开会记

中国红十字会，十二日开第一百零九次常议会，主席议长王一亭，列席议员虞洽卿、哈少甫、闻兰亭、王晓籁、王培元、姚虞琴、刘鸿生、张尔云等。王培元报告，本会出发防疫队赴汉口医治灾民，计医师五人、职员三人、仆役二人，于九月一日赴汉口工作一案，请追认。公决，照办，通过。王培元报告，本会所收捐助各省灾款，应如何办理，请示办法。王晓籁起言，拟定两种办法，（甲）赈［灾］及防疫，（乙）冬赈及棉衣。闻兰亭附议，公决，照办，通过。王培元报告，迭接各分会函电，均以灾后易生疫疠，纷纷请求拨助药品，请公决。公议，药品应酌补助。主席起言，各省水灾急赈，现在收有捐助药品不少，本会可函请该会拨助，以便转发，通过。王培元报告，江西急赈会熊司令派汤斐予为代表来沪，解释一切，仍请本会接收继续办理，即于九月一日起，照常办公，并在申新两报，登载通告，通知各界。王培元报告，接万国红会来电云，接贵国宋子文部长电，此次水灾奇重，请为协助，贵会如能负责办理，当转知各国红会，筹募赈款。本会已去电证明负责，宋部长亦极为赞许。王培元报告，时报馆来函，组织水灾筹赈处，即拟派人出发散赈，惟以不谙各种手续，拟请本会派干员帮同办理，请公决。公议，照派。惟江北一带及芜湖、汉口，均有人前往赈济，最好专指无人往赈之处，办理急赈。主席起言，扬中在长江水中央，灾地面积不大，可独放一处，请王理事长前往接洽，通过。王培元报告，郭君百西捐助面粉五十三包，恐受潮易坏，应如何办理。主席起言，是项面粉，可送豆米业公所灾民收容所，作为食品之用，并函告捐户郭君，通过。……现在办理各省赈务，派员赴江西查灾，组织防疫队赴汉口，医治灾民，赴扬中放赈，对于赈务亦皆积极进行。惟外间每多误会，应将改组后情形表明，宜如何宣传之处，请公决。公议，在报纸宣布，通过。王培元报告，时疫院拟于本月二十日闭幕。闻兰亭起言，医院准截止本月底停诊，其房屋再租二个月，预备灾民疗养院及赈品材料所之用，公议照办，通过。

原载于《申报》1931 年 9 月 17 日

红会汉口救护队要讯

中国红十字会派出汉口救护队，近日仍在赫山继续工作，施打防疫针及诊治疾病。分会代雇小划两艘，往返均甚便利。又蒙卫生署金局长，派一部分人员，留在武汉各处马路，双方合作，施打防疫针，及诊治灾民疾病，求治者甚为踊跃，其中以患烂脚症者为多数，因终日浸于水中故也。刻下赫山已发现真性霍乱，除将情形报告金局长，当时急施手术注射霍乱疫苗，以防传染。迩来汉地水势，仍然如斯。队员工作，仍晨出晚归，虽辛苦备尝，职责所在，焉敢怠荒，故该队连日工作异常努力，并于今日由长江轮船运往药品三大木箱，俾资应用。

原载于《申报》1931 年 9 月 19 日

红会汇款赈汉灾

中国红十字会昨接汉口分会巧电云：承寄混合疫苗二十打，业于筱日由日清公司如数收到，甚感。惟工作紧张，经费困难，仍望速拨赈款，以免功亏一篑，特此电谢，并盼宏施等语。该会接电后当即回电云，汉口水灾奇重，贵分会办理急赈，成绩卓著，请拨赈款，已提交第一百零九次常议会核议，当经议决，准拨洋二千元，以资接济，在案。闻该款已于巧日由上海银行如数汇往汉口。

原载于《申报》1931 年 9 月 20 日

红会分配赈款

中国红十字会，于前日为分配赈款事，特开常议会解决一切。计出席者王一亭、姚虞琴、哈少甫、闻兰亭、王培元、张尔云等十余人，主席王一亭，纪录卫锐锋。讨论结果，计江苏七千五百、安徽七千五百、湖北七千五百、湖南七千五百、江西三千、河南五千、浙江二千、广东二千、四川二千。其散放手续，由各该地红十字分会，会同地方各公私机关团体，共同散放，并将灾民领赈手续及清册，汇送总会备案。

原载于《申报》1931年9月26日

各省水灾纪实：湖北省

本年水灾，为六十年来所未有，鄂属境内如云梦、沔阳、嘉鱼、监利、咸宁、潜江、钟祥、襄阳、江陵、宜昌、阳新、黄冈、孝感等十三县，或已淹没三分之一，或堤坝被冲破五分之三，灾情之大，诚属罕见。虽云事前未免疏于防范，究属天意，武汉三镇截至昨（二十八）日傍晚止，水势已浸入武昌之望山门内，汉口之中山路及各内街，亦汪洋一片。记者昨亲赴各处，详为调查，现将水势情况，分志如下：

由武昌至金口，有堤名金口堤，中有武泰、武丰、武庆三闸，在武庆闸上一里许之蔡家巷方面（昨有人误为武庆闸崩溃，不确），因堤身不坚，致于前（二十七）日午后八时冲破，计宽有五十余丈，有木排数座及段家未修竣火轮一只随水冲入。比时丁公庙、白沙洲及南湖东部油坊岭一带，变成一片汪洋，当时因抢救物件，被淹毙民众三十余人（另据土人云有百余人）。武泰闸比武丰、武庆两闸较高，闸面距水，尚有二尺许。武丰、武庆两闸，则只一尺有弱，但水势激荡堤身，作白浪舞。距武昌汉阳门下三里许，有大堤口，直接青山堤。该处扼武昌城乡之锁钥，财政厅长吴国桢昨特前往查勘，水距堤面只五寸（午后三时事），若水再涨浸入堤面，则武昌全城亦将尽成泽国矣。四十八师工兵营昨全部前往抢险，至望山、平湖两门，因地势较低，且近大江，城门内已进水，其他之长街、汉司路以及各街巷，尚未进水。

张公堤身作半月形，分甲乙丙丁戊己庚辛壬癸十段，庚、辛两段最重要，而庚段内之马暖口子堤，昨午又涨一寸五分，距堤面只一尺，辛段内之老堤，据三署报告，已有裂痕，距堤面有尺许。昨午后一时，水利局及建设厅、公安局已雇民夫千人，前往堵筑，若再不涨水，或可无虞。昨日上午八时，水势只到华中饭店、悦新昌以上民生路一带，并未过中山马路，至午后三时，水已汹汹过街，所有通业里、三新街、新连保里、四成里、吉星里、汉安里，以迄特二区之外街均已积水尺许至二尺许，龙王庙、打扣巷一带水可三尺余，法租界亦有二尺至三尺不等。

惟日租界因昕夕防范，除外街外，内街尚无水浸入。武汉行营主任兼鄂省府主席何成浚以水灾奇重，特于昨（二十八）日下午三时假汉口总商会召集党政军各界开会，讨论赈济办法。计到党政军各界要人七十余人，当议决即日成立急赈委员会，并推定何成浚等十一人为常委，即日开始办公，妥为赈济。

又讯，武汉自七月初间起，霪雨连绵二十余日，益以襄河水涨，湖南沅澧流域，亦山洪暴涨，水势之急，如高屋建瓴，而长江下游，亦复水势滔天，将上游之水堵塞，宣泄无从。于是继涨增高，武、夏、阳三镇稍低之地，久已尽成泽国。现汉阳自襄河口起，迤南穿过县城，直至鹦鹉洲尾，未被水者，不及五分之一，低处房屋，皆已封顶。汉口繁盛市场，如中山路、歆生路、怡园路、前后花楼等处，自张美之巷以下，皆已水深没胫，可以行舟。特三区之鄱阳街、北京街、天津街、四民街等处，水势更大，为自来所未有。闻江汉关前量水表，惟在六十年前大水时，曾至五十尺零六寸。此次大水，二十九日已打破此纪录，而增至五十一尺矣！武昌被淹之处尤多，至廿七日晚，望山门外之武庆闸大堤，忽告溃决，因此遂发生最大惨剧。按武泰、武庆诸闸，均为张文襄公督鄂时所重修，工程坚实，建筑悉为石料，开支之数，各及数十万两。武庆闸大堤，从清光绪初年起逐年培修，民国十年大水，尚未冲破，此次大水，当局以其附近咸宁、崇阳、通山、通城、阳新、大冶、鄂城、武昌等八县，关系重大，曾特派堤工局主任涂允钦及马督察员等，驻武庆闸防守，日来公安第八分局局长夏翰屏，亦令白沙洲派出所，注意该大堤之防护。至二十六日下午二时许，该所据岗警报告，大堤距武庆闸里许之处，堤身已经漏水，初犹水色清亮，以为系雨水浸润，无关紧要。至次日下午五时，则漏水之处，水色转黄，堤身并发现杯大之口，水已涌出。派出所立时报由第八分局派员通知涂主任设法补埝，涂、马为一度之察视，返局雇夫役数十，前往防堵。迨动工抢救，则以人数太少，为时已迟，无济于事，至八时许，漏口益大，水喷至五尺以上，涂、马仍不加工抢御，人民情急，纷向八分局告急。夏局长一面报告总局，一面率同全体长警，飞往抢险，甫至蔡家巷附近，即闻霹雳一声，堤已溃决，决口长至三十余丈，水势喷薄沸腾，直涌冲进，堤内之丁公庙、蔡家巷一带民房百数十栋，堤上内堤、内湖地中划户、棚居数百户，登时悉被冲毁，淹毙人口，至少亦在千名以外。虽有救生划三十余艘，分途施救，无如波涛太大，救护极难，故所救生者仅六十人，难民呼救声，与水流澎湃声，打成一片，惨不忍闻。而长武火车自武庆闸大堤溃口，湘鄂路五号铁桥冲毁，亦致不能通行，堤内之武昌、咸宁各地，其被祸之惨，当更有不忍言者。自廿八日起，武昌城内，灾民已日见其多，扶老携幼，络绎于途。刻下武泰闸大堤，又已危险万状，天气仍时晴时雨，灾区必至再加扩充。党政军商各界已组织水灾急赈会，决向银行团先行借款三十万元，发放急赈。盖三镇灾民及云梦等十余县被灾地带逃来难民，为数已至数万，而云梦灾民，且有在安陆强取食粮衣物之事，情形至为严重也，现对武汉各堤，已责成第四十八师工程营全体，注意抢护，一面则由省府派员查勘各处水灾情形，以便发放急赈。

汉口特讯，数日以前，此间即得报告，谓川河与襄水同时盛涨，汉口在夹攻之中，水势有加无已，果也十三日傍晚，江水汩汩流入，江岸沙包及排水工作均失效用，即素称高亢之特一区及铁路附近，亦全被淹没。至十四日傍晚，特一区江岸水深没顶，后街（即汉景街）水深齐腰，人力车在水浅处仍照常行驶，将坐垫置于斗篷之上，乘客腿部仍置水中，车夫用两人，一推一挽，蹒跚而行，车资骤增数倍，市民戏呼为坐头等车。街头巷尾，惟见顽童泅水为乐，水花四溅，汽车马车，完全停驶。特一区之情况如此，其他租界、华界均较低洼，仅有舟楫独占往来，惟法租界因水头超过沙包，向特一区源源流动，故仅增水尺许。记者巡视各市区，第见市民乘舟购物，伛偻而入店门，各商户均大书“船只勿撞玻璃”字样榜之门首，市民只有顶上工夫，并无下层工作（除楼居外，地下无一处可以立足，故市民均戏语如是）。后湖附近之屋顶树梢，亦被波臣所吞噬，不睹片影，牲畜尸体，触目皆是，时见灵捷之犬，泅水力尽，奄奄就毙，其主人亦不甚顾惜，惟蚊蚋蝇蛆，因茫茫巨浸与秽汁弃水相混合，化为奇臭，反日见生殖，市民谓舟子夺车夫之地盘，蚊蚋与人类争世界，信不诬也。难民因全市普遍被水，无托足之地，均被官厅送往武昌收容。据闻汉阳一片汪洋，人民扶老携幼，登龟山避水，此诚旷古未有之奇劫也。街头搬运什物者，不绝于道。预计汉市人口，当已逐日低减，连日此间奇热，超过百度，挥汗成雨，夜不交睫，若有可以避难者，殆不可以一朝居也。且江流甚慢，水势似非三五日内所能退去，警备司令部防乱防水，工作太忙，幸鄂人虽在水深火热之中，仍能逆来顺受，秩序井然，殊为难得。公安局为顺应民心计，已呈请当局建醮祈祷，并将拆毁龙王庙修复，以挽天心，此实不得已之办法。日租界防水，最为得力，记者于十四日正午，前往探视，日界四围筑堤，如一座水城，惟开放成忠街、中街二口，便利通行。但自十三晚起，凡往日界者，即有徽章、有名片、有任务，皆不济事，非示以日警署之居留证，绝不放行。据居留民云，十二、十三两晚一夕数惊，巡捕通告居民，谓人力究不足以挽回天心，防水工作已无充分把握，请人民自动堵塞门户，免得急时抱佛脚。因之各住户纷用泥沙堵门，甚形忙乱，但租界当局对于防水，不稍放松一步，日侨掘土补堤（将堤身加高加厚），昼夜不懈。十四日因邻近特一区陡涨三尺，日界沟渠进水，故中街、成忠街水深五寸，滨河水深一尺，全界被水区域，约占一半。日侨努力抽水，汗出如沈，如不继续增涨，日界似仍可保持原状也。上所述者，系汉口水势，至武昌方面，城洞及堤闸暗沟，均由建设厅派员随时梭（逡）巡，黄鹤楼前江岸，被水冲洗，奔（崩）塌丈许，已补筑完好。其最危险者为通湘门外赛湖，该处上段堤身，发现裂痕甚长，幸察觉尚早，经水利局打椿填土、封闭路口，始免巨祸。

又讯，自汉市被淹，武昌亦相继被水，昨日汉阳又遭淹没，武汉三镇，遂无一片干土。人民流离转徙，所望苟延残喘者，至此亦已成为绝望，冯夷肆虐，一至于此，诚可浩叹。爰将连日情形，续为披露如左：

武昌堤溃 武昌自武庆闸破后，各处堤岸，均不甚固，早已发生险象。惟以汉市被淹，水量少（稍）泄，得以保持。最近水势飞涨，加以防御稍懈，汉阳门外之筷子街堤岸，首先被水冲破，徐家棚车站路轨，继复被水淹没。迨至十九日晨，青山大堤，自荒五里至张家祠一带又倒塌一丈，一时波涛汹涌，由沙湖长春观一带倒灌入城。通湘门、草湖门各处，平地水深数尺，除长街外，几于无处不淹，但长街一段，沟水上冒，形势亦岌岌可危，如望山门破，即立成泽国。查青山大堤自武昌东北武丰闸起，迄于武昌西南之武泰闸附近，绵亘数十里，成一弧线，确为武昌之保障。溃决后，其影响所及，除倒灌入城外，并有一部横决，由沙湖、东湖、北湖各处，直逼樊口。该处堤防又为黄冈、鄂城等七县保障，据闻亦已溃决，七县灾民，葬身鱼腹，想又不在少数也。

汉口险象 汉市被淹二十日，人民损失，不可胜计。惟幸张公堤尚未溃决，电灯电水，得以照常供给。不谓黄经堂堤溃后，襄水直逼张公堤畔，高与堤平，一部分已危险万状，如再溃决，汉市将增水三尺，水电公司之水厂，亦将失其作用，关系灾民生命，尤为重大。闻当局已将抢险责任，责成水利局担负，派工运转前往抢救，暂时或可保无虞。此外最堪注意者，则为倒屋与触电，人民牺牲生命，不知凡几。盖房屋被浸过久，墙基溶解，随时可以倒塌，而电线多在水中，又时起电气作用，一触即发，最惨者为迎宾旅馆倒塌之一幕。该处特三区与模范区交界之地，水流湍急，一二三楼，均为灾民住满。十八日晚十二时，迎宾馆楼房，忽然倒坍，并将附近电灯电话线管，完全压断，电流四射，当即烧毙十二人，被压毙命者，尚不知几人矣。

汉阳灾情　汉阳左临襄水、右挹长江，值此水势陡涨，原已危险万分，惟以地非商埠，富庶远非汉口、武昌可比，不大为人注意而已。最近黑山堤溃，沿江堤岸，同时溃决，至十九日，全城均已破水，居民完全避至龟山、黑山，搭盖席棚，以蔽风雨，其无力者，则由急赈会派员会同汉阳县政府，代为搭盖。两日之间，已盖就千余栋，俨然村落矣！该处水来过骤，人民逃生不暇，未遑顾及货物，以致各堆栈存货，完全漂没，米盐两厂，损失最巨，日用物品，遂均感缺乏。

灾民增加　武汉三镇灾民，前经急赈会调查共为二十二万余人，现已陆续加增。据报，武昌方面有灾民五万余人，汉口灾民二十万人，汉阳灾民三万余人，此外人力车夫全体失业计三万余人，码头工人十万余人，总计为四十一万余人，均麇集于武昌之洪山、黄鹤楼、凯字营，汉口之张公堤、铁路上，汉阳之龟山、黑山各处，流离琐尾，如披郑侠之图。至各县灾民，经当局通令各县长，就地赈救，勿庸来省。惟陆续逃来者，仍不在少数。当局为恐有□匪混迹其中，非经严密检查，不得登岸，昨日武昌突来难民数千，已拒绝登岸矣。

积极筹赈　水灾急赈会以灾情奇重，赈款不敷分配，除分电中央国府及蒋总司令请振外，并由何成浚致函各院院长，请俯念灾黎，切实救济。又于第十次常会决定，在京沪分设筹赈办事处，聘定方子樵、耿伯钊、彭临九、唐仲揆、朱子英、徐兰如、萧纫秋、刘禺生、闻亦有、刘筱阶等为驻京办事处委员，蒋雨岩、刘万青、李鼎安、汪少丞、韩永清、罗步洲、明润生、马少卿、乐鹄亭、常乐臣、萧绶之、刘善甫、易楠桢等为驻沪办事处委员，并请各推一人回鄂，实地视察灾况矣（八月二十一日）。

汉口通信，自丹水池江堤及铁路单洞门，相继溃决后，汉市全被水浸，迄今四日，人民荡析流离，惨状不堪目睹。而武昌方面，赛湖堤、徐家棚江岸，又呈险状，不可终日。当局兼顾两方，手足失措，哀我孑遗，惟有束手待死而已。记者亦难民之一，睹兹洪流，莫挽浩劫，爰将武汉被灾之惨，人民受痛之深，笔之于书，宣诸全国，想亦关心鄂灾者所愿闻焉。

汉口方面 汉口于二日正午十二时，洪水涌入，淹及全市，历三、四、五等日，尚未稍退，地势较高者，水深尺余或数尺不等，低洼之处，则深至二丈，人民扶老携幼，栖息水中，尚有蹲身屋顶者。各机关职员则多栖身旅馆，或乘汽车差船，往来市上，相形之下，颇觉苦乐不均。当大水初至，人民奔避不及，死者颇众，而丹水池、单洞门决口之处，牺牲尤多，连日发现尸身约二三百，多系用草绳连系数人，猪牛之尸所在皆是，亦云惨矣！现死伤确数，尚未调查，而难民数目，竟达二十二万，或尚不止此数。水灾急赈会已将难民收容所，扩充八处，并于救济股增加干事二十人，以黄文植为总干事，蔡辅卿等为干事，从事救济。市党部及第二剿匪宣传处，并组织慰问队，请备食物药品，用小舟运往灾区散发。各大商店、慈善团体，亦组织救护队，分途救护。至物价初涨一倍以上，经行营严禁，价格稍低。粮米甚感缺乏，业由何主席成浚电呈蒋总司令，并电赣主席鲁涤平，在赣购米十万担，运汉接济。治安方面，因军警维持得力，尚属安定，除原有警备部队外，又增派八团以上兵力，在武汉附近控制，一面由行营训令所属，查缉奸宄，防止暴乱，并定办法四项：（一）各地官绅，在该管段内清查户口，旅馆新客无联保者驱逐出境；（二）严防宵小及注意平日不安分游民；（三）各地段如发生捣乱等事，处罚其官绅；（四）各机关职员应各至机关办公，不得逗留旅馆。至于汉市积水，五日已拨二万元，自民权路至日租界，修筑长堤，用机排水，使之外泄，预定六日动工，十日将水排尽。惟当计划排泄街水时，而桥口、皇经堂、皮子街、太平洋肥皂厂等各处堤岸，又告危急，何成浚氏已责成汉口市市长何葆华、水利局局长陈克明，设法抢险，如再溃决，即惟何等是问。查丹水池溃决，何、陈二氏，以抢救不力，及失于培修，早为人所攻击，何并为省市党部所弹劾，今又奉此严令，知难再事因循，故连日桥口、皇经堂等处，已有二氏之足迹矣！

武昌方面 武昌地势较汉口稍高，汉市被淹后，灾民多渡江避难，莫不视为乐土。距自武庆闸堤溃决，武泰闸内水亦与武庆闸成平线，骎骎乎有灌此雄城之势。四日，保安门正街，涨水三尺，寿山寺街、赛宝巷、明伦街均被水淹。同时通湘门外之赛湖堤、徐家棚江岸均危险异常。建设厅长方达智闻讯后，即前往视察，令将平湖门月城二城门湖，文昌门城门洞及暗沟，望山门城门及暗沟，青石桥暗沟，小东城下大东门南无线电台，仁惠桥、土司营、云架桥、昙华林、武胜门各处暗沟，先后堵塞。马达门沟及通湘门外出水总沟，因现时水向外流，一旦堵塞，则水积城内，乃将麻袋布置沟口，俟必要时并行堵塞。据深悉地势者言，抢堤塞沟，尚为治标办法，如为万全之计，应速将通湘门一带桥洞堵塞，再于长春观与铁路间加筑长堤一道，博文书院东岳庙一带，亦用沙包筑堤，则虽赛湖堤崩溃，武昌亦可无虞。又据赛湖堤防险人员见告，该堤防险工程不大，然苦于应用材料，不能应急，有时竟至束手无策，如中段水洞漏处，木椿缺乏，漏水仍源源浸入，殊可痛心云云。查此种情形，确属实在，盖鄂省堤款，已为士商倒骗。值此省库支绌万分之时，安有余款拨用，是则当局者所不能辞其咎也。

善后办法　水灾急赈会，以灾情重大，拟定善后办法四项。昨与省政府联衔布告，文云，“照得本省此次水灾奇重，为前清道光以后所未有，江河并涨，堤垸溃决，各属同遭巨浸，省镇几成泽国，人民流离转徙，麇集武汉一隅。当此暑气郁蒸，上晒下湿，枝栖无定，一饱难求，惨目伤心，孰甚于是。本府会际兹浩劫，蒿目时艰，现策佥谋，用济众难，决定四种办法如下：（一）安辑流亡。此次水灾，难民甚众，以武汉近郊而论，据调查报告，滨江两岸，铁路内外，上而武庆闸，下至丹水池，满谷满坑，鸿嗷待哺。若不即予设法安辑，必致羁栖失所，益成漂离。除迭经函令汉口市政府公安局、省会公安局、武昌县署及社会团体，分途再四履勘，随时救护外，成浚等亦一再亲往巡视，以筹全策。现在武昌方面，业择定文昌门外之纱、布、丝、麻四局，及凯字营等处，汉口方面择定慈善会、万寿宫、新市场、新华公司、长沙会馆及各旅馆，分别收容，凡浮家泛宅于水面者，复由会多雇船只，选派干员，植旗树标，各遵至指定地点，俾资安息。（二）赈济饥荒。灾民既有归宿，则应赶办赈抚，查赈饥莫如煮粥，而煮粥必备米粮。本届水荒，米价高涨，临时救济，必以煮粥与平粜二者分别缓急，先后举办。现关于煮粥事，在武昌方面，已制定灾民证，凡查明确实者，暂行按户发洋三元。又拟另办平粜米十六万担，接济市面，以维民食，供求相应，调济均衡，则土著与流民，同沾实惠。（三）防疫疠传染。大灾之后，疫症必多，老弱集处，如一人暴毙，则病菌四布，故列防时疫于安辑流亡之次，为救灾之要政者也。现除函省市立各医院，专派医士，随时携带药品，分往各收容所，随时医治外，并另由会组织救护队，分途巡视灾黎，以资急救。他如暴死淹毙之遗骸，均由会收敛掩埋，以崇人道，而重卫生。（四）急谋交通恢复。汉市水势较大，民户众多，一切交通问题尤关切要。日来因水渍电线，误触毙命者，时有所闻，因跬步失足，堕水殒命者，亦有所闻。除已函请水电公司，凡可触电诸危险，赶速防范外，并由市府与公安局赶雇小划，以利来往。一俟水势稍退，即事疏浚。此外凡可惩前毖后应事绸缪者，本府会自当双方筹度，期策万全。至于各外县灾况，已一面分别制表调查，伸（申）明真相，而定赈济之策，一面飞电各县县长，先行举办急赈，毋使灾民散处无依。惟值四郊多故，民命如悬，瞻念来兹，益增惕悚，尚望仁人君子，或条举利弊，或输捐发粟，或赐药施医，各尽乃心，补弊救偏，端赖共济，除分令行外，合亟联衔布告，希各一体周知。”（八月五日）

又青年协会鉴于本年水灾惨重，尤以湖北一区为特甚，爰派梁士纯赴武汉，代表未被灾区域之青年会致甚慰问，一面实地视察汉灾，并与武汉两青年会讨论协助救灾办法。奉命之后，即于九月九日乘飞机赴汉，沿途极目俯瞰，但见扬子江两岸，自南京以迄武汉皆属一片汪洋。芜湖九江两埠，皆沦为沮洳，水势且继涨增高。下午二时一刻抵汉口，飞机在空中盘旋一周，下望汉口全市，皆在水波荡漾之中，无一片干土矣！

飞机在水中降落，即乘小舟赴汉口青年会。舟行迂缓，沿路所得感想，但觉凄凉景色，充满眼前，而积潦秽浊，腥臭时闻，溺毙之家畜，漂流水中，无从收拾。

抵汉口会时，该会会所被水侵入二三尺，最高时达五尺。至于离汉之时，正施行排水工事。此役会所受损颇重，健身房尤甚，目下急需修理也。与汉会同人谈话片时，知对于赈灾工作，已积极参加，惟青年会方面尚无正式举办之事工。

当晚复赴武昌青年会，与干事同人作非正式之谈话。此次汉灾，幸武昌城内大部分未被水淹，否则十余万灾民将无处收容矣！次晨，赴各收容所视察，最大者容灾民一万一千余人，其次容八千余人，此外尚有较小之收容所数处。灾民多由乡间而来，情形极惨。余在半小时之视察中，即发见有五人已奄奄待毙，其中三人为小孩，皆因营养不足而致。按余之观察，武汉救灾工作，殊缺乏组织，各机关彼此不相联络，其效率不佳，收容所搭盖不善，莫蔽风雨，尤缺乏卫生设备，苍蝇千万成群，睡熟者颊上停集几满，言之可怖。灾民疾病甚多，痢与疟尤盛行，医药之供给甚感不敷。惟食物充足，初用馍馍，嗣因不合灾民习惯，改施米粥，惜分配殊不合法，故饱者自饱，而饥者仍难免向隅也。灾民多丁壮，而无工作以分配之，致令玩愒几月，无所事事，此亦一问题也。

次日，复赴文华大学所办之收容所视察，觉与昨日所见者大不相同，除衣食住外，对于灾民之医药卫生，亦甚顾到，且有演讲及娱乐等节目，故其设施可称完备。是日，武汉两会同人，讨论对于救灾应有何种贡献，佥以为仿欧战时青年会办法，向灾民举办德育、智育、卫生、娱乐等工作。虽为适宜，惟此种工作若赴各收容所举办，事实上殊感困难，故决定与当地救灾机关合作，另行举办一收容所，规定目的如下：（一）为将来灾后设建（建设）时（如筑堤治水等工程）向工人举行上述服务工作之试验；（二）造成一模范收容所；（三）训练青年，俾为后日（日后）赴乡间服务灾民之准备。因此项乡间服务工作，需要甚大故也。此外如有余力，则协助其他收容所进行服务。讨论结束，决由武汉两会，集中全力，办理此事。惟鉴于人力不足，当即电请全国协会派遣干事三人赴汉，常川服务，暂以三个月为期（协会现已派郑维、舒伯炎、江文汉三君赴汉襄助矣）。嗣即在武昌会附近地点，布置收容所一座，可容难民二三千人。彼时麇集武汉之难民约十五万人，而源源而来者，尚踵相接也。武汉共有救灾机关四个：（一）为国府救济水灾委员会武汉分会；（二）为湖北省赈务委员会。此外，尚有（三）华洋义赈会及（四）万国慈济会，均参加赈济。

在被灾期内，汉口全市之交通，全赖（一）划子（全市约万余艘）。（二）洋车（坐于车背上，水浅处可通行）。（三）搁板。当局颁布戒严令，晚间十时后即不准通行。故治安可无虑。目下已于各处施行消毒工作，故疫疠或可避免。因积水之故，蚊蚋滋生，长庞而喙利，最为灾地居民所厌苦。按此次水灾，湖北一省被灾区域达四十八县，占三分之二，溺死者约一万余人，疾病而死者为数尚少。其直接间接之损失，殊属难以计数。武汉会同人私人损失，亦属不赀。

余于十三日离汉，十五日抵南京，京市受灾亦重，灾民甚多，惟尚未闻有赈灾工作。十六日返沪。此行之结果，深觉本年水灾为历史所仅见。而目前赈灾工作，仅能集中于城市，而于区域最广，延袤数千万方里之乡村灾区，迄今尚无暇过问。且城市积水，退去尚易，乡野之水，则非再经数月，不能望其退去。其影响之严重，不难想见。所有救济灾民及善后工作，非合政府与社会之力量，一致努力进行，前途将不堪设想。吾会以已往服务社会之经验与组织，对此巨灾，如何方能尽其最大之贡献，愿全国同人共起图之。

原载于《中国红十字会月刊》1931 年第 3 期

为水灾同胞请命

中国红十字会启事云，各省水灾，愈演愈惨，浮尸漂流，与水并进，身浸水中者，于日晒风吹、饥饿伤感之余，又多染有疾病，死亡相继，粒食俱无，医药无资，掩埋无术……长江之水未退，黄河之水又增，汉口之难未纾，洛阳之灾又起，诚数百年未有之奇劫……

此项或类乎此项之启事，各位同道，想早寓目，爰再择要转录，望各位同道，本解衣推食之义，略节各项费用之余资，以作赈款。如感投怀不便，可交由本堂魏希本牧师代为汇转最可靠之赈灾会，解往各灾区散放，将来数千万被灾同胞之宝贵生命，得能不断送于洪涛巨浪及瘟疫灾疠之中，各同道与有惠焉。

原载于《诸圣堂月刊》1931年第8期

三省义振会拨款振豫灾

上海筹募豫皖鄂灾区临时义振会，昨复中国红十字会函云：敬复者，接准大函，以准河南省振务会函，邓县灾情惨重，待振甚殷，相应函请查照核办等由到会。查本会曾准该省振务会函同前由，业经拨助振洋一千五百元，汇交邓县政府查收救济并告知该县来沪代表，准函前由，相应函复，敬希查照为荷。

原载于《新闻报》1933年4月24日

中华民国红十字会所属各分会一览表（节录）

湖北省共有分会二十二处，名称如下：

武昌分会　汉口分会　潜江分会　通城分会　宜都分会　（江陵）沙市分会　襄阳分会　郧县分会　（襄阳）樊城分会　大冶分会　宜昌分会　鄂城分会　□水分会　枣阳分会　蕲水分会　光化分会　（光

化）老河口分会　当阳分会　监利分会　（广济）武穴分会　均县分会　钟祥分会

原载于《中国红十字会征求会员大会特刊》1933 年

红会遣送伤兵

福州红十字会遣送十九路军伤兵李培基、侯孝忠等，于昨日午前到本埠二马路红十字总会。该会以此批伤兵系湘鄂等籍，特缮函交该伤兵等，带投汉口红十字会，遣送回籍。

原载于《申报》1934 年 3 月 7 日

红会征求会员

各地长官就职委员长

中国红十字会第一次征求会员，前经该会按照条例细则，聘请各省市县长官，为各地方征求会员委员长。现悉截止昨日止，各地长官纷纷函复该会，就职委员长者，计有江苏省民政厅厅长辜仁发及吴江等各县长；浙江省民政厅厅长吕苾筹及鄞县等各县长；河南省民政厅厅长李培基及信阳等各县县长；安徽省民政厅厅长马凌甫及凤阳等各县县长；汉口市市长吴国桢及河北、福建、山东各省县长多人云。

原载于《申报》1934 年 3 月 14 日

红十字会代表大会（节录）

报到代表一百卅七人，大会秘书开始办公

报到代表

截止最近止，江苏省报到分会计有建阳、昆山、海安、众兴、石港、上海市、兴化、白蒲、洞庭、吕城、海门、溧阳、真茹、淮安、南

翔、常州等十六处，出席代表三十九人。浙江省报到分会，计有西塘、宁波、孝丰三处，出席代表九人。河南省报到分会，计有禹城、楚旺、道口、虞城、信阳、滑县、郾城、汲县、洛阳、襄城、广武、新野、荥阳、明港十四处，出席代表二十四人。山东省报到分会，计有清平、即墨、白马庄、田马镇、黄县、昌邑六处，出席代表十一人。安徽省报到分会，计有滁县、宿松、寿县、临淮四处，出席代表十一人。河北省报到分会，计有北平、武清、定兴、永年、小站、高阳六处，出席代表十人。闽省报到分会，计有仙游、浦城二处，出席代表六人。鄂省报到分会，计有襄阳、宜昌、宜都、武穴四处，出席代表七人。绥远报到分会二处，代表二人。察哈尔报到分会一处，代表一人。广东省报到分会二处，代表七人，广西省报到分会三处，代表十一人。总计报到分会共六十二处，出席代表一百三十七人。

原载于《申报》1934年9月19日

红十字会汉口分会追悼王会长征文启

敬启者，敝分会动议抟埴，昉于吾华传统政体改革之四年终，惨淡经营，越五年六月，幸观厥成。其初与议襄赞乃兄前副会长王公琴甫，洎挽民仆等共策进行，弗择职之轻重，而始终其事，宣导罔懈者，今故会长王公森甫，实首指屈也。公皖之太平人，商战汉阜（埠），濯濯有声，赋性仁慈，好善乐施，故生于汉，长于汉，繁衍懋迁于汉，殊国族而侨萃于汉者，莫不知公为善人，信公为善人。凡社会之公益，无分发起赞助，或仔肩□柱，咸显公之姓名纪录。他如有裨造就英材之教育，保全治安之消防，公众健康之卫生，复兴种族之革命，弥悉牺牲色相，捐□金钱，欣然旋斡。而其最足激人义愤，堪资矜式者，方对日经济绝交，兴情热烈时，毅辞三菱洋行要职，甘糜私益，尊重国耻，是其心存爱国，岂徒托空言之投机份子，所克企其项臂（背）耶？且非仅富善心，与尚任侠，而尤精通内典，皈依三宝，生平致力佛事，功德灿备于正信会刊，无烦剿袭。日前溘然长逝，同佛皆相震悼，主遵佛制，装缸迎龛，偕涕载途，且隆旷典，荼毗会葬，倡酬崇报，启人观感。诸关谊叙之伦，新故迩遐，每啧啧交誉，惜未永年。夫何修而博人群之思服欤？若于本会夙树风声，卓著贤劳之举，更仆难数。兹征荦荦大端，杨摧陈之，以觇识趣。公鉴市区内乏贫民医院，瞑眩求瘳，寒苦向隅，轸念綦殷，因应社会需要，扩大救济组织，依据会章，刱设红会医院，以备战时治疗伤病军民，平时兼治普通病症，一本慈善宗旨，随时收诊，取费极廉，赤贫概予免收。开办以来，成绩斐然，惟隐于规划进行中，渴冀速成，不惜个人珍藏昂值陶屏，移供交际赠品，苦心孤诣，洵属人所难能。及见妇人难产，往往性命攸关，揆其真谛，大都綦于缺乏产科专门人材，公乃询谋集议，推举校董，组会兴学，延聘资深学邃教师，创办助产学校，限期二年毕业，招取中学毕业或有同等学力，身家清白，品行端正女生，遵照部令科目，分班授课，以宏学识，轮次实习，以娴手术，日就月将，蔚擅兼长，餍人类之要求，作妇婴之保障，斯则造福女性同胞，迥不可及也。此外，如民六荆宜救护，民七江宽捞溺，民九湘兵救难，刘园救难，靡役弗从，亲临指导，即民九之阳逻救疫，宜城救疫，华北赈灾，民十之孝感变兵掩埋，蒲咸兵役救护，民十二之武汉平粜救荒，民十三日本地震救灾，民十五湘豫兵役救护，武昌救难掩埋，民十八陕豫救灾，民二十一种（钟）祥救疫，胥赖公缘督为经，调度有力，各致其良心之极。复查民二十年之武汉水灾，空前未有，市廛沦陷，人物漂沈，瘟疫流传，死亡枕藉，此情此景，楮墨穷渲。公乃奔走呼号，联合各界善士，分组救护、掩埋、瘗畜、医疗、防护、散赈、义渡、平粜八大队，率励执行，鞠躬尽瘁。当时地广人稠，浩劫惨罹，纵未能毫无遗恨，而痌瘝在抱，天工人代，所全实多。民仆等与公缔造艰难，风雨同舟，倏逾十数寒暑，一切设施，根源募贷，互为乘除，歉扩充之有未能，第维持之殊匪易。方期戮力同心，筹裕基金，寝臻宏达，获遂周旋于廿世纪国际慈善团体间，协尽博爱恤兵义务，胡天不吊，遽令哲人其萎，思之能勿□伤。公今春秋五旬晋四，得丈夫子若干人，荪枝竞秀，容有善愿未□于怀，余似蔑所赍志，但红会中人，昕夕寝兴，刻弗忘情于公，拟筮良辰，开会追悼，以摅哀感。爰述抚略，襮陈大君子藻鉴，倘蒙颁锡鸿文，表彰盛德，褒扬至善，歌诔诗铭，罔拘一体，恳于九月三十日之前，迳寄敝会，谨当馨香祷俟之。中国红十字会汉口分会理事长王民仆暨全体职员谨启。

原载于《正信》1934 年第 14 期

在红十字会产科学校讲话（节录）

慧　成

今天是汉口红十字会产科学校第一学期举行散学式，刚才王校长和各教授先后的训词很是剀切详明。现在要我来讲，已经是近于续貂了。但是，既要我讲，我又不能不讲，我所讲的意思，可分为三个阶段：

一　过去的回忆

产科学校为汉口红十字会所创办，而红十字会是慈善团体，会长王森甫先生，又是一个佛教徒。佛教徒是以慈悲为心，救济众生的。他看见从前的产妇，多半误于一般无知识无学术的稳婆的手中，往往丧了性命，甚至大人和小孩的两条人命，都在那糊里糊涂之中轻轻的葬送了。所以他目不忍见，耳不忍闻，大发悲心，立志要救济这众生之中的一部分的产妇和初生的小孩，并要保护她们安全。同时并感觉得汉口产科医生人材的缺乏，纵然略有几个，但是取费太昂，只能供资产阶级的要求，而不能应无产阶级的需要，根本救济，是要多多的培植这种人材，于是产科学校就此应运而生了。这是在学校一方面说。

复次，还要晓得我们的同学，又是为什么缘故来到这个学校修学呢？大凡一个人，在社会上，总要自立，生活所需，决不能依赖他人，尤其是女子——被人所讥为靠男子吃饭的女子——更不能不有一种职业。产科医生，亦女子职业之一，所以到这里来求学，是求一种专门的技能。有了技能，便有职业。有了职业，便不依赖他人，便可自立。这是在学生一方面说。

依佛法来说：“万事万物，众缘所生”。那么，产科学校的产生和我们同学来到此地修学，都是一种因缘和合而成。我记得初开学的那一天，和我初授课的那一天，那一种的憧影，现在我脑筋里还有留痕。光阴如流水般的过去，不知不觉就到一学期的终了了。我们在这个终了之时，就要回忆过去成就我们的因缘，牢牢的记着，不要忘掉！……

二十三，一，二十六。

原载于《正信》1934 年第 15 期

红十字会昨招待新闻界（节录）

红会乞赈文

中国红十字会总会，于昨日下午四时，在新闸路八五六号会所招待新闻界，计到各报社记者十余人，由总秘书曹云祥代表该会招待，并报告，略谓本会自迁移以来，一切工作，均积极进行。现第二届征求会员开始，其目的在谋造就救护人材，储备救护材料，以普及方法，谋我国红十字会事业之发展。此次水灾蔓延，为祸至烈，嗷嗷待救之灾民，为数甚伙。本会现在正准备救济中，一俟内准（政）部批准，即可着手进行。将以急赈方法，救眉睫之灾云，至五时许而散。另悉，该会以灾地疫疠发生，救济工作，急不待缓，该会先拨时疫药水十万瓶，以济眉急。

原载于《申报》1935 年 8 月 9 日

红会水灾放赈

赈款赈务赈衣药品，先放湘鄂鲁苏四省

中国红十字会总会救济各省水灾放赈委员会，于昨日下午五时开会，到王儒堂、许世英、王一亭、关䌹之等，公推王一亭主席，讨论放赈办法，决议，先放湖南、湖北、山东、江苏四省，每省各拨赈款洋一万元，面粉二千包，衣服二千五百件，治疫药水五百匣，共计赈款洋四万元，面粉八千包，衣服一万件，治疫药水二千匣。统及由中国华洋义赈救灾委［员］会代为散放云。

原载于《申报》1935 年 9 月 28 日

江河赈务：红会急赈代放消息

中国红十字会以现款四万元，面粉八千袋，棉衣一万套，委托本会代办湘鄂苏鲁急赈一节，已志前刊。嗣经积极筹备，四省均择定灾情最重县

区，拟具急赈计划，由当地华洋合组团体办理。经本会审查核准后，刻均开始举办。湖南为澧县，由本会湘分会主持；湖北为京山、潜江、枝江、监利四县，由本会鄂分会主持；江苏为海州及清江浦两处，由扬子顾问委员会主持；山东为济宁、兖州等处，由本会季履义君办理灾民医务事宜。本会并于十月二十一日派张季春君赴湘鄂两省协助及监察云。

原载于《救灾会刊》1935年第2期

分会近讯：宜都分会成立始末记

宜都救济事业，仅有逊清咸同间所立同善、育婴两堂，平时施药、送诊、给义棺、育婴孩，成绩颇著，然战时则缺乏相当之措施也。民国六年，南北交兵，荆襄自主，宜当往来冲要，雷春阳、庐仁敬等始创红十字分会，故白砂脑、长岭冈诸战役，救护掩埋，全活军民不在少数。十年秋，川鄂战起，宜昌既为战区，宜都亦卷入漩涡，情势岌岌不可终日。于是宜绅全同捐资，先电总会，转电双方军事长官，妥为保护。各会员亦随即出发，先后打捞江中浮尸三百余，并在宜昌河西东山寺、慈云寺分任救恤职责，并助宜昌成立分会，担任艰巨，流计驻宜昌累月，耗费动需千百，端赖好善者之输将，与办事人之踊跃，幸免陨越。旋以日本震灾，本会复随平汉各分会后，发起募捐。数年以还，时局稍靖，以无固定基金，故诊所不得不暂停止。十五年国军自湘攻沙取宜，集中宜都，人民恐惶，风鹤数惊。事前理事长雷春阳下世，各会员为维持地方秩序起见，公举鲜于光楹继之，尔时适留学沪上朱裕璧医师归来，与理事长及各会员，努力支持，分设临时医院、妇孺救济会数处，军民赖兹安集。嗣是以后，剿匪军兵，本会对于绷带救护，凡力之所能及者，无不勉而行之。其间经过详细情形，具见征信录，此其崖略也。

原载于《中国红十字会月刊》1935年第4期

分会近讯：汉口分会参加黎大总统国葬典礼

故名誉会长、前大总统黎公于上年十一月二十四日国葬于汉口垣东郭卓刀泉南土宫山阳。本会汉口分会特派救护队及产校全体师生参加，并以观礼人众预防万一起见，准备医救。是日，外宾既多，军民执拂者尤众，幸秩序井然。迨事毕，始振（整）队返会云。

原载于《中国红十字会月刊》1936年第7期

会讯：总会近讯

总会拨发松江分会等振款 总会对于振款支配均由筹募委员会及放振委员会议决施行，除已拨给江苏、山东、湖南、湖北四省国币四万元、面粉八千袋、衣服一万件、药品二十箱交由中国华洋义振会救灾总会散放及本会购备衣米发给难民外，兹再拨给松江分会振款六百元，固始分会、楚旺分会、邓县分会各五百元、上海慈善团体联合会五百元、闸北慈善团体三百元，安徽灾童收容所三百元均于一月上旬领讫散放灾区，虽各分会尚有陆续请求者，奈振款已成弩末殊难为继云。

原载于《中国红十字会月刊》1936年第8期

摘录上海各报所载关于红会之新闻：华洋义赈总会鄂分会代放红会急赈报告

去夏江河水灾，情形惨重，本埠中国红十字会总会曾拨国币四万元，面粉八千袋，衣帽鞋袜一万一千八百余件，治疫水二十木箱，委托本埠江南路五零五号中国华洋义赈救灾总会，代放湘、鄂、苏、鲁四省急赈。经该义赈总会指派湘鄂分会、扬子顾问委员会及季履义君分别散放，刻各地赈务，渐次结束。除湘省报告业纪前报及苏鲁两省散放情形另行发表外，兹节录鄂分会报告如次：去夏长江泛滥，湖北灾情惨重，分会奉总会指派，代放上海中国红十字会讬（托）放之湖北急赈，计赈款一万元、面粉二千袋、赈衣二十一包，照数收到后，商由湖北省水灾救灾总会，指定在京山、潜江两县受灾最重区域散放，并经拟具放赈办法，及与该两县中西人士洽商组织放振团体等情，业经先后开单陈报在卷。兹已散放竣事，计面粉二千袋，在该两县各放一千袋；赈款一万元，计放京山县四千七百二十一元，潜江县四千七百五十元，另加两县放赈费用六百九十三元四角三分，合共一万零一百六十四元四角三分；

至振衣一项，以汉阳、汉川两县，沿襄河一带地方，被水较重，经转讬（托）武汉各教会代为义务散放，其散发地点、代放机关及发出件数，另列详表送核。所有代放红会急赈情形，除振票、清册等件，拟俟整理完竣，再行送查外，特将散放京、潜两县赈款与面粉账目单据，该两县县政府并驻该两县天主堂西教士证明文件及散放振衣清单，备函请察核。（民国二十五年六月二十七日《申报》）

原载于《中国红十字会月刊》1936 年第 14 期

分会近讯：宜昌分会改选

湖北宜昌分会于八月二日依法改选理监事，由县政府派员监选，县党部派员指导，选举结果：计选出理事七人，监事五人。旋于八月九日召开第一次理监事联席会议，推选吴梦醒为会长，任子卿、李春澄为副会长，陈耀峰、刘耀亭、胡式如为常务理事，吕逸涛为理事，王自东、谢北平、杨尧卿为常务监事，崔清林、吴嘉言为监事，已于八月二十四日就职视事云。

原载于《中国红十字会月刊》1936 年第 16 期

红十字会汉分会昨举行改选

（汉口）中国红十字会汉分会，二日下午二时举行改选大会，到会员一百九十余人，结果理事九人为苏汰余、江述之等，监事七人为黄文植、周星棠、陆德泽等。因工作紧张，日内即召集理监事联席会议，推选正副会长及常务理事，以便积极推进一切工作。（二日中央社电）

原载于《申报》1937 年 8 月 3 日

汉妇女抗敌后援会慰劳受伤战士

【本市消息】汉市妇女抗敌后援会会员、女青年［会］总干事陈女士等二十余人，昨日下午三时半，携茶壶五百个、茶碗六百个、褥罩五百张及□饼干四大箱，赴陆军后方医院慰劳伤兵。该院现住有伤兵共千余人，计汉口三百七十余人，武昌及汉阳鹦鹉洲两处分院共有五百余人，一切设备尚敷分配，所感困难者为医师人材缺乏，不敷分配；看护方面，现仅有救护兵，八十名佚（夫）役。据该院院长谈：现时住院之伤兵，不久将有七百名迁赴他处调养，所余三百名伤势较重者，仍留此地。今日由平汉线新到该院之伤兵数人，已转送汉阳云。闻前方军队需用布鞋、棉被、夹衣等物，汉口市各界抗敌后援会，曾制备一部送往，现时正向各方大批捐制中。

又妇女后援会所主办之救护班，现已毕业，昨日已与后方医院接洽，不日即赶赴院工作。

又讯，平汉线抗敌负伤将士五百余人，昨晨七时许专车运抵汉。学生歌咏队、音乐队等均到站欢迎慰劳，由汉口红十字会会长苏汰余率救护队长张汉卿带领担架队，将重伤将士用床护送至王家巷度（渡）码头，送赴第十五陆军医院疗养云。

原载于《大公报》1937年9月23日

东南医学院决迁武昌

临时仍在沪开课

东南医学院真茹校舍，自被敌机炸毁后，南市沪军营校舍，亦因战事关系无法继续。据该院院长郭琦元谈，本院自沪战发生后，及［时］腾出校舍为红十字会设立伤兵医院，本院医生，在四、五、六三级者，并即出动服役，为伤兵治疗。惟敌机蓄意毁坏我文化机关，并违反国际公法，轰炸伤兵医院，屡次前往真茹轰炸，将本院房屋完全炸毁，内部仪器除一小部分于事先已迁出外，大部均遭损坏。本院自一·二八后，惨淡经营，至今始复旧观，无如又遭敌机炸毁，殊堪痛恨。至于本学期开学事宜，因本院南市沪军营校舍，亦因战事关系，无法开学，现本院学生，除四、五、六三级数百人，均已全体出动服役外，一、二、三三级学生，共有三数百人，正在通告登记中。此后拟［于］比较适合战时教育地区开办，惟因本院课程仪器，于其他大学不同，故决单独迁设于武昌，正派员接洽之中。但一切迁移颇费时日，非一时可能成事，故临时开学办法，暂拟在萨坡赛路本院医院内上课。我国医药人才亟待训练，值此战时，尤感需要。本院虽遭敌机摧残，但吾人并未灰心，益将奋勉努力，设法恢复。至教程问题，原系六年毕业，内以四年课读、二年实习，惟来人感觉在此非常时期，不应浪费光阴，故决将其中四年教程尽可能缩短为三年完毕，对学问上并无问题，同时将实习二年加为三年，为国服役，此对国家不负训练人才，对个人可以增长经验，至为切要。

原载于《申报》1937 年 9 月 24 日

华中红十字会计划调集外县医师来汉

【本市特讯】武汉三镇中外人士近以敌机到处肆行轰炸，残酷野蛮，不能述状，致我前方士兵及后方非战斗员之民众，被炸伤亡者甚多，特组织华中红十字会，从事救济伤兵伤民。日来正募集款项，并设法充实各医院医师及医药材料。外侨方面日来捐款者颇为踊跃，有德侨数人已捐款三千元，英、美、法各国侨民之捐款亦称是。并闻该会计划，拟将外县医师调集三镇，以充实救护力量，但事实上伤兵伤民不能集中时，则将派遣医师分赴各县服务云。

原载于《大公报》1937 年 10 月 1 日

国际友谊社捐款一万元

【又讯】武汉国际友谊社，昨晚八时假汉口商业大楼第一次特别会议，到各国侨商七十余人。聚餐毕，由主席郭泰祯局长报告开会宗旨，继请华中万国红十字会副会长及劝募组组长英国总领事默思演讲。默氏略谓：该会募款已达三万三千余元，但以武汉三镇汇集伤兵及病苦难民日多，公、私立各医院及民众爱国团体，虽热心救治，终不免心有余而力不足。华中万国红十字会可参加服务之机会无穷，刻已在郑州设病床三百具，本地各项工作，亦在推进中。惟以事工浩繁，而经济力不足，国外募捐，尚须五十日始可源源而来。在此远不济急情形之下，深望我武汉素具国际兴趣之外侨，解囊相助云云。默氏词毕，郭主席起立代表全体社员向默氏致谢，并征求与会人员对于捐募之意见。当有英人易普时君提议：自该社存款拨一万元捐上，由美人彭思生附议，全体一致通过。郭主席即离开主席地位，以中国国民资格向各友邦人士致谢，至十一时，全体尽□而散。

原载于《大公报》1937 年 10 月 2 日

万国红十字会积极筹划救护来汉受伤战士

【本报特讯】华中万国红十字会昨接南京卫生署电称，最近将有伤兵五千人陆续来汉，请予设法安插收容等语。该会副会长、英国总领事默思于昨日下午在英国使馆召集各陆军医院及各市立、私立医院负责人谈话时，除讨论收容前日到汉之伤兵之分配详细办法外，并谈及将到之伤兵如何安插。关于前日已到之伤兵一千余名，已决定由梅神父医院收容二百、普爱医院七十、天主教医院一百、协和一百，余悉安置于陆军第五医院。至于续将抵汉之伤兵，因现时各医院收容额多已告满，实属无法再行安插，决由红十字会负责另觅其他地址，以便医治。

又市政府昨亦接到南京卫生署同样电示。据市府方面表示，汉市日来所收容之伤兵已多，此后续来伤兵之收容处所，已成问题。故已电询卫生署，是否可拨至他处，或送至汉市附近，另辟新院安置。关于药品，市上亦感缺乏，因日前在香港购办之医药用品，至今尚未运到云。

原载于《大公报》1937 年 10 月 5 日

蒋夫人电复驻汉英领嘉许会中工作

【本市消息】华中万国红十字会自成立以来，工作颇为积极，英驻汉总领默思曾代表该会，致电蒋夫人宋美龄女士，请予赞助。闻默思氏已于本月二日接得蒋夫人英文复电，允为该会赞助人，并对该会工作予以嘉许及赞勉，兹将蒋夫人原电移译如后：

汉口英领事馆默思先生勋鉴：承先生电告，武汉万国红十字会推举鄙人为贵会赞助人，不胜欣慰。贵会及社会全体，在此国难时致力救助工作，委员长及鄙人同深嘉慰。以中国每届忧患之际，辄闻汉口方面，有热烈救济精神之高度表现，诸君今日所作义举，只是循辙前进。回念过去汉口外侨及本国民众之热情善行，吾等已有丰富经验与认识，当能博得各方同情，关于鄙人得参与其间事，益觉欣幸不置。此时中国为保护领土人民计，不惜与残忍敌人作殊死战，无疑地已踏入于历史上未有之空前恶劣境遇。但当中国正达到较光明较优良之生活，正逢全国统一完成，正希望为中国及全世界谋和平幸福更加发展之际，彼敌人乃加以压迫屈服之极不人道行为，适足以震撼世界各国耳。今武汉被伤害之灾民，即一般压迫弱国前所未有之最残暴最不人道之被害者，谅诸君正在注视，怛恻何如鄙人及众灾民。兹幸闻贵会诸君正为一般贫病伤残流离无告者，准备慈航，施行普度，感激之深，何可言喻。特电奉复。宋美龄印，冬（二日）。

原载于《大公报》1937 年 10 月 6 日

华中万国红十字会求助部昨招待各界参观

【本市消息】华中万国红十字会于月前在汉成立，近该会设立一求助部，由南星颜料行长美人爱德华氏负责主持，另由马圻源、孙学安二君襄助办理，办事地点设于惠罗公司旧址二楼。半月以来，进行向国外求助工作甚为努力。昨日下午四时，该会会长吴国桢、副会长默思两氏联名柬请汉市中外名流前往参观求助部工作，计到百余人。首由吴国桢致开会辞，略谓：此次邀请各位参加，希望于此会中各位能捐助本会所急需之邮费用款。旋由该会副会长英总领事默思致词，大意：予今日以外人同时又为本会之主持人之一之地位，希望我给你们帮助，同时你们亦给我们帮助等语。次爱德华氏向来宾报告求助部工作，略谓：求助部现决定发出向世界各国人士求助信一万六千五百五十封，内以一千封分致各国报馆、一千封分致各国大公司、五百封分致各国银行、一千封分致各国大学、一千封分致各国各地商会、二千封分致各国俱乐部、一千五百封分致各国妇女俱乐部、二千封分致各国教会及主日学校、一千封分致各国男童［学校］、五百封分致各国女童学校、五十封分致各国广播电台、五千封分致各国富有主妇。所有求助信件，现正由市一、心勉、明善、□文、圣罗以、武汉、育贤、圣嘉纳、圣若瑟等女子中学及光华、汉光、□汉会计学校、市一中、市女□、汉江、震旦、商职、华盛顿等校男女学生及外籍学生，日夜□写中。关于向法国方面求助信件，则由义品大班恩色耳负责。惟以求助部信件如是之多，所费邮资甚巨，希望各界予以捐助。截止目前止，捐助邮资者，有函中公司一千元、□□一千元、南□公司三百元、□□□二百元、黄文植负责募集一万元。华人方面，如有急需捐助邮资者，可送校□业赈行医会□公处云。闻所有信件，一月内可书写完毕，分别发出。各界如能以零数邮票捐助，该会亦所欢迎，兹志求助信之一种于次：

求助信

亲爱的国内朋友们，你们曾听见过那些满载着死亡与毁灭的飞机，在我们头上□吼啸，你们曾见过那些为悲伤而半发疯的母亲们，在她们已经坍毁的房屋的瓦砾里希图救出她们小宝贝一点零解的肢体吗？在写这封信的时候，又有五千受伤的到了汉口。正在这时，空袭警报又在警告人们，在□□□□，恐怕又要有成百□□的人名□鬼□了！我们为那些未死受痛苦的人们，□□□。

呼吁求助

中国是一个有忍耐性而爱好和平的民族，现在正是自卫抗战，可是恐怖的战争正在人烟稠密的城市的上空，轰炸非战斗员，有许多受伤者，都由华北华南华东来到华中。我们内地的城市又天天遭到空袭，一百五十多个教会或私立医院，是正在急需医药及经费援助，而期待着我们的接济。汉口区的民众现在因为淞沪战争，与上海的交通断绝，因为华北的战事，与北平的交通断绝，汉口急需要一个纯粹独立的红十字会，募捐募药，救济那些受伤与罹难的。我们的会长是汉口市市长吴国桢博士，副会长是英国总领事默思先生，其余会员中有美国总领事及其他各国领事、天主教及中外商界同人，我们需要，并且切望你们各个人的帮助！但是这还不够，我们请求你们把这种恐怖的紧急事件，转告友人及各团体，并请他们深切的注意！捐款请用电汇，或由中国汉口汇丰银行或花旗银行收转万国红十字会会计处。即或你的捐款很少，亦能救济或救活一部分可怜的受难者。倘使你的捐款很多，也都直接用在救济伤兵与罹难的民众！寄这些求助信邮费，都是一般苦力们所捐的血汗钱，和孩童们节省饭食的钱，我们把这种神圣的工作，托付你们，我们请求你们为人道为西方人的声望，慷慨的捐助！华中万国红十字会。（按此信系该外籍委员分致其国内亲友者）。

原载于《大公报》1937 年 10 月 13 日

简 讯

湖北省党政军联席会议，定明日下午五时假盐业银行大楼举行茶会，招待华中万国红十字会负责人员，昨已由何主任具名发出请柬。西人方面被邀请者，计有英、美、意、德、芬兰、丹麦、葡萄牙等驻汉副领事等多人云。

原载于《大公报》1937 年 11 月 3 日

何主任昨举行茶会招待红会职员

【本市消息】湖北党政军联席会议主席委员何成浚氏，于昨日下午五时，假盐业银行大楼举行茶会，招待华中万国红十字会负责人员。到有英总领事默思、副领事惠脱摩，美总领事卓斯麟、副领事贾伟斯，法总领事博龙德，义（意）总领事施礼芬，德国代总领事沙亨、参事俊特尔，芬兰领事詹逊，丹麦领事白斯美，葡萄牙领事彼尔城角及哈尔、克良，天主堂天主教希贤、吴德施、爱德华、马克及黄文植、贺衡夫、周星堂、郭泰祯等数十人，略进茶点后，由何主任说明召集茶会意义后，由英总领事默思致答词并报告华中万国红十字会工作情况及计划，至六时半始散，兹志何主任演词于次：

何主任演词

今天承诸位光临，非常感谢。我们国家因受日本残酷的侵略和压迫，实在再无法忍受下去，故只有对侵略者予以抗战。中国为爱好和平的民族，从不愿与任何国家发生战争，此次抗战，实因感受压迫太重，无法摆脱。此次抗战期中，关于后方救护工作，极为重要，华中万国红十字会诸位先生有见及此，热心赞助，十分努力，使我后方医院和医师，均感到一种便利和鼓励，并且使每个受伤的将士，得到身体和精神上的快慰，早复健康，更向世界各国呼吁，暴露了日寇的残忍，博得国际间的同情和援助。这种为人道为正义工作，实在使我们钦敬，现在谨代表全国的同胞，向各位致最敬的谢意。

我们中国政府和人民，向来均深愿在平等原则上从工商贸易和各友邦携手，共同寻求人类的文明与幸福。但是日本对我国不断侵略，我国虽一再忍受，犹不能满足其欲望，近且占领我土地，毒化我民族，轰炸残杀我人民，破坏东亚和平，危及全世界。我国如再忍受，任其荼毒，是不啻甘受灭亡。因此为了中华民族的生存，为了世界的和平，不惜对日作彻底的抗战。现在对于战事的未来，胜利固然不知属于何方，但我国此次抗战，已具最大决心，任何牺牲在所不惜，我相信最后的胜利，必属于我！所最希望者，即各友邦人士主张正义，维持人道，予我一精神上之援助，使世界和平自此而益形巩固。

原载于《大公报》1937 年 11 月 5 日

妇女慰劳总会迁汉工作

（汉口）妇女慰劳总会迁汉工作，全体工作同志，已于廿五日由沈慧莲、傅学文两女士，率领抵汉。（二十六日专电）

原载于《申报》1937 年 11 月 28 日

华中万国红会劝募难民收容所基金

【本市消息】华中万国红十字会近数日来又收到国内外人士大批捐款，尤以英美两国人士最为热心，计先后收到捐款已达国币二十二万二千零八十三元，英镑一千零二·二英镑，美金六百六十元。该会日来并收到华中各地人士来函，求设立难民收容所，所需之款项极大，现除拨款七千元，已在河南许昌及开封两处设立，收容难民一万五千余人外，如将来在湖南、湖北、江西及河南普遍设立时，当更需大批款项，故现已开始向中外各界人士募捐基金。据该会负责人表示，现时战区日益扩大，此项救济难民工作，亟待进行，深望中外人士积极援助进行，钱财固为急需，即破旧衣服用品亦所欢迎云。

原载于《大公报》1937 年 12 月 14 日

外侨热心演剧筹款

【本市消息】汉口外国外交界人士及英国驻汉海军人员为华中万国红十字会及国际医院筹款，特定于十五、十七、十八三日晚九时在维多利影剧院排演《近官得贵》歌唱三幕剧，票价分一元、二元及三元三种，届时闻各国使馆人员等均出席参观云。

原载于《大公报》1937 年 12 月 14 日

红会成立医疗队

【中央社讯】中国红十字会总会秘书长庞京周，自日前由港抵汉后，即着手调整该会机构。盖自上海沦陷后，沪总会已不易指挥其全部事业，而该会前在苏州、杭州、松江、昆山、南京、保定、芜湖等处设立之医院，以局势关系，所有医护人员现均集中西安、南昌、汉口待命，总计不下七百人。兹为适应环境及继续实施救护工作起见，不得不彻底改编，经会同该会救护委员会代总干事林可胜教授详筹办理，编竣者已有甲、乙两种医疗队十六队，分担大手术及绷扎任务，每队包括医师、护士、事务员等二十人，每队每月经费预计为国币一千二百元，且有数队业已出发平汉、赣湘两路，实施救护。此种医疗队特点有四：（一）技术及医疗器械俱极优良；（二）人数少而移动方便；（三）男女分队工作，前后方支配适当；（四）经济而易于举办。惟该会现状对于医疗器械及药物因战初竭力储备，现存尚多，人才除外科高级医师及良好之男护士外，其他人员反见过剩，尤以现款不能与人才药物成相当比例，因此不克将事业扩展举办。而国外侨胞及友邦人士又仅源源寄赠药品，将益使此比例倾倒，故深盼此后慈善家多捐现款，以调解之。且该会新制每医疗队每月开支不过一千二百元，则单位既小，筹集似易，倘蒙捐赐一队之经费三个月，则该会以该队队名赠送与捐款人，以扬仁风云。

原载于《大公报》1937 年 12 月 15 日

分会近讯：钟祥分会改选职员

湖北钟祥分会成立于民国十九年，迄已八载，在上年十一月间遵照管理条例及分会章程召集全体会员大会，开会选举第三届理监事会，推选周思熙为会长，黄云程、范嵩山为副会长，关庆龙、邓书城、张玉如为常务理事，赵凤飞为理事，张正斌、戴之麟、陈志鸿为常务监事，周厚卿、雷震为监事，业经呈报总会备案矣。

原载于《中国红十字会月刊》1937 年第 19 期

分会近讯：襄阳分会改选职员

襄阳分会于本年一月二十六日召集全体会员开第七届选举大会，当经襄阳县党部、县政府均派员莅会，参加指导并监选。投票结果选出理事七人，监事五人，复由当选理事选举正副会长，并互选常务理事三人，至当选监事，亦互选常务监事三人。其名单如下：会长龚恒甫，副会长娄协华、陈鸣霄，常务理事杨吉生、王干卿、孙晚芳，理事季子扬，常务监事庞牧三、杨瑞僧、郝佐卿，监事张梓全、杨云阶，业经呈报总会备案矣。

原载于《中国红十字会月刊》1937 年第 22 期

分会近讯：大冶分会新选职员

湖北大冶分会成立于民国七年，兹以遵照管理条例，乃于四月一日召开第七届会员大会，改选职员。当经党政机关派员出席，监选结果：选出理事七人，监事五人，成立理事会、监事会。后由理监事联席会议选举梅悦臣为会长，郭鹤年、朱芹香为副会长，姚碌民、汪悦先、李质卿为常务理事，叶熙臣为理事，汪笑词、陈南山、陈济川为常务监事，陶绥之、张国珍为监事，并另聘叶德之为名誉会长，同时宣誓就职，并呈报总会暨主管机关核准备案云。

原载于《中国红十字会月刊》1937年第24期

摘录各报在战时关于本会之新闻：华中红会在汉成立

汉口华中万国红十字会委员会八日下午五时在汉成立，到英、法、美、德、意等国总领事及侨商领袖并我方各界领袖共五十余人。吴国桢主席报告设立宗旨，推定吴国桢、黄文植、李尧卿等及各国领事、侨商四十人为委员，吴国桢为主席，英总领默思副之，执委会下设劝募等六小组。八日中央社电。（民国廿六年九月十日《申报》）

原载于《中国红十字会月刊》1937年第28期

摘录各报在战时关于本会之新闻：华特维尔由汉飞京

中央三日汉口电：万国红十字会代表华特维尔偕中国红会庞京周三日在汉出席华中万国红会委员会议，并定四日晨乘中航机飞京。（民国二十六年十一月四日《中华日报》）

原载于《中国红十字会月刊》1937年第30期

摘录各报在战时关于本会之新闻：万国红会代表华特维尔赴日

日内瓦万国红十字总会代表华特维尔上校奉派来华视察中国红十字会伤兵医院组织情形，于上月抵沪后，即由中国红十字会秘书长庞京周博士领（引）导赴各地视察，已逾月余，任务业已完毕，于日前由京返抵本埠。据大佐（上校）表示，在汉口、南京、苏州等各地视察红十字会伤兵医院及军医院，对各院组织及运用方面均感进步，惟各院对技术人才及救伤药品，恐因此后战时移往内地而发生困难，尚幸得英美等国接济，或无匮乏之虞云云。现华特维尔大佐（上校）定于明日由沪乘日邮船上海丸东渡赴日，此行系应日本红十字会之邀请，亦系前往视察，同时关于医药品运抵中国问题，将与日方作最后洽商，保得不生阻碍，在日约有一二周勾留后，即行返华盛顿向总会报告视察经过云。（民国二十六年十一月十九日《大公晚报》）

原载于《中国红十字会月刊》1937年第30期

摘录各报在战时关于本会之新闻：何成浚招待万国红会人员

（汉口）何成浚四日下午五时招待万国红十字会负责人员茶会，到英、美、法、义（意）、德、芬、丹、葡各国总副领等及天主堂主教暨政、商两界数十人，由何说明召集茶会意义，英总领默思答词，并报告华中万国红会工作情况及计划，至六时许始散。四日中央社电。（民国二十六年十一月五日《申报》）

原载于《中国红十字会月刊》1937年第30期

摘录各报在战时关于本会之新闻：爱尔兰赛马募款救济我伤兵难民

中央社汉口十日电：爱尔兰慈善义务赛马公会董事长麦克格拿斯同情我国，日前特在爱尔兰举行赛马数日，凑足英金五千磅，合洋八万四千余元，十日由汇丰银行汇汉，交华中红十字会，作救济伤兵、难民医药费之用。该会收到后，特去电致谢云。（民国二十六年十一月十一日《民报》）

原载于《中国红十字会月刊》1937年第30期

红十字总会医疗队编竣

【本市消息】中国红十字会总会，自将原在各地所设医院及救护队等，集中汉口之全部医护人员，由该会救护委员会彻底实施改编以来，编配业已大体竣事。兹将救护队名称一律改称医疗队，协助各地军医院，实施大手术及一切治疗工作。计经编竣者共三十七队，分甲乙两种，每队包括医师、护士、事务员等共二十人；甲种医疗队可担任大手术，乙种则仅担任绷扎，分南、北、中三路，除南路正准备待发外，北、中两路业已先后出发，其支配如次：

北路

大队长齐清心，副大队长张先林、桑沛恩、罗明远。在西安者有：第十队（男）队长万福恩；第二五队（女）队长邵振德；第七队（女）队长宋文楷。在延安者有：第二三队（男）队长王禹恩；第二□队（男）队长桑沛恩。在潼关者有：第三队（男）队长张先林。在郑州者有：第一队（男）队长江凯熙；第五队（男）队长朱裕璧；第九队（女）队长杨树瑞；第三五队（男）队长成正田。

中路

大队长董秉奇，副大队长墨树屏、纪长庚。在南昌者（东线）有：第二队（男）邵幼善；第四队（男）队长纪长庚，第六队（男）队长陈化东。在汉口者（西线）有：第八队（女）队长柯宝琳；第十四队（男）队长汤蠡舟；第十二队（女）队长牛席卿；第十五队（男）队长钱继昌；第三四队（男）队长陈兆昌。在长沙者（西线）有：第十六队（男）队长徐崇恩；第十七队（男）队长章裴成；第十八队（女）队长段蓉贞；第十九队（男）队长徐文涛；第二十队（男）队长陈维莘；第二一队（女）队长凌筱瑛；第二二队（女）队长林斯馨；第二四队（女）队长管葆真；第三七队（女）队长周美玉；第三十六队（男）队长林泉流。在祁阳者（西线）有：第十三队（男）队长王贵□。

经费

此外尚有荣独山之爱克斯光队，队员共二十人，有最新式之爱克斯光机二十余部，随时流动应用。所有各队出发前，亦均携带足用之医疗器械及药品。惟此项医护人员总数达七百余人，每月药械等经费需用浩繁，计甲种医疗队（男）每月经常费预计为一千二百元，乙种医疗队

（女）每月经常费预计为七百元，故甚盼各界热心慈善仕女捐款维持每一单位，如能捐款维持三个月以上者，则该会即将该捐款人台衔，命名为该医疗队，以扬仁风。

原载于《大公报》1938 年 1 月 2 日

港团体捐款维持红十字会医疗队

（中央社讯）中国红十字会总会驻汉办事处，自将各地退集汉市之全部医护工作人员七百余人，会同该会救护委员会彻底实施改编为医疗队以来，业已竣事，并先后派往西安、延安、潼关、华阴、洛阳、郑州、信阳、南昌、长沙、衡阳、祁阳及武汉三镇等地，协助各该地军医院工作。惟该会以事业庞大，药品材料之购备需用大批金钱，前曾请求各界捐款维持。现闻该会第一、三、四医疗队经常费，已由香港国际医学筹赈会、中华医学会、中国妇女慰劳会等三团体承认，自本月份起，按月捐助三队各一千二百元，该会除将第一队更名为国际医学筹赈会医疗队、第三队更名为中华医学会医疗队、第四队更名为中国妇女慰劳会医疗队外，尚盼各界闻风兴起，踊跃输将，以竟救护事业之全功。

原载于《新华日报》1938 年 1 月 15 日

简　讯

汉口红十字会组巡回治疗队两队，每日赴各难民收容所治疗染疾难民。

原载于《申报》1938 年 1 月 15 日

武昌红十字会成立重伤医院

共设两部今日即开始收容

（本市消息）武昌红十字会分会，为扩大救济事业，昨特成立重伤医院两部，第一部设武昌平阅路，第二部设武昌黄龙寺，各院设备完善，今日即可开始收容。又该分会刻正大举征求名誉会员、青年会员，以便扩充救济事业。日来加入者极为踊跃，并为保障会员起见，已请总会核准编发会员门牌，以资识别。

原载于《申报》1938 年 1 月 17 日

国际红十字会代表返日内瓦

（中央社日内瓦十五日哈瓦斯电）国际红十字会曾在去岁九月间遣派代表瑞士人华脱维尔上校前往远东视察战区，准备援助中日两国红十字会，昨已返此，十五日曾向国际红十字会执行委员会报告经过情形。据说中国红十字会进行工作极其努力，至渠离开中国时，所委托之代表瑞士人高朗医师，现在汉口方面继续为中国红十字会服务。

原载于《新华日报》1938 年 1 月 17 日

简　讯

武昌红十字会所设两重伤医院近日开始收容，该会并大举征求会员。

原载于《新华日报》1938 年 1 月 17 日

武昌红十字会充实救护工作

设救护掩埋等队

（本市消息）武昌红十字分会，昨召集全体会议，尹仲清主席，研讨良久，佥以救护事业重要，当一致议决，分设救护总队、担架总队、掩埋总队，并推易蓝先、尹仲清、唐亚生、周福田、傅炳如、段海等分任三队正副队长，规定队员二十人至四十人，限即日成立，以便定期检阅。至各队设备，均有充分配置。

原载于《申报》1938 年 1 月 19 日

政院拨款三万元救济难民

基督教协进会筹备派员，分赴浔郑等地照料一切

（本报特讯）蒋委员长及鄂主席何成浚，曾准各拨五万元救济难民，现闻行政院方面，亦拨三万元，指定以二万元救济鄂属各县难民，一万元救济汉口市难民。华中红十字会，亦捐两万元，办理救济。惟居留武汉难民，因车船未接洽妥当，尚未实行疏散，而他方难民，仍源源而来，在未集中武汉以前，沿途极感痛苦，现由基督教协进会发起，筹备派员分赴长江下游九江一带，及平汉路郑州以南各地，为来汉避难之人民，料理一切。除自行募捐外，华中红十字会，并于所捐之两万元中，划拨八千元，交由该协进会支配，蒋委员长，亦拨款相助。

原载于《申报》1938 年 1 月 20 日

武昌红会先设中西治疗所

（本市消息）武昌红十字分会重伤医院，因设备赶办不及，为应急切需要，先设中西医治疗所一所，仍假原新中医专校为所址，即日开始应诊。

原载于《申报》1938 年 1 月 22 日

疏散武汉难民

车船不敷时沿公路步行，途中伙食每人每日三角

（本市消息）武、阳两地收容之战区难民，截止前日止，为二〇六九名，分居十三个收容所，此项收容所有五所为非常时期救济委员会经办，二所为红十字会经办，其他则系华中万国红十字会委托天主堂主办者。难民待遇，大致均系每日给与口粮一角。兹志鄂省府，前日须怖之疏散运送等办法主要内容如左：

疏散办法

（一）疏散武汉难民，暂指定潜江、石首、公安、松滋、枝江、江陵、宜昌、宜都等八县，设法收容。在车船问题无法解决之前，并先指定汉川、嘉鱼、黄陂、孝感、云梦、应城等县以步行方法疏散之。（二）由武汉难民救济两支会，对所收容难民，应即查收具志愿移居县份，对移居县份不加选择者，册报鄂省难民救济分会，酌量分配，并发难民证。（三）遣送难民，每人应发给难民证一份，并由各原收容机关就难民中指定，或由难民推定若干沿途照料，并应事先起程日期及难民人数、性别电知到达地县政府，准备给养及宿舍，或分散收容。（四）各县市到境难民，应即分散收容，其应移送安全地点，或遣送回籍者，应由各县市政府或支会将难民人数及其志愿到达地点，呈报难民救济分会。（五）各县长及救济支会，对资遣难民过境及疏散收容，不得藉故拒绝。

原载于《申报》1938 年 1 月 24 日

简　讯

武昌红十字会为救护伤兵、难民起见，特组织救护、担架、掩埋等队。昨日下午五时在该会举行成立大会，并定于本月二十八日举行检阅。

原载于《新华日报》1938 年 1 月 26 日

武昌红十字会成立救护等三队

定廿八日大检阅

（本市消息）中国红十字会武昌分会筹组之战区救护、担架、掩埋等队，现已编配就绪，昨日正式成立，各队设备均甚充实，并定二十八日由总队长易蓝先举行大检阅，以资实习。

原载于《申报》1938 年 1 月 26 日

抗敌后援会组宣传大队

分五组积极工作

（本市消息）汉市各界抗敌后援会，组织宣传大队，派廖应钟为大队长，该队分演讲、音乐、戏剧、话剧、歌咏五组，参加者有江苏大同音乐组、苏州抗敌后援会宣传队、孩子剧团、上海戏剧研究会等十余团体，并规定讲演组担任难民□育，音乐组担任各伤兵医院娱乐，孩子剧团、戏剧研究会担任贫民区域宣传。该队连日已分在各伤兵医院、各难民收容所积极工作。

原载于《申报》1938 年 2 月 3 日

汉红会开办难民产妇病院

并组施种队种痘

（本市消息）汉口红十字会，开办难民产妇医院，收容已达百余人，同期组织巡回治疗队两队，轮赴各收容所为难民诊治疾病。昨并成立两个种痘队，派姜桂聪、杨国华为队长，由医院院长高光述、理事王保民监督指导，即日起分往难民所施行种痘，以保健康。

原载于《申报》1938 年 2 月 5 日

汉红十字会开办难民产妇医院

汉口红十字会，以各难民收容所孕妇分娩极感困难，特开办难民产妇病院，收容共达百余人。并因难民所距离辽远，已组织巡回治疗队两队，轮赴各收容所为难民诊治疾病。昨又成立两个种痘队，派姜桂聪、杨国华为队长，由医院院长高光述、理事王保民监督指导，即日起分往难民所施行种痘，以保健康。

原载于《新华日报》1938 年 2 月 5 日

简　讯

中国红十字会常委林康侯，昨晨十时至武昌实操红十字分会，今日视察汉口分会。

原载于《申报》1938 年 2 月 19 日

又　讯

汉口红十字会昨在药王庙成立难民病院，专收重病难民。

原载于《申报》1938 年 2 月 21 日

中国红会进行防疫工作

【中央社讯】中国红十字会近以时届春令，疫疠将生，为求防患于未然起见，正积极筹备组织三大卫生队，会同国联防疫委员会及我政府组织之防疫大队，办理军民防疫工作，先由各种预注射种痘及改良环境卫生、传染病、检查防治等着手云。又该会常务理事林康侯，日前曾偕职员数人赴汉口分会及武昌分会所设之难民收容会办理救护工作之努力不懈，实深嘉慰，并拟予以药品材料之补助云，

原载于《大公报》1938 年 2 月 22 日

难民收容所设教室授课

推进难童教育

（本市消息）汉市党部、市府、难民救济委员会、妇女慰劳分会、市后援会等合组之难民儿童教育委员会调查，七十一处难民收容所中，共有难民儿童一千四百人（五岁以上、十五岁以下），难民中具有小学

师资者一百五十九人，所中可设教室五十七间，共容四千人。经商就妇女慰劳分会战事服务团，在十三处较大难民收容所中，先行设立教室，开始授课，已办教室之收容所，由妇女慰劳分会将教师名册，送会加聘。该会教育股对难民儿童教育实施计划大纲，亦经拟定。并确定每人担任一班，每班教室津贴每月六元、办公费二元。其余各收容所，刻正积极筹备，设立教室授课。

原载于《申报》1938 年 2 月 25 日

德国药品昨举行持赠礼

（中央社讯）德国在华六大著名药房所捐之六箱药品业已运抵汉口，德国大使馆特与汉口市吴市长商定，于昨（八）日下午五时，在安立英堆栈举行持赠礼。

原载于《新华日报》1938 年 3 月 9 日

二千难民分别疏散黄陂等县

（本市消息）鄂难民救济分会为疏散武汉难民，经调查结果，第一期应行疏散者共二千余人，刻已将难民证及费用，发交武汉两支会。自昨日起，该期难民，已分别移送黄陂、宜昌等十四县收容。

原载于《申报》1938 年 3 月 16 日

德红会职员过粤赴汉

（广州内讯）德国红十字会会长诺贝斯，率同会员三人（其中一人系德大使陶德曼之公子），十七日到广州。当由此间德领署派员随同拜访曾市长。是晚，德总领并在沙面设筵欢宴，参加者中外官员数十人，主宾酬酢甚欢。诺会长等今（十八）早十一时赴省府访谒吴主席致敬，吴氏对彼辈此次馈赠药品，表示感谢。该会员出省府［回］复诸人云，渠等此次携有药品二十箱同来，在港时已交我红十字会职员收妥。今（十八）晚自广东趁（乘）粤汉车赴汉口，向陶大使报告，事毕即回国云。

原载于《申报》1938 年 3 月 19 日

简　讯

德红十字会运送药品来华代表陶德曼大使之公子，于昨日下午飞抵汉，日内举行持赠药品礼。

原载于《申报》1938 年 3 月 20 日

简　讯

汉抗敌后援会，以津浦段右翼连日大捷，昨电李司令宗仁致贺。

鄂抗敌后援会昨派慰劳、救护两队赴武昌，欢迎前方归来抗战受伤将士，并致慰劳。

原载于《申报》1938 年 3 月 21 日

大量疏散难民　第一批日内运出

难童保育费确定百四十万，先设四十院武汉为集中地

（本报特写）长期抗战的过程中，救济难民是一桩极繁重而不易解决的问题。以昭政府所定的原则，是“收容”“给养”“疏散”“移垦”四项，不但注意一时的救济，而且打算长久的维持。这是被难的人们所馨香祷祝的！

各战区内遭难的同胞，跑到武汉来的，最初有两万多人，汉口是分着七十八所收容的，零零星星走的，不过三四千人，继续来的，还是不绝于途。因为□的地方小，人太多，天气逐渐温暖，卫生上便不容易注意，于是病的、死的，日有所闻，尤其是小孩子，死亡的更多。因此中

央防疫队、华中红十字会、万国红十字会等，都出来施诊，他们要求与市政府合作，先到各难民收容所去调查研究，从防疫和种痘着手，再谋商设备的改良。然而，根本的问题，还是要疏散和移垦。移垦的问题，因为难民中务农的很少，同时移垦地点，也要事前勘定，所以此刻还只能算是筹备期间。而疏散则确已成为当前的急务了。

疏散难的声浪，轰传很久了，迄未大量送出，当局因此开了很多次会议，统决定了水上运输的办法，由水道运输管理处、招商局、建设厅航业局等三机关，多拨用舟船应用，并决定第一批疏散难民二千，数日内便可以实现。

关于难童的保育与教育，现在有三个机关，一个是难童教育委员会，一个是难民儿童教养团，另一个规模最大的，便是蒋夫人、冯夫人、黄琪翔夫人、郭秀仪女士等主持的难民儿童保育会。这个会对救济难童是广义的、普遍的，凡属抗战殉国将士的遗族、救亡工作人员的子女、战区孤儿，和流离失所的儿童，都是收容保育的对象。不过从事救亡工作人员的子弟，须酌量收费，与其他完全义务保育的，稍有一点不同罢了。

保育会暂定收容十二岁以下的儿童两万人，分别于川黔等处，设四十院，每院暂定收五百人，以武汉为集中地。每个儿童，以每月五元计算，每一院月需二千五百元，四十院便得十万元，连同开办费一万元，和以后的维持费，统需一百四十万元。这样大的一笔经费，是要大家捐助的，已由该会印制捐册，分发各地劝募，儿童应用的物品，也在征集之列。我想：儿童是国家民族的命脉，大家对于救济这些小朋友的义举，一定都乐于解囊啊！

原载于《申报》1938 年 3 月 22 日

红会下期工作

正计划扩大

（本市消息）中国红十字会总会秘书长庞京周，赴港、沪视察总会及办事处工作毕，日前返汉。正与该会救护委员会积极计划四、五、六月份工作，闻将从事扩大及酌增预算。

原载于《申报》1938 年 3 月 28 日

德红十字会运药来华

（中央社讯）德大使陶德曼夫妇昨日午后，在私邸招待方由德国押运药品莅此之德国红十字会代表，并邀中国官员、中国红十字会代表、汉口外侨领袖及德国侨民多人参加。陶氏即席发表演说词称，余今得此机会，将德国红十字会最近派遣来华协助中国红会服务之德籍医生数人，向各位来宾介绍，甚感愉快。渠等此来，带有德国红会所赠之大批药品及手术器械，同时另有一批，系由德国工厂社团及私人捐赠汉口万国红十字会者，对于减少战争之痛苦必将有重大贡献，此尤足引为欣慰之事实。若干外侨，正如红十字会在此所为，现均参加此项工作，同时外国若干团体，亦正作同样努力，以冀减少中国民众现所遭受之痛苦。中国现时遭遇固属惨痛，但已由此造成一种新的合作与善意，此种精神，现正继续生长，其结果对于受赠者与赠予者双方，或将同蒙□利。惟在目前，吾人所较为关怀者，厥为该项药品之运用及各医师工作之直接结果。兹鉴于各国外侨对战时救济工作之各部门均极关心，余深信各医师所到地方，如有所需，必能获得各种协助，俾援助不幸遇难者之工作能得事半功倍之效，同时并对各友邦之将来合作与友谊树一根基。

原载于《新华日报》1938年3月29日

汉国际委员会收国内外捐款

中国红十字会在此抗战期间对于伤兵之救治、难民之救济工作，颇为积极，其所用经费及药品等除由政府补助及在国内募捐外，海外侨胞及各国红十字会、宗教慈善团体亦多热心捐助。故为接洽便利起见，在上海、广州及汉口三处有国际委员会之组织。汉口国际委员会成立于去年九月，以汉口市长吴国桢为主席，英驻汉总领事摩（默）斯副之。该会所收到之捐款及药品，截至本月八日止计共九十万零九千二百余元，其中约八十万元为现款。该款大部在国内捐得，约十二万元，卫生署亦补助二十万元，其余为海外寄来之捐款，以英国为最多，计现款二十万余元，药品约六万六千余元，美、坎（加）拿大、洪都拉斯、法次之。此外，尚有瑞典、印度、南非、澳洲等地亦热心捐助，可见世界人士对我抗战之同情。至于该会对收到捐款及药物支配，截至二月廿五日止，计补助各难民收容所及医院、教会等约现款三万六千余元，病床及医学器械等约三万七千余元，并以现款十三万余元，补助武汉三镇及鄂豫湘赣鲁皖陕浙苏各省内之医院，又以现款十万余元补助各教会医院，其余十一万余元，补助各方为救济难民之用云。

原载于《新闻报》1938年4月10日

中华民国红十字会总会
驻汉办事处征求医护人员启事

自战事进入第二阶段以来，各地请求本处派遣医疗队前往协助工作者纷至沓来，而本处原有之医疗队五十队遂致供不应求，深感不敷分配，亟拟扩充增编以应需要，并拟加编救护队出发前线工作。凡正医师、护士或曾受救护训练之学员能不辞艰苦、志愿服务者，请于每日上午十时至十二时、下午二时至五时，随带最近二寸半身照片一张，暨履历证明文件等，前来本市特三区怡和街一号本办事处接洽登记，如有外埠医护人员志愿加入者，请来函报名，先行登记，此启。

原载于《大公报》1938年4月13日

汉口红十字会工作概况

八阅月来成绩显著

（本市消息）汉口红十字会，自全国抗战以来，即策动大规模之救护组织，推进战时救济工作，迄今八阅月，成效显著，记者昨晤该会秘书王□民详述救护组织及工作。兹志梗概如次：

一、组织救护委员会，除以正副会长为当然委员外，并以参加各团体推定之代表一百十五人为执行委员，共同组织执行委员会，处理一切会务。又设训练、供应、人事三个专门委员会，召集学员，教以防空防毒常识、急救担架各术。第一期学员毕业者计九十五人，第二期二百五十人，第三期正召集训练中。

二、受伤将士，折臂继（断）肢，丧失自由，痛苦异常，爰组织救护担架队，设备最新式担架一百付，召集担架夫役二百名，分配队员二十组。自去年九月迄今，护运伤兵凡一百二十四次，重伤轻伤三万六千五百余名。至非常时期之尸棺、掩埋，极属重要，本会关于掩埋工作，组有掩埋队，率队员夫役划分三组，第一组收检组，检收一切尸棺；第二组为运输，夫役十名，担任搬运；第三组为掩埋，夫役二十名，在各处挖窖掩埋。

三、战区难民，逃至武汉，颠沛流离，衣食维艰，加之有染重症者，言之心痛。爰组巡回治疗队一队，逐日分赴各难民收容所治疗。近月来，计诊愈难民达六千余人，并于医院门诊添设免费号，使难民随到随诊。为保全难民生产计，特在本院划出产床五十号，收容难民孕妇，经接生诊愈出院者，计八十八人；现留院分娩者，尚有二十一人。更为防止天花传染，除在本院种痘外，又组织种痘队二队，分赴各收容所施种。此外，并开设难民病院，收诊重病难民计八十六人，至于病人伙食针药，均系完全免费。

原载于《申报》1938年4月16日

汉红会之救护工作

【本市消息】汉市红十字会，自全面抗战以来，该会即策动大规模之救护组织，推进战时救济工作，迄今八阅月，成效显著。记者昨晤该会王秘书，据谈，本会为国际慈善法定团体，以博爱恤兵、救护伤亡为天职。兹值国难当前，对于救护工作，自应尽其所能，以期增强抗战力量。爰依据本会理监事会组织规程规定，组织救护委员会，以平日训练救护人才、储备救护材料、组织救护机关、办理救护为目的。除本会正会长苏汰余，副会长江述之、陈经畬为当然委员外，并以参加各团体推定之代表一百十五人为执行委员，共同组织执行委员会，处理一切会务。又设训练、供应、人事三个专门委员会。复以战地救护，与士兵的冲锋陷阵，在战中有同等重要，乃特设救护训练班，召集学员，教以防空防毒常识、急救担架各术。第一期学员毕业者计有九十五人；第二期二百五十人；第三期正召集训练中。并组织救护担架□□一百付，召集担架夫役二百名。自去年九月迄至现在，护运伤兵凡一百二十四次，重伤轻伤三万六千五百余名。至于掩埋工作，本会亦组有掩埋队，队员夫役划分三组：第一组为收检组，检收一切尸棺；第二组为运输组，夫役十名，担任搬运；第三组为掩埋，有夫役二十名。关于救护难民，本会曾组织巡回医疗队二队，逐日分赴各难民收容所治疗疾病。近月来，计诊愈难民达六千余人，并于医院门诊添设免费号，使难民随到随诊。为保全难民生产计，特在本院划出产床五十乘，收容难民孕妇，经接生诊愈出院者，计八十八人，现在留院分娩者尚有二十一人。并为防天花传染，又组织种痘队二队，分赴各收容所施种。此外并开设难民病院，收诊重病难民八十六人，病人伙食针药，均系免费云。

原载于《大公报》1938 年 4 月 16 日

救护伤兵捐款

本报代收救护伤兵医药捐款，昨日计收国币一千〇一元九角正，连前共收国币二万一千一百九十三元五角二分五厘正，除九次共送交红十字会汉口办事处国币一万八千元外，实存国币三千一百九十三元五角二分五厘正。

原载于《大公报》1938 年 4 月 17 日

汉红会续办救护训练班

（本市消息）汉口红十字会，近为广备救护人才，特续办救护人员训练班。已呈奉核准，即日起招考及格人员予以训练，毕业后即派充该会救护工作。

原载于《申报》1938 年 4 月 24 日

简　讯

汉口红十字会近为广储救护人才，特续办救护人员训练班，业已呈奉□□核准，即日起招考及格人员予以训练，毕业后即派充该会救护工作。

原载于《新华日报》1938年4月24日

救护伤兵捐款

本报代收救护伤兵医药捐款，昨日计收国币一千二百三十一元〇九分正，连前共收国币三万三千二百十九元八角五分五厘正，除十四次共送交红十字会汉口办事处国币二万九千元外，实存国币四千二百十九元八角五分五厘正，昨日因系星期例假，故今日可续拨捐款，送交红会驻汉办事处。

原载于《大公报》1938年4月25日

中国红十字会总会驻汉办事处紧要启事

查本会干部工作人员皆备有本会发给之正式小型执照，该项执照由本总会秘书长签字盖章并贴该员半身照片，倘有人冒本会名义在外招摇及其他不正当行为或任意干谒重要官长等情事，本会概不负责。幸乞各界注意，特此郑重声明。

中国红十字会总会驻［汉］办事处启

原载于《大公报》1938年5月4日

德红会代表团昨日由长沙抵汉

【中央社讯】日前德国红十字会，赠送我方救护伤兵及平民药品及外科仪器等物，其一部已于上月由德国红十字会来华代表团，交长沙中国红十字总会收转前方，其另一部分不日可送抵汉口。该代表团此次在长沙留十二日之久，由张主席招待。该代表团对我国卫生事业进步之速，颇多赞誉。昨日该代表团来汉，当晚应蒋委员长之宴会云。

原载于《大公报》1938年5月6日

德红十字会代表团抵汉

（本市消息）德国红十字会，赠送我方救护伤兵及平民医药品及外科仪器等物，共一部分四百余箱，已转前方。另一部分，不日可送抵汉。该社代表团昨已来汉，当即并应蒋委员长宴。

原载于《申报》1938年5月6日

救护伤兵本报代收医药捐款

本报代收救护伤兵医药捐款，昨日计收国币四百三十四元四角二分正，连前共收国币七万七千四百三十七元九角四分正，本日第三十一次送交红十字会汉口办事处国币一千元正，连前三十次共送交该会国币七万七千元正，实存国币四百三十七元九角四分正。

原载于《大公报》1938年5月17日

红十字总会赶制急救包

（本市消息）中国红十字会总会驻汉办事处及该会救护委员会，近除积极筹划恢复前线野战救护队及添购救护大卡车外，并在长沙赶制该会改良之急救包，以便伤者于长途运输中，亦可自行更换，而免创口之发炎溃烂。

原载于《申报》1938年5月19日

国际红十字会成立振款顾问委员会

中国红十字会上海国际委员会（简称国际红十字会）为便于派拨各救护团体款起见，特组织振款顾问委员会，以利进行，业于五月二十六日下午在国际饭店开会成立。首由颜惠庆博士致词，申述该委员会组织之原委，略谓上海国际红十字会业经特许授权派拨中国各地国际救济委员会振款。为便利进行计，因由上海国际红十字会、广东国际红十字会、南京国际救济委员会、杭州国际红十字会、汉口国际红十字会、苏州国际救济委员会、重庆国际救济委员会、天津国际救济委员会（宁波、福州及□湖等地国际救济会成立后再请参加）各选在中西代表各一人，会同美国红十字会驻沪顾问委员会、英国华灾救济会、全国基督教协进会、战事救济委员会代表各一人，组成振款顾问委员会，振款不论指充全国何处灾区之用，本会均得处理之。本会主旨在与各地善团联络，互通声气，以便彼此建议，用利救济。各位务与所在代表之团体常川通讯，俾本会得悉各会在当地之工作进行状况等云。嗣推选职员，当公推颜博士为主席，贝克博士为副主席，施恩明医师为秘书，以施医师现不在沪，其职务当请贝克博士临时暂代，所有当日议决各案如下：（一）拟制调查表分发各善团，请填送收入支出及请拨之振款数目；（二）请各位代表与其本善团通讯，将本会议议定事项，作简明之报告；（三）请贝克博士及施医师拟制本会工作调查表。

原载于《新闻报》1938年6月4日

青年夏令营

明日会商筹备事宜

（本市消息）本市各救亡团体为积极完成其抗战建国之伟大任务，深感青年训练之必要，爰由中国青年救亡协会、中华基督教全国联合会等团体，筹备设立武汉青年夏令营。俾武汉三镇青年，在短期集体训练中，灌输抗战意识，锻炼坚强体魄，养成恪守纪律、刻苦耐劳、英勇牺牲之精神，并注意基本军事训练。兹悉该会决于九日下午七时半假中国青年救亡协会，邀集各团体正式成立筹备会。

原载于《申报》1938 年 6 月 8 日

红十字会从业员均应服兵役

（本市消息）鄂军管区昨令所属，略以征募兵役，首应以适龄男子为限，关于中国红十字会职员及救护队员，如确系专业者，准予缓役外，其余从业人员，均须依法应征，以示限制。

原载于《申报》1938 年 7 月 17 日

印度救护队即将出发前方服务

蒋夫人昨茶会招待

（汉口二日电）印度医药救护队，于星期五日乘载重汽车自香港抵此。该队留汉至多十日，即将奉命至指定之前方服务。该队现编为中国红十字会治疗组第十五队，内有阿特、吉尼士、高路拿、摩卡治与巴索等医士。该队新加入裹伤员及看护十五人，该队带有救护车一及现代器械，包括药品五十四箱。蒋夫人今日请渠等茶叙，史德莱女士介绍渠等与三十外国记者，其中有海尔登夫人及乌特丽女士在内。领队阿特医士告外国记者谓：吾人究留华多久，须视日飞行员之投弹之准确性而定，在吾离印前曾晋谒甘地，吾告渠吾人留华，直至战事终了，如吾人被日人所杀，另一医药团，将再来华代替吾人。阿特医师，现已头发灰白，关于在华战事之恐怖，极为痛恨：我曾见岳阳、长沙、汉口间一村庄之惨状，该村在吾人抵该村前被炸两小时，大批房屋成为平地，吾见人民自灰烬中发掘妇孺之尸体。阿太尔医士结论谓：印度人民对中国之正义，极为同情，世界各国亦显然如此云。（路透社）

原载于《申报》1938 年 10 月 3 日

汉口十万难民被迫迁离难民区

移至襄河上游某地收容，×方仅允少数外侨监视

（汉口二十八日电）据可靠消息，日方尚未与难民区委员会，或英国当局，接洽汉口特区之法律地位关系。（美联社）

（汉口二十八日电）日方要求将第一、二特区内之难民移出，以便进驻军队。兹经商定，所有难民自明日起迁至襄河上游若干里地之一新区收容。据难民区委员会告本社记者云，区内迄今未有一炸弹或弹壳落下，余人不能不表示感谢。今日军既欲入驻第一、二区，日方宪兵不愿使日军与难民相混杂，至于第三区难民为管理关系，亦拟一律迁出，因两地相隔太远，不易同时照顾也。（美联社）

（汉口二十八日电）日本宪兵，坚决主张在难民区内，实施警卫，但尤允诺禁止日兵入内。闻至少有外□四人，可永久驻在□难民区内之医院中。饶神父等各外侨及中国红十字［会］职员，定于明日引导首批难民，迁往新难民区。全体难民十万人，当可于规定数星期内，一律迁徙。难民区委员会，虽不能强迫难民搬动，但一星期后，对于特区内之难民，将不供给饮食云。（美联社）

原载于《申报》1938 年 10 月 29 日

国际友人印度救护队到渝

（本报特讯）国际友人、曾在武汉受各界各民众团体热烈欢迎之印度救护队一行五人，已于日昨由宜来渝。印度救护队来华后，即参加救护伤兵工作，医治之精良，工作之热诚，伤愈官兵莫不铭感。在武汉撤退前，奉派去宜，继续工作。最近又奉派来渝，一俟中国红十字会决定，即将开始工作。昨日来渝，记者往访，因旅途疲劳，记者致慰劳后，该队同人发表简单谈话，谓弱小民族之印度，援助中国抗战，不仅义不容辞，亦为获得若干战时救护工作经验，今后仍当在当局指导下努力工作。该队现寓下河顺城街十三号英美会。

原载于《新华日报》1938 年 11 月 22 日

印救护队长为伤兵呼吁

内地医药仍缺乏　希望各方竭力捐输

印度来华服务医药队队长雅多路氏，日前因患小恙，由渝抵港。经志昨日本报，雅氏昨又接见记者，详述在华工作。据云：彼自印抵港，逗留三日，即转往广州，曾往视察岭南医院之救伤处。在广州停留七天，即出发长沙，在该处之国际红十字会总部服务一月之久。该会会长为林罗拔医生，其□□调汉口第六十八陆军医院服务，后以汉口情势日急，最高当局下令将各医院伤兵徙离汉口。本队则调往宜昌陆军第一医院服务。在该处计一月之久，工作进行，颇为顺利。日后调转重庆，出发各前线服务，彼等担□之地点在西安一带。在华数月，对于中国抗战前途，甚为乐观，军人之精神，尤甚称佩。惜内地各处欠缺公路，运输伤兵，颇为困难。近数日来已加整顿，极有进步，且各地民众随时自动施与帮助。雅氏又谈及日机轰炸惨状，据云：由长沙至汉时，途过一村，半为□□所毁，尸骸遍地，伤者呻吟，令人酸鼻。而村中人讲该地既非军事要区，又非工业重镇，且无防空设备，当彼等离去□昌后，该地第一医院亦遭炸毁。现中国伤兵医药，仍感缺乏，希望各方竭力捐输云。

原载于《申报》1938年12月28日

摘录各报在战时关于本会之新闻：林康侯今日飞汉口

中华全国商会联合会主席、上海银行公会秘书长林康侯此次以中国红十字会总会常务理事资格南下视察各分会救护工作。当经入粤视察广州分会，完竣后，遄返香港，并于今日乘机飞汉，预定将赴重庆视察华中各地红十字分会，指示推进事宜。沪上各报盛传林氏此次南下有其他任务，当经林氏对记者郑重否认，并谓："本人现正专心于慈善救护工作，此次南下之唯一任务即为视察红十字会各地分会会务。至于上海种种组织情形，从未与闻云云。"

原载于《中国红十字会月刊》1938年第31期

本会专员视察分会记

于屏　张军光

十二月十三日，由长沙抵岳州，该地分会会所借与军队，会务停顿。负责人极愿重新组织恢复工作，但以经济困难，进行不易。除晤该分会理事萧方铣谈话外，目前实无工作可言。

十二月十四日，由岳州到武昌，该分会设于斗级营宏道善堂内，会务由江久成主持，因感人力财力之缺乏，极少实际工作。该分会曾召集武昌工商善团谈话，鼓励共同参加为红会推进救护事业。

十二月十九日，由武昌赴武穴视察广济分会，该分会设于武穴后坝正街，会址狭隘且附设门诊部以惠平民，日常会务现由会长吴见田负责处理。翌日，召集理监事会商讨积极推动广济全县工作，拟设办事处于县城，扩大征求会员并邀请各界参加救护组织，对过境伤兵实行包扎接待。近因经费薄弱，须俟陆续募集实行也。

原载于《中国红十字会月刊》1938 年第 32 期

苏红十字及红半月会汇巨款

（汉口九日路透社电）苏联新大使奥尔斯基定本月十八日乘飞机赴重庆向林主席呈递国书，偕行者有大使署武官德拉津将军与大使置秘书等。按奥氏乃于十二月二十六日由兰州抵汉，同时苏联红十字会与红半月会寄来汇票，共款三十三万六千八百四十二元一角一分，捐助中国红十字会购买药品，医治战争中之受伤者，该汇票已于昨日由苏联大使□送交中国红十字会矣。（民国廿七年一月十日国际日报）

原载于《中国红十字会月刊》1938 年第 32 期

英美救济难民捐款

（伦敦二十日哈瓦斯社电）红十字会国际委员会，顷接该会驻汉口委员斯各脱来函称，伦敦中国伤兵难民救济委员会（伦敦市长暨工商界、教会领袖所发起），美国红十字会暨其他团体所汇出之捐款药品，业已收到，对于各伤兵造福匪浅。至目前救济工作中之重要问题，乃为如何安插因日军侵入而流离失所之各地难民云。（民国廿七年一月廿一日《时报》）

原载于《中国红十字会月刊》1938 年第 32 期

中华民国红十字会总会训令：第七十七号：令所属各分会

案查本总会前迭据汉口市等各分会呈请将红十字会职员及救护队员缓役、缓训前来，当经汇案，先后转呈内政部，核示在案。兹奉内政部二十七年二月一日发渝警字第一五八号批开：呈悉。查本案前据该会呈，以迭据各分会呈请将红十字会职员及救护队员缓役、缓训一案请核示，以便饬遵等情。当经分咨军政部暨训练总监部查核，开示意见，以便办理各在案。兹准军政部二十六年十一月十日役乙字第一零九五号咨，略以各分会职员及救护队队员如确系以该项职务为专业者，可准予缓役，又准训练总监部二十七年一月四日国一字第二零号咨，略以训练可增进工作效能，时间亦不冲突，未便照准，以杜流弊。除另令饬各省市军训会遵照办理外，咨请查照各等由到部。本部与军、训两部意见相同，合行批示知照，此批！等因，奉此。除分令外，合行令仰该分会即便知照。此令！

中华民国二十七年三月十五日

原载于《中国红十字会月刊》1938 年第 32 期

德红十字会募药救济我受伤军民

（汉口三日电）德国红十字会为救济我受伤军民，募集大宗药品，可供十万人之用。该会现定本月中旬派员运送来华，我驻德大使馆八日开会欢送该员，并邀请德各界代表参加，藉示谢忱。（民国廿七年二月

四日《新闻报》)

原载于《中国红十字会月刊》1938年第33期

红十字新闻：救护武昌遭空袭

（汉口十一日电）日机飞抵武昌，在郊外余家湾巡司河武建营盘旋，投弹十余枚。警报解除后，武阳防护团救护队、武昌市政处难民救济队、中国红十字会武昌分会救护队，各乘车驰往被难地点救护。武建营被毁棚户两间。（廿七年二月十二（日）《大晚报》）

原载于《中国红十字会月刊》1938年第33期

红十字新闻：行政院决议聘任红会理事

（汉口十二日电）行政院十二日举行第三五八次会议，主席孔祥熙议决聘任颜惠庆、施肇基、冯炳南、刘瑞恒、徐采丞、朱恒璧为中华民国红十字会总会理事，周贻春、汤飞凡、李规庸、杨志雄为监事，余略。（二十七年四月十三日各报）

原载于《中国红十字会月刊》1938年第35期

德国红十字会派医来华服务

据二十日大陆报载称，有德国红十字会派来医生二人、包扎专家二人已到汉口，俟与中国红十字会接洽定妥，彼等即将赴前方服务，此四人中主任医生名波杰斯基，助理医生为陶德曼，而包扎专家曾在德红十字会服务多年。陶德曼医生，系德大使陶德曼三子，其在北平协和大学研究有年，并曾在德专研皮肤病。德红十字会又赠来医药用品四十卡车，系德国各私人及团体所赠，价值五零零，零零零元，此项物品，由两次海轮运来，第一批于两周前到港，第二批亦于近日到港。德国专家将先在医院中服务，同时分配医药物品，及领导中国红十字会人员，彼等或即前往河南及陇海线一带云。（民国二十七年四月二十一日《文汇报》）

原载于《中国红十字会月刊》1938 年第 35 期

意国捐赠药品

意大利政府，对我国战事表示同情及钦佩之意，特捐赠大批药品及外科器件，即将运抵香港。本市国际红十字会医师组接得此项消息，颇为奋感，意大使为此事特于日前往访上海国际委员会主席颜惠庆氏，并称如本市需要此项物品，意红十字会等可尽量捐赠。至政府已捐之一批，预定分为三份，一分送至汉口，一份由内地教会支配，一份则送至上海交国际红十字会分配。（民国二十七年四月二十二日《国民日报》）

原载于《中国红十字会月刊》1938 年第 35 期

红十字新闻：蒋夫人主持华中国际红委会

（路透社二十二日汉口电）华中国际红十字委员会由蒋委员长夫人宋美龄女士主持一切，迄今已募得捐款百余万元，以救济此间空袭被祸之民众、受伤之士兵与难民。该委员会除以款项与药品捐助此间各医院，俾医治空袭之受伤民众外，且在十省六十医院中维持三千余榻，皆留供受伤之兵民与患病之难民者。近者该委员会所办医院之一，曾在郑州于数小时内设榻二百，以收容受炸弹重伤之平民。该会并将药品免费分供各医院，而其收容之难民共约二万之多云。（二十七年四月二十四日《新闻报》）

原载于《中国红十字会月刊》1938 年第 35 期

中国红十字会武昌市分会工作日记

民国二十七年二月至四月份

查本会为谋适应非常时期之需要起见，经于本年元月呈报改选，因受人力与财力之限制，仅暂组设救护、医疗、担架及掩埋等四队，分工合作，办理救护事宜。所有各该队队长人选，悉由本会理监事分别义务兼任，暨各队队士，除担架、掩埋两队出力人员于每次出发工作时给以最低贴费外，其余皆由省会各界热心慈善人士自愿义务充当。其中医疗队组织原分中医、西医两组，各组医士除担任空袭救护外，平时则按日轮班分往武昌各难民收容所应诊疾病，倍著勤劳，深堪钦佩。兹将本会近三个月来办理救护工作情况分志如次：

二月十一日　是日下午二时，日机侵入武昌领空，计在南湖飞机场附近投弹甚多，当地民房多被震塌，炸伤民众亦多。本会医疗队西医组，于解除警报后，带同药物器械及担架、掩埋两队员役，雇乘专用汽车，赶往南湖急施诊救被伤民众二十余人。

二月二十日　是日午后七时半，本会应军政部第九伤兵医院由电话通知，即予协助诊治伤兵等由，经即分调本会医疗、担架两队员役，携带应用药物器具及马灯，赶往鲇鱼套车站，目击由前线运回后方大批伤兵转粤汉车赴湘调治，当由各医师分代诸伤兵换药包扎，再由担架队一一扛抬上车。共计由本会医抬之士兵为二百十五人，其时湖北民众救国后援会及武昌商会等团体，各派代表分在车站购备稀饭茶点，热烈招待伤军，倍显军民团结精诚之一般（斑）。

二月二十三日　本会医疗队于是日午前分组出发武昌各难民收容所，共诊受病难民六十余名，并分予指导、改良卫生设施及防疫常识。同日下午五时半，鲇鱼套车站又运到伤兵一批，本会比应第九伤军医院之请，分派医疗、担架两队赶往车站救护，由停泊鲇鱼套轮船上分将伤兵扛抬下船送上火车，再由医师一一代为换药包扎，计共转运伤兵三百六十名，至晚九时许始毕事返会。

二月二十四日　是日有过境伤兵一批，本会医疗、担架两队全体员扶（伕）于午后六时赶赴鲇鱼套车站，将受伤士兵由轮船转运上车，分代换药包扎，计共扛抬与施诊伤兵三百余名。

二月二十五日　东线受伤士兵，是日续有一批专轮运鄂，停泊鲇鱼套江干，本会得讯后，即于午后五时，分调医疗、担架两队全体员役会同出发鲇鱼套车站，将受伤诸将士，一一转运上车，并予洗治创伤、换药包扎，共计诊抬伤兵四百余名。

二月二十七日 本会医疗队于是日上午九时，分组前往武昌各难民收容所，共诊治难民四十余名，至午后返会。又接湖北民众救国后援会电告北战场伤兵三百六十名，乘平汉路车过鄂转湘，嘱即协助救护云云。比于午后七时半仍请医疗、担架两队，各带应用药物整队出发鲇鱼套车站，其时武昌各民众团体到场救护者甚形踊跃。计是日由本会担架队扛抬之伤兵共二百名，及由本会医疗队诊治者共一百五十名，至九时余始公毕回会。

三月六日 军政部军医署第十九伤兵医院，因受设备限制，将院内伤兵六百五十四人转运湖南调治，当由该院通知湖北民众救国后援会，转嘱本会协助救护等因。是日下午六时，本会医疗、担架两队整队出发，担架队由该医院至鲇鱼套车站，分班往来转运，计共扛抬伤兵一百七十一名。医疗队人员则分在车站守候，于伤兵运到站台后即代换药包扎，共诊治一百三十余人，至十时许始告竣事相率回会。

三月九日 是日前线续有整批伤兵过境，本会医疗及担架两队全体员役雇乘汽车出发徐家棚车站帮同救护。其时武汉各民众团体携带食品药物到站慰问者，络绎于途，对于医抬伤兵工作，因事少人多不旋踵，即行办理毕事回会。

三月十日 本日北战场大批受伤将士由平汉路运抵汉口，本会于是日午后二时三十分，应湖北民众救国后援会电知调派医疗、担架两队，出发汉口刘家庙，运往第十九伤兵医院，先由各医师分代诸将士换药包扎，再由担架队一一抬上轮渡，转乘粤汉路车赴湘调养。综计由本会医队诊治之伤兵凡三十人，由担架队转运者凡二百人，军政部电影股并在场摄取救护工作影片云。

三月十二日 本会医疗队于是日午前十一时，分组出发武昌各难民收容所，应诊难民疾病并视察各该所食堂、寝室、厕所设备，随时督同夫役扫除污物及计划加建浴室，以资改良卫生。计是日应诊难民凡三十余人。

三月十五日 是日本会鉴于现值春令，防疫至关重要，除在斗级营本会内附设免费种痘处，规定本日起，每日上午九时至十二时实施免费种痘，一面由医疗队按日轮流派员分赴各难民收容所普遍施种。计结（截）至四月底止，共□种四百四十余人。

三月十八日 是日本会医疗队西医组携带医疗器械各项药物，暨中医组随带时令药品，分途出发武昌各难民收容所，检查各难民体格并应诊疾病，共计施诊难民三十余人。又驻扎武昌斗级营前同庆酒楼内之四川壮丁队，于是日上午开拔，遗下病兵杨瑞生一名，经本会发觉后，当由电话通知省会警察第五分局，派警士一名会同本会担架队长周福田，督同担架夫二名，将该病兵扛往仁济医院诊治。至同日晚十一时三十五分，该病兵在仁济医院病故，复由本会于翌日午前十一时购备棺木，派交段黄雨队长率同掩埋队夫二名，至仁济医院将死者装殓后，扛往小龟山麓掩埋云。

三月二十七日 是日大批日机侵入武昌，□□□在徐家棚车站附近投弹数十余枚，焚毁该地新村民房四十余栋，路局材料库亦被殃及。警报解除后，本会救护、医疗、担架及掩埋等四队，分别雇用汽车出发徐家棚，实施紧急救护。计由本会掩埋队在彼瓦砾堆中觅获尸身十二具，一面急电本会照拨棺木当与汉口市红十字分会张队长汉卿□同装殓。时因天色已晚，交通不便，暂将上项尸棺点交当地保正负责看管。

三月二十八日 早晨六时，本会掩埋队全体员役随带棺木八具，雇乘划船，迳往徐家棚检验昨日未葬尸棺。复据该处塘边乡村地方（即老徐家棚）街邻报告，继续在灾区内掘获无名尸身八具，又经掩埋队傅队长眼同分予装殓，连同昨日未葬尸棺，由本会掩埋队扛抬运往老徐家棚旷地掩埋。同日在该地发现由黄冈率同二子回武昌余家头省亲之中年妇人，一行共三人，其两子一约两岁，一约四龄，行抵徐家棚均被日机炸伤，当由本会担架队分予抬往仁济医院诊治，不料同日下午三点二十五分，该母子三人因伤重身死，复由本会掩埋队派夫六名，带同棺木三具，前往仁济医院装殓，运赴小龟山麓掩埋云。

四月三日 是日午后，本会接军政部第九伤兵医院电告，由徐州运来受伤将士九百人过鄂转湘，其中重伤计二百四十三人，轻伤六百数十余人，请即协同救护云云。本会据报后，即于当晚七时，调派医疗、担架两队全体员役，赶往鲇鱼套车站，一面扛抬伤兵，一面分予换药包扎。其时武汉各民众团体亦均派代表到站招待茶点，并个别慰问，一时空气至形壮烈，本会各队员役至深夜十一时余始毕事回会。

四月五日 本会于是日上午十一时，接准军政部第九伤兵医院杨主任由电话通知，告以第十九伤兵收容所，由平汉路运来伤兵，过鄂运湘。内计重伤二十四人，轻伤三百六十七人，嘱予协助救护等由。本会当即赶调医疗、担架两队员役前往鲇鱼套分代伤兵换药，转运上车，至傍晚时分始公毕返会。

四月十二日 今日本会接据湖北民众救国后援会，由电话告以平汉路运来重伤将士六百余人，即日转往咸宁医院调治，请即协助救护云云。本会比于午后六时，责成医疗队遴派手术精干医师多人，暨担架队携带全部担架用具，赶往鲇鱼套车站，帮同一一转运上车，各该队于深夜公毕回会。

四月二十二日 本日汉口第十九伤兵收容所，因受设备限制，不敷容纳，即日转运轻重伤将士共八百余人，取道粤汉路，送往咸宁医院治疗。本会于是日午前接准汉口第九伤兵医院及湖北民众救国后援会分别由电话告知上项情形后，比即转知医疗、担架两队赶往鲇鱼套车站，由担架队一一送上火车，至晚十时始回会休憩云。

四月二十五日 是日接湖北民众救国后援会由电话告知，汉口第十九伤兵收容所因受设备限制，转移重伤士兵二百六十三人，至武昌黄土坡第五十二重伤医院诊治，嘱予协助等因。经即调派本会担架队于是日深夜一时许出发，帮同抬扛至三时余始公毕返会。

四月二十六日 本会于是日午后四时许，接准武昌第九伤兵收容所电话告知，第十九伤兵收容所由平汉路运来伤病士兵共八百人，转送湖南诊治，嘱予协助等因。当经调派本会担架队全体员役携带担架用具，前往鲇鱼套车站，会同该第九收容所担架夫抬运伤兵上车，至晚九时许始行回会。

四月二十七日 是日上午八时，本会应军政部第五十二后方医院电嘱，调派担架队前往该院，由工程营至平湖门码头抬运伤病士兵二百余人送上轮船，至午前十时余始暂返会休息。同日午后二时半，又应湖北民众救国后援会之请，续派本会救护队出发武昌鲇鱼套车站，帮同转运往湖南之伤兵共四百余人并代换药包扎，至晚十一时许始公毕回会。

四月二十八日 本日午后，大队日机袭击武汉，本会于警报解除后，急调救护、医疗、担架各队分途出发，当在武昌武胜门外三层楼地方，发现被炸片击伤之平民数人，分代诊治。旋悉汉阳投弹甚多，灾情甚重，本会救护队全体人员暨医师十人，由段海卿队长率领乘武昌市政处差轮渡往汉阳，比在洗马口医疗被炸倒房屋压伤之小孩一名，及于东岳庙地方包扎被炸伤民人三名，又在段家巷医治被炸片伤害腿部之民人二名，在乔湾施诊被倒屋压伤之中年妇女二名，在康旺街救护老妇三人，在高公桥会同湖北民众救国后援会救护队治疗伤民十二人，暨本会担架队队长一人、队员六人、夫役二十二人，亦于是日会同汉口红十字分会张队长，分在汉阳各被炸区内担任扛抬工作，至下午七时许始各结队返会。

同日傍晚时分，本会又应汉口第十九伤兵收容所之请，派段队长率同全队担架夫出发鲇鱼套车站，帮同转运赴湘轻重伤士兵共六百六十人，至晚十一时余公毕回会。

原载于《中国红十字会月刊》1938 年第 35 期

零讯（节录）

中华医学会总干事施思明医师，于五月五日离沪，前赴香港、汉口、长沙、广州等各处支会访视云。

原载于《上海医事周刊》1938 年第 19 期

伦敦市长捐款充中国红会经费

（汉口五日路透社电）伦敦市长振济基金汉口支会，经英国驻华大使寇尔爵士之接洽，顷捐赠一万元于中华全国红十字会。此款将供该会医药救济委员会，拨作中国伤兵紧急治疗之用。（民国廿七年五月六日《生活日报》）

原载于《中国红十字会月刊》1938 年第 36 期

红十字新闻：色斯已返国

（汉口六日电）《巴黎晚报》记者色斯先生前来华视察，昨返国前，曾捐助一千法郎交中国红十字会总会驻汉办事处，作为购买医药救护受伤将士之用云。（民国廿七年五月七日《导报》）

原载于《中国红十字会月刊》1938 年第 36 期

荷政府捐巨款协助中国防疫（节录）

（旧金山十一日美联社电）中国战区救济会今日宣称：已递寄金鸡纳霜一百万粒赴华，以使分配于汉口区域之战地医院一百二十五所。（民国廿七年五月十三日《导报》）

原载于《中国红十字会月刊》1938年第36期

红十字新闻：救济陇海路难童一千二百［名］

（汉口廿二日美联社电）汉口国际红十字会之战区服务部主任麦克罗尔今日经郑州返抵此间，声称陇海路战区现有难童一千二百名，现由该会主办之孤儿院五所加以收容。据闻此等孤儿院共可收容儿童二千名。（民国廿七年五月廿三日《时报》）

原载于《中国红十字会月刊》1938年第36期

中国红十字会总会上海以外其他各地救护事业概略（节录）

名称	办理日期	工作地点	附注
武汉第一救护队	十一月廿九日至十二月十二日	武昌第三十六后方医院	结束后即改编为本会医疗队
武汉第二救护队	同上	汉口第五陆军医院	同上
武汉第三救护队	同上	武昌第五十二后方医院	同上

（续表）

名称	办理日期	工作地点	附注
武汉第四救护队	同上	在汉口轮埠一带接应伤兵换药	同上
派驻军政部第三医院医护人员	十月十五日	兖州军医第三重伤医院	由本会拨派医护人员六人前往协助工作
下关伤兵接应所	十月十二日至南京失陷止		伤兵由火车运至南京，先由接应所予以帮扎换药，然后分别轻重伤兵分送驻京各伤兵医院。

编者按：上表系依据上年工作而列，至本年内一切救护事宜，当陆续另表详细报告。

原载于《中国红十字会月刊》1938年第37期

中国红十字会上海国际委员会近讯

（廿七年六月至八月）

战区难民之估计及上海之实际调查

中日战争，瞬届一年，战区广达九省；其中河北、山西、山东、江苏、绥远、察哈尔等，几已全部沦陷，而河南、安徽、浙江，亦已一部波及。此九省共有六百八十二县，面积广四百八十九万方里，居民约一万万八千二百四十万人。据国民政府振务委员会主席许世英氏估计：在此广大区域中，至少有三千万人，奔避他乡，除自投亲友及漂荡无依外，现由各省市设所收容者约计一百万人。此说各观察家均视为正确，但广东、河南等处被炸被水者，未经计人。

上海难民中有新产婴孩、古稀老人，妇女孩童占全体百分之八十，孤儿占百分之一。本会就一百十一收容所，一万四千一百六十三人男性难民，调查其籍贯及人数如下表：

江苏	一〇九二三人	浙江	一〇二四人
安徽	二五四人	山东	二八一人
河南	五二人	河北	一一八人

湖北	八六人	湖南	一七一人
江西	二〇人	福建	一一人
广东	一二一八人	山西	二人
云南	一人	辽宁	一人
青海	一人	共计	一四一六三人

原载于《中国红十字会月刊》1938 年第 40 期

红十字新闻：日机惨炸大冶医院

（美联社讯）据红十字会工作人员今日称：昨日日机轰炸武昌以南五十英里处之大冶医院时，该院中之医官二名、军医三名、男护士三名、伤兵八十名皆为炸死。按大冶并无军队驻扎，仅为一后方伤兵医院区，中国平民仅有五百名、伤兵二千名，日机之轰炸始于午前十时，直至下午始止。据由该处红会某干事来此时言：日机轰炸完全集中于某伤兵医院所在地之一大庙上，该院伤兵计有三百名，当日机来袭警报发出时，轻伤之兵虽皆退出，唯重伤之八十名皆已惨遭炸毙，该院长及另一医院之院长亦将毙命。（民国廿七年九月廿九日《大美报》）

原载于《中国红十字会月刊》1938 年第 40 期

红十字新闻：捷克遭遇困难仍不忘助华

（本市消息）捷克共和国现下遭遇虽在万分困难之中，仍不忘援助中国。捷京中国之友最近曾组织一救护远东难民协会，以各种医药用品捐助中国红十字会，其第一批于九月间运抵汉口，内有麻醉药品、血清、疫苗、肠线、缚线及其他药品，价值五千捷币，约合美金一千七百五十元，共装二十六箱，均为捷克上等出品。闻尚有第二、三批继续运华云。（民国廿七年十月三十一日《文汇报》）

原载于《中国红十字会月刊》1938 年第 42 期

红十字会在汉口工作影片，帝航公司免费运英

英帝国航空公司来往香港、曼谷之戴打那士号机于廿五日晨六时由香港启德飞行场开出。查此次乘客共有两人，均由港往曼谷者，机上并载有货物二十二公斤三六四、邮件一百五十八公斤四三零。另载有国际红十字会在汉口附近所摄得影片一套，该机公司免费由港代运赴英京，按该套影片乃红十字会在汉口附近工作情形者云。

原载于《电声（上海）》1938 年第 20 期

教务新闻：国际红十字会称誉公教救护工作之努力

（宠光社汉口通讯）中国中部国际红十字会副会长近于函中对于各地公教传教士救护工作之努力备加称扬。各地公教传教士救护事业规模伟大，办理得法，经济方面虽有政府及各慈善机关之协助，仍时感不足，国际红十字会亦已予以相当补助，计武昌方面已付一千元。开封附近则公教难民收容所工作最为紧张，一所内即有五千难民，每人每日以一角计算为数亦已不赀，因由红十字会拨付五千元。但公教传教士之仁爱救护之名已传布于河南全省云。

原载于《圣教杂志》1938 年第 3 期；另载于《公教进行》1938 年第 6—7 期；又载于《公教学校》1938 年第 5 期。

英国华灾救济会之创立与其工作概况

英国华灾救济会，为上海国际红十字会及全国救济难民团体之重要捐助者。在过去九月中，拨助各地善团之款项及医药品，为数颇巨。兹将其创立经过及工作概况，略志于后：

该会并无政治作用，纯抱人类互助正义，救济无辜难民。兹将去年

十一月起，本年五月底止，所拨赈款列表于下：

地名	救济中国难民	救济英侨	救济他国侨民	救济英国及其他侨民	拨助医院	合计
上海	364，650.00	22，800.00	31，350.00		58，380.00	477，180.00
天津	69，800.00			5，100.00	14，300.00	89，200.00
汉口	53，599.50			1，900.78	55，800.00	111，400.28
广东	11，700.00			1，300.00	508.53	13，508.53
青岛	24，500.00			1，036.00	15，500.00	41，036.00
厦门	15，000.00					15，000.00
汕头					1，000.00	1，000.00
合计	539，249.50	22，800.00	31，350.00	9，336.78	145，588.53	748，324.81

原载《中国红十字会上海国际委员会救济月刊》1938 年第 4 期

分会近讯：新成立天门县分会

湖北天门县由赵元勋等发起组织分会，筹备以来业经总会核准成立。总会于八月五日发给承认书并印旗、图记等件，着即召开成立大会选举职员，以期早日办公云。

原载于《中国红十字会月刊》1939 年第 51 期

三年来本会运输工作概况（节录）

自“八一三”本会与上海市救护委员会合作之下设运输股，担任救护之运输事宜以来，已三年于兹。初除本会之救护车一辆外，合外界捐赠车辆，不过可二十部。□首都沦陷，救护委员会迁汉口，所余车辆多已破旧不堪，幸海外捐赠之救护车辆源源输入，工作渐行开展。保卫大武汉一役，我救护车辆于鄂赣前线运伤兵二万余人。迨长沙惨遭□□，本会移救护总部队于贵阳，国外接济改由海防入口，新车增近百五十辆以上，工作地带已遍布于浙、赣、湘、粤、桂、黔、川、陕等九省，规模渐臻完备。

原载于《中国红十字会会务通讯》1941 年第 3 期

第三中队防治鄂西时疫

鄂省秭归、兴山、保康、谷城、南漳等县，自去秋以来，疫疠流行，霍乱、伤寒、回归热等症，到处蔓延，死亡枕藉，今夏更恐蔓延。鄂省参议会于五月十四日代电本会呼吁，请派医师携带药品，会同鄂省卫生处前往各该县救治，以维民命。本会准电后，当令救护总队部转令就近医队办理，嗣据电复，略称本年四月间，秭归、兴山一带发现回归热，本会第三中队曾组织临时防疫队两队前往防治，收效宏捷。第二十六集团军周总司令于四月三十日曾电总队部鸣谢有案云。

原载于《中国红十字会会务通讯》1941 年第 5 期

慰劳鄂西将士

此次日军趁机大举来犯，分途西进，威胁陪都，赖我鄂西将士，浴血拒敌，我空军及美空军奋勇助战，卒于将来犯之敌，全部击溃，战绩辉煌，海宇欢佩。此一战役，不仅固我国陪都之屏藩，抑且系远东全局之关系，当在激战之际，本会救护总队第六大队，驰赴战地从事救护，工作至为紧张。本会并于六月十五日，捐献国币二千元，送交慰劳总会，慰劳鄂西将士。

原载于《中国红十字会会务通讯》1943 年第 19 期

光化分会筹备改选

（光化分会通讯）本会成立以来，历史已久，自抗战开始，本分会曾先后训练救护人员两期，本地防护团成立，毕业学员，均充任团员。本分会会址，为便于工作起见，迁移于公园附近惠民医院内办公。二十八年春，正会员李煦龄病故后，会务仍旧努力推进，各救护队员，后陆续应征入伍，以服兵役。二十九年五月，本分会被炸，重要文件等均被炸毁，此后一度会务陷于停顿状态，近请雷霞轩等正在筹备恢复工作，并进行改选负责人。

原载于《中国红十字会会务通讯》1943年第19期

中国红十字会抗战中的努力

（中央社贵阳二十五日电）中国红十字会会长蒋梦麟，在招待新闻界茶会上报告红会抗战七年来的工作说：从二十六年到三十二年间，红会救护总队先后派出一百零八个医务队，到滇、黔、川、桂、湘、粤、赣、浙、皖、闽、鄂、豫、陕等省和各战区，担任救护工作，经诊治的内外科病人，包括军队、平民共约一千万人。所需药品都是美国赠给，每月约达十吨。至于红会的经费，政府每月补助三百五十万元，盟邦美国、英国、加拿大捐助很多，合计每月收入约五百万元。但因战时运输很难，汽油消耗很大，所以每月支出恐不敷在一百五十万元以上，还有赖国内人士的捐助。红会在这种情况下，各级工作人员都能刻苦奉公尽职。

原载于《新华日报》1944年5月26日

英红十字会帮助服务伤兵经费

（中央社讯）伤兵之友社十五届服务人员训练完毕，学员三十人都在二十三日出发，到四川各县、湖北、陕西和远征军中参加服务工作。又英国红十字会和该社合作组织伤兵服务队四队，每月资助经费三十万元，该社和救世军负担工作。

原载于《新华日报》1944年11月24日

三十二年度全国疫情概况

（上略）

霍乱蔓延流行概况

（1）湖北省之均县、鹤峰，六、八月份据报各发现患者一例，至浙江之温岭、浦江、汤溪、瑞安等地，亦报有疫情，详情不悉。

……

综计以上十省一八二县市，患者一二七一二例，死亡四四二六例，六、七、八、九月疫势颇炽，十月上旬已渐趋降落，粤闽湘桂流行较烈，其他各省，无重大流行。

原载于《中国红十字会会务通讯》1944年第24期

蒋会长在筑报告会务

诊治病人逾八百万人

本会蒋会长梦麟，于五月二十五日晨十时假贵阳招待所，茶会招待新闻界，到宾主三十余人，美军医官金初锐亦被邀参加。会场四壁遍悬本会年来工作成绩图表及医疗救护队分布情形，图表精确，使人一目了然。茶会开始后首由蒋会长报告会务概况，略谓自二十六年至三十二年度止，外科受医人数计七百六十万一千四百零九人（内手术九万二千九百二十人，骨折复位三万一千六百人，敷伤七百四十十七万六千八百八十九人），内科受医人数计三百零一万九千七百二十八人（内军人一百七十四万六千二百二十六人，平民一百二十七万三千五百零二人），施用X光线七十一万四千二百十八人，补助士兵特别营养七十五万一千二百零四人。本会医疗队遍布全国，十三省共一百零八队，计有医务人员五百三十一人，内江西七队，福建五队，浙江二队，安徽二队，广西六队，贵州十三队，湖北九队，河南四队，陕西四队，湖南十六队，云南二十二队，广东十队，四川八队。至各队工作多数配属军队，计随军七十四队，民众诊所十七队，战区医院六队，协助卫生医生教育十一队。总会会址设重庆小龙坎，并在城内夫子池设办事处，诊疗所等等，重庆原设医院一所，现已与中央医院合办，成绩尚好，颇得中外人士好评，并自动为该院捐款。蒋会长最后纵论我国现状及今后根本大计，略称我国为一农业国家，生产落后，加以抵抗强敌，因之一般民众生活更趋困苦，但我已苦撑七年，目前与盟邦并肩作战，最后胜利，当然毫无疑问，惟我今后应加紧工业化，注重科学精神，以救治我国贫、病、愚之病根，至战后实行宪政，当为立国根本大计，自须积极施行。闻者咸为动容。

原载于《中国红十字会会务通讯》1944年第28期

战时救护工作之影响（节录）

袁松人

中国红十字会，在抗战途中迈进之目的：为战时协助军医救护，并谋战后协助公医之建设。以最开明之实行者精神，变消极慈善事业而为积极社会事业。

“七七”之后“八一三”之前，蒋委员长在庐山召见中国红十字会秘书长庞京周先生，垂询红十字会之抗战准备，旋组织中国红十字会救护委员会，“八一三”战幕既起，红十字会乃有数十个救护队、后方医院、重伤医院等组织，遂担负了上海战场救护工作，约计此两个月另二十五天之中，负伤战士经红会救治者达四万五千余名。

上海撤守之后，红会救护人员随军西抵武汉，为适应情况起见，乃有救护总队部创设，初分北、南、中三个大队，三十七个医疗、医护单位，分驻陇海、平汉、粤汉及南浔、浙赣等铁道线上，与抗战军队之伤运路线相配合，而以手术治疗为主务。旋总队自汉迁湘，为增强武汉大会战之需要，乃有增设救护队及伤运队并与卫生署、军医署合办战时卫生人员训练班以备救护人才，其时工作于南浔线及鄂东北线之伤运队与救护队抢救伤兵，使其达于后方数在万名以上，此时并为襄助防疫起见，而有数个医防队之增设。

武汉撤退之后，红会总枢迁入筑、渝，而外勤工作之医疗、救护、医防等队则以战区划分关系而为四个大队，北在陕豫晋各省，中在湘鄂，东至湘赣皖闽浙，南则以粤桂等地属之，此时工作单位，已增至百余队，而受救治之伤病官兵以及难民敌俘等，则以十数万计。其工作□次第由官兵、战区而渐推入于野战区，以与作战部队取密切之联合，工作人员为队部长官之嘉宾，为英勇士兵之密友，盖已完全适以野［外］战场餐风露宿、步行肩负之生活，数年以迄于今。

原载于《救护通讯》1944 年第 22 期

红十字会扩大征求会员

（本市消息）中国红十字会黄次咸先生谈：目前红十字会的主要工

作之一是征求会员，打算在重庆征求二十万会员，会员可受到免费检查身体等权利。今年准备 DDT 药品为会员杀臭虫，只收费少许。

现正在重庆、北平、上海、汉口、广州等处设区办事处，扩大工作，今后的工作重心，要转入到乡村，为农民服务。

原载于《新华日报》1946 年 2 月 21 日

美红会运华药品分区发给收复区

（汉口十四日电）行政院善后救济总署蒋署长廷黻及美国红十字会驻华分会主任卡尔文，鉴于收复区内的人民急待救济，经往返磋商，决定将美国红十字会原定运往自由区分发之药品及医药器材，转拨给收复区应用，而行总各地分署则负运输之责。美红会因欲使此计划早日实现，乃将收复区内之各省，就地域分为上海、汉口、广州、平津四地。（中央社）

原载于《新华日报》1946 年 3 月 11 日

复员期间的中国红十字会（节录）

蒋梦麟

“扩大医药救济”的一部分工作，包括在“建立服务中心”的项目之内，我们准备于全国筹设五个“红十字会服务中心实验区”，分设上海、北平、广州、汉口、重庆等地来推行：（一）医药救济工作，（二）青年工作，（三）妇女工作，（四）儿童工作，（五）荣军工作，（六）其他有关机关社会服务工作。我们办理医药救济，第一个目标是国内外灾变的救护，第二个目标是为无力胜任医药负担的解除疾病痛苦。后者虽有助于公医，但我们是纯粹立于第三法人的地位。若干国家的红十字会医院，既不是国立，也不是公立，更不是私立，而在上述三者之间，有一个超然的身份，甚至各种医院之内发生技术上的纠纷，而要红十字会医院来做仲裁的。依据这个理想，中国红十字会所办的医药事业，必须力求健全，更必须认清自己是超然的，也是出于志愿协助的立场的，所以应设的医药单位，只限于配合分会的□构之内，举办医院、诊疗所或急救站。青年工作，暂以中（大）学为对象，设置青年服务站，办理营养辅助、健康检查、缺点矫正，和一般康乐活动。妇女工作，以训练职业妇女为中心，设置妇女志愿训练班，办理家事、急救、会计等短期训练，并作家庭访视，指导改良家庭卫生。儿童工作，以协助保育□团，办理实验托儿所、儿童门诊部，及补助幼稚园的设备和果饵。荣军工作，以咨询为主，代办退伍还乡、请□等手续，家事通讯、辅导就业及慰劳等事宜。至于一般社会服务，我们打算从生育和节育的指导，及健康保险为初步途径，逐谋适应社会的需要而超出医药卫生的范围。

原载于《红十字月刊》1946 年第 1 期

工作动态

本会在抗战以前，原有各地分会五百十二处，战前大部分分会随战局演变，失去联络。兹值抗战胜利，国土重光，本会对于收复区失去联络之分会，积极予以调整，并厘定办法，以资实施，初步计划，从调查着手。本会虽系国际性中立团体，但依国家民族之利害而言，绝不容附逆份子，以辨忠奸，此为调整收复区分会之前提。其要点：一，依调查历年工作及经济状况；二，现任各负责人之身份，确定其扩大或改组。首先特别健全各大城市之分会，必须具有推行现代社会福利事业之能力，以为各地分会之示范。现据报请调整之分会，已有北平、汉口、南昌、信阳等多处。

本会第二处冯处长子明，于抗战胜利后，奉派赴沪，指导上海分会复员事宜，旋赴杭州、南京、汉口等地视察分会，并指导汉口分会改组事宜，前以公毕，返会述职。复于一月二十一日飞沪，主持上海分会改组。

本会复员计划，预定于上海、北平、汉口、广州、重庆五地成立“服务中心实验区”，此后工作，得美国红十字会赞助，积极筹备。该会代表高理文氏，经常与本会保持联络，还都后将派员参加工作，以臻密切。（下略）

原载于《红十字月刊》1946 年第 1 期

中华民国红十字会战时工作简报（节录）

卫生材料之储运

本会卫生材料之来源，仰赖于欧美友邦之捐赠、国外侨胞之慨助为多。八年以来，先后接收外援材料，为数颇巨，同时国内自购，或与有关机关互惠有无者，亦有一部。前半期之材料，百分之七十捐自美国援华会，后半期百分之七十捐自美国红十字会。其中百分之六十为药品，百分之二十六为敷料，百分之四为器械。自制者有精制食盐、硫磺粉、石膏、硫醲钠、硫酸铜、硝酸银及葡萄糖、气化钙、吗啡、吐□素等各种注射剂。一般之供应，计发给本会各单位者为百分之六十六，军事机关百分之十八，民众团体百分之十六。其余防疫药品之供应，每年除按时拨发各种疫苗及血清外，并依据疫情分别办理，其中大多出于自购。其他关于材料库之配备方面，计前半期在汉口等处共设立十一处，后半期改设或编并者，计昆明等地八处，并在贵阳总队部驻地，设立总库。至今后复员时期，拟于交通重要地点，设立上海、北平、广州、汉口等四库。

各地分会之组设

迄抗战胜利为之，川、黔、滇、陕、豫、鄂、湘、赣、浙、闽、粤、桂、甘等省所设分会，共计九十处，设有医院三十二所、诊疗所二十九所、救护队四十一个。其他施棺、恤孤、济贫等工作，综计达三十七万四千八百二十三人。回顾西南各省，分会原甚寥寥者，经此次推□组织，成绩颇为可观。

三十年度起，本会拟积极准备调整分会工作，先就各大城市整理四十分会，充实其人才设备，推广其应时业务，俾起示范作用焉。

兹将战时分会分部及配备医疗单位情形，列表于后：

省别	分会数	医院数	诊所数	救护队数	备考
湖北	三	一	一	一	
……					

（略）

原载于《红十字月刊》1946 年第 3、4 期合刊

中国红十字会新闻（节录）

本会分区设置办事处计划，业已次第实现，现经正式成立者，计上海、北平两区，在筹备中者，计汉口、广州两区。

（上略）本会为发展分会业务，经决定全国六大城市之分会尽先配设现代化诊疗所。计已配设完成者，为上海、汉口、重庆三处，正在部署者为南京一处，即将配设者为北平、汉口两处。（下略）

原载于《红十字月刊》1946 年第 3、4 期合刊

中国红十字会新闻（节录）

会务

本会各地分会之组织，近一月来发展至速，并将各大城市分会之发展情形，择要分志如次：

汉口　汉口市分会，经积极筹备并经本会汉口区办事处主任于恩德努力协助，业经正式改组成立，经选聘陈经畨、王修恺、黄焕如、郎维汉、程子菊、徐恕宇、宋漱石、张兆理、高光述、卢镜澄、董奎先、苏汰余、李荐廷、王民朴、宋如海等十五人为理事，另行择期召开第一次理事会，选举会长及常务理事，商讨发展会务之计划。

医务

本会救护总队部与善后救济署合作之医疗队，近一月来办理民众医药救济工作之动态，兹分志如次：

湘鄂区

a. 第十四医疗中队，前自重庆护送难民，现抵汉口办理民众诊疗。

b. 第八二医疗中队自重庆护送病俘，开抵汉口。

c. 第九二、第九四医疗中队，分设邵阳、衡阳办理民众诊疗。

长江上游宜昌、汉口一带曾有霍乱发现，为配合卫生署执行检疫及防治工作，经派第四二医疗中队开设浦口，进行工作。

……

原载于《红十字月刊》1946 年第 5 期

中国红十字会新闻（节录）

（上略）将所有医疗队四十个，择其成绩优良者，改为诊疗所，除重庆早有设置外，于上海、南京、北平、广州、汉口各设具有现代设备之诊疗所一个，均归各当地分会直辖，计共保留医疗队十五个，以三个医疗队改成一个诊疗所，其余各队一律撤销，以期辅助地方卫生，而副本会“平时有备”之旨。

原载于《红十字月刊》1946 年第 6 期

中国红十字会新闻（节录）

会务

一、本会复员工作，进行已历半年，各项准备工作，大体已告完成，业已普遍展开征募运动，兹择其重要者，分志如次：

1. 本会战前分会，全国原有五百十二处，经照复员期间本会调整及管理分会办法改组及新设完成者，计七十二处，兹详列如左：

江苏省：南京、上海、武进、吴县、砀山、青浦

浙江省：永嘉、鄞县、海盐、於潜（新设）

安徽省：安庆、亳县、当涂

福建省：福州、仙游、莆田

江西省：南昌

湖北省：汉口、襄阳、光化、河口、孝感（新设）

广东省：广州、新会、汕头、丰顺、江门

河南省：洛阳、邓县、固始、郾城、南阳、渑池、汝南、光山、舞阳、泌阳、商丘、叶县、临汝、永城、襄城、修武

四川省：重庆、广安、遂宁、泸县、安岳、永川、内江、射洪、梁山、南川、灌县

云南省：昆明、保山

贵州省：镇远

河北省：北平、天津、清苑

山东省：济南、青岛、即墨、章丘

甘肃省：平凉、定西（新设）

东九省：长春、铁岭

2. 汉口　汉口市分会征募运动，于六月十日揭幕，征募期间为一个月，由本会汉口区办事处协助进行，所聘征募队长已达一百人，预料成绩定有可观。

……

医务

近一月来各地分会重要医务设施，择志如次：

（一）安庆分会与卫生署第十一巡回医疗队合作，合办诊疗所为平民服务。（二）南京分会另与南京市社会服务处合作，合办诊疗所一个于南京市中心之新街口，颇具规模，预定下月开始工作。（三）汉口分会新组之医院及平民产院，均于六月开幕，人才设备，具称完善。

原载于《红十字月刊》1946 年第 6 期

中国红十字会新闻（节录）

（上略）分会调整工作，本会为发展会务，坚强分会组织，乃就各大城市并战前已有分会组织者，选定四十处以为核心，使其具有（一）高度征募会员及基金之能力，（二）高度服务热忱之干部，（三）完全合乎时代需要之服务事业，其会员人数，最低限度须达成一万人至三万人以上，俾能予附近各地分会发生示范作用，兹志其地点如后：

☆南京　☆上海　☆武进　☆吴县（苏）　杭州　☆鄞县　☆永嘉（浙）　芜湖（皖）　☆汉口　武昌　宜昌（鄂）　长沙（湘）　☆北平　☆天津（冀）　☆洛阳　郑州（豫）　☆南昌　☆九江（赣）　☆重庆　成都　☆万县（川）　☆青岛　☆济南（鲁）　☆广州（粤）　桂林　☆柳江（桂）　☆昆明（滇）　贵阳（黔）　太原（晋）　☆西京（陕）　兰州（甘）　☆福州（闽）　☆长春（吉）　沈阳（辽）　西昌（康）　归绥（绥）　迪化（新）　宣化（察）　台湾　香港

以上地点中有☆记号者［为］已恢复分会组织，并已进行或正在进行着征募运动，截至九月底止，计有二十二个单位。

原载于《红十字月刊》1946 年第 9 期

中国红十字会新闻（节录）

（上略）征求会员工作，近一月来，因举行第五届中国红十字宣传周，全国各地分会，一致热烈进行，最具有规模者，为南京、上海、北平、汉口、广州、西京、武进等分会，宣传日程自十月一日起至十日止共为十天，活动节目各地分会各具有特色。（详情另于本刊“分会园地”发表）

原载于《红十字月刊》1946年第10期

中国红十字会新闻（节录）

医务

一、各地分会诊疗所、医院诊疗统计。以分散各地，不能依时收集齐全，仅就已报会者，择要分列如次：

区分	日期	初诊人数	复诊人数
汉口市分会医院	十月一日至二十日	九一三	八九五
……			

（略）

原载于《红十字月刊》1946年第10期

中国红十字会新闻（节录）

会务

一、分会组织工作，近一月来，经调整组织或新设者，分志如次：

1. 四川省　　荣昌
2. 江苏省　　江都、宝应
3. 河南省　　沁阳、济源、杞县
4. 湖北省　　武昌
5. 察哈尔省　　张家口、宣化
6. 东九省　　沈阳

截至十一月底止，各地分会经调整或新设者共一百一十九处。

二、征求会员工作，近一月来，因举行第五届中国红十字宣传周，全国各地分会，一直热烈进行，最具有规模者，为南京、上海、北平、汉口、广州、西京、武进等分会，宣传日程自十月一日起至十日止共为十天，活动节目各地分会各具有特色。（详情另于本刊《分会园地》发表）综合各种活动要目，计有特刊、广播、集会、画展、正文、电影、音乐、慰劳、教师联谊、康乐□□、健康检查等，极能引起社会对于红十字会工作，更增一番认识与兴趣，尤以青年红十字会员运动，在我国尚属萌芽时期，经此次宣传周活动，已引起青年特别爱好，故入会者较任何阶层为多。兹志三十五年一月起至十月之各地分会征得会员人数分类统计如次：

团体会员	一五零
名誉会员	一一一六
特别会员	三二五八
普通会员	四六八三五
青年会员	九三一一七
合计	一四四四七六

以上所列统计数字，其已报而未经分类者，及各地分会征募运动尚未结束者，其数目均未列入，截至十月底止，所征得会员，已近二十万。另俟详确统计材料齐全，再行分别补充。

医务

一、各地分会医院及诊疗所业务，发展甚速，惟以散居各地，诊疗统计，不易依时收集齐全，仅就已报会者，择要分别如次：

区分	日期	初诊人数	复诊人数
广州市分会	十月一日至十日	三一五五	七八九
广州市分会诊疗所	同上	三七九	五二二
上海市分会诊疗所	十月一日至二十日	一六六二	二七五二
南京市分会诊疗所	同上	三八九三	四三七六
汉口市分会医院	同上	七一九	六七零
汉口市分会诊疗所	同上	三八一	五九七
西京市分会医院	同上	一六九三	二三八七

原载于《红十字月刊》1946 年第 11 期

中华民国红十字会大事年表初稿（节录）

一九零四——一九四六（下）

苏渊雷

第卅四年　一九三七年（民国廿六年）

18. 汉口华中万国红十字会委员会成立，推吴市长国桢及英、法、美、德、意等国领事侨商四十人为委员，吴市长国桢为主席、美（英）总领默思副之。

第卅五年　一九三八年（民国廿七年）

11. 红十字会汉口国际委员会半年来共收国内外捐款九十万元。

原载于《红十字月刊》1946 年第 12 期

中国红十字会新闻（节录）

会务

一、分会组织工作，近一月来，经调整组织或新设者，分志如次：

1. 云南省　大理
2. 河南省　新蔡、通许、郏县、密县
3. 四川省　邻水
4. 安徽省　怀远
5. 江西省　赣县
6. 江苏省　东台、铜山
7. 湖北省　大冶
8. 绥远省　归绥
9. 山东省　胶县

复员以来，截至本年十二月底止，各地分会经调整或新设者，共一百三十二处。

二、复员期间，本会为便于督促战后各地分会之恢复，特于上海、北平、汉口、广州、重庆五地各设区办事处一个，负责此项任务。惟查本会战前分会组织，最多时有五百十二处，现恢复者一百三十二处，已达五分之一以上，且分布全国各省。又以各大城市分会，如南京，上海、西京、重庆、广州、北平、汉口、长春、昆明等地分会，渐具规模，将来可能发生示范作用，以资附近各地分会观摩。爰将各区办事处限十二月底取销（消），但为加强巡回督导工作期间，拟于明年度扩增视导名额，分区视察，替代区办事处任务。至上海方面，因国际关系，对外接触频繁，正考虑设置相当机构，以臻联系。

三、复员期间征求会员工作，一年来以各大城市分会成绩较著，兹择志如次：

汉口市分会征募运动，截至十一月底止，计征得团体会员二个，名誉会员一三二人，特别会员七二二人，普通会员五三六三人，青年会员一二九七四人，合计会员一九一九三。收入会费国币九，零零八，九零零元。

（略）

原载于《红十字月刊》1946 年第 12 期

中国红十字会新闻（节录）

会务

本会原设上海、北平、汉口、广州、重庆五区办事处，以复员工作，已将完成，爰于上年十二月底撤销，但上海方面，因国际联络上工作甚多，经将上海区办事处改设为上海办事处，以事联系。

医务

一、各地分会诊疗所医院诊疗统计。以分散□远不能依时收集齐全，兹就本月已报会者，登列如次：

区分	日期	初诊人数	复诊人数
南京市分会诊疗所	一月一日至十日	一零四八	一二九七
上海市分会诊疗所	同上	三八二	六零二
汉口市分会诊疗所	同上	二零八	一九九
武进县分会诊疗所	同上	九三	六五
江都县分会诊疗所	同上	一七	五七

（续表）

区分	日期	初诊人数	复诊人数
西京市分会医院	同上	五七五	七四八
汉口市分会医院	同上	二六八	二五三
内江县分会医院	同上	二一五	四零零
章丘县分会医院	同上	一三二	一一五
安阳县分会医院	同上	三二	六七
砀山县分会救护队	同上	一三零	五二
合计	三一零零	三一零零	三八五五

原载于《红十字月刊》1947年第13期

中国红十字会新闻（节录）

奖励优良分会：三十五年度各地分会工作成绩业经考核评定，分为甲、乙两等。

凡业务能依照既定计划进行，并征募成绩优良者列为甲等，合于此项规定者有南京、上海、武进、广州、西安、北平、重庆、汉口等八个分会。

原载于《红十字月刊》1947年第14期

中国红十字会新闻（节录）

会务

1. 奖励优良考核评定，分为甲、乙两等。

（一）凡业务能依照既定计划进行，并征募成绩优良者列为甲等，合于此项规定者有南京、上海、武进、广州、西安、北平、重庆、汉口等八个分会。

……

医务

一、各地分会诊所暨医院诊疗统计，兹将已收到者分志如次：

区分	日期	初诊人数	复诊人数
南京市分会诊疗所	十月十一日 至三十日	一九六一	二七三九
上海市分会诊疗所	同上	九七四	一六六一
北平分会诊疗所	同上	七一	七三
广州市分会第一诊疗所	同上	五四二	八八九
长春市分会诊疗所	同上	三九	七四
长春市分会第二诊疗所	同上	一七七	五六三
武进县分会诊疗所	同上	一一八	一二五
江都县分会诊疗所	同上	四五	二七四
遂宁县分会诊疗所	同上	一八六	二六六
南昌市分会诊疗所	同上	一四八	四六四
即墨县分会诊疗所	同上	七八	一七二
西京市分会诊疗所	同上	九七五	一四五七
汉口市分会医院	同上	四二九	四八零
长春市分会医院	同上	九一四	一零一六

原载于《红十字月刊》1947 年第 14 期

儿童福利工作在中国
——民国三十五年度的调查（节录）

胡道珂

中国家庭一向把儿童看作父母的私有物，他们认为“养子防老”“积谷防饥”，没有将抚育儿童看作自己的神圣责任。另一种家庭却把儿童视为家庭的附属品，不足轻重的小生物，至于家庭以外的少数儿童福利事业，那仅是慈善家所干的事，不足为一般人所重视。

承认儿童有独立人格，并非家庭附属品，提倡抚育儿童不但是父母的责任，而且是国家社会的责任，这是近十几年来才发生在知识界中的事。因此，我们可以说，儿童福利工作在中国还是初创时代，它的远景是非常灿烂和光明的。

这里，我们仅就卅五年度的儿童福利工作作一简略的报告。

甲、红十字会所领导下的儿童福利工作

中国红十字会自成立以来，她的工作都是偏重在医疗救护方面，特别因为配合八年来对外抗战的需要，已将医疗救护工作奠定了坚实良好的基础，一般人民一看到红十字的标识，便自然而然的会联想到医疗救护之类的事。

自复员截至本年十二月底止，各地分会领导下的医院业已恢复工作的有上海、重庆、西京、北平、汉口、长春、灌县、万县、内江、富顺、章丘等十一个医院，已经成立诊疗所的有上海、南京、广州、汉口、福州、重庆、北平、长春、南昌、武进、江都、荣昌、邛崃、永城、临汝、平凉、遂宁、梁山、安阳、亳县、江陵、鄞县、即墨、孝感、嵩县等廿五个分会，各医院及诊疗所对于医疗儿童疾病虽无详细报告，但均经常为疾病儿童服务。

乙、社会部公、私立儿童福利社机关及教会所领导下的儿童福利工作

……

二、公、私立儿童福利机关所领导下的儿童福利工作：

对于各省市公、私立之儿童福利机关工作的详情，我们不很清楚，这里仅将这些机关的总数，及受惠儿童总量列表统计于下：

社会部直辖儿童福利机关统计表

省市名称	儿童福利机关总计	受惠儿童人数总计	省市名称	儿童福利机关总计	受惠儿童人数总计
江苏	44	2958	浙江	163	18119
安徽	34	1657	江西	10	7505
湖南	78	25454	福建	76	4169
台湾	10	65	广东	51	5469
广东	51	5469	广西	19	251
四川	114	8112	云南	30	960

（续表）

社会部直辖儿童福利机关统计表					
省市名称	儿童福利机关总计	受惠儿童人数总计	省市名称	儿童福利机关总计	受惠儿童人数总计
贵州	51	2171	西康	1	32
天津市	16	692	汉口市	5	658
重庆市	19	1264	山东	14	598
山西	64	3714	河北	16	1789
河南	72	8633	陕西	68	6722
甘肃	16	191	新疆	1	10
宁夏	5	616	绥远	4	709
热河	23	257	辽宁	1	80
南京市	7	330	上海市	40	6123
北平市	22	6069	哈市	11	112
青岛市	11	105	总计	1145	119034

原载于《红十字月刊》1947年第15期

中国红十字会新闻（节录）

会务

三月份总会及各地分会征得会员分志如次：

1. 总会征得特别会员八人。
2. 宣化县分会征得各种会员三九四人。
3. 昌邑县分会征得各种会员二十二人。
4. 江门县分会征得各种会员一二六人。
5. 荥阳县分会征得各种会员二二人。
6. 安阳县分会征得特别会员八六人。
7. 孝感县分会征得特别会员八六人。
8. 汲县分会征得特别会员二零人。
9. 寿县分会征得各种会员六人。

10. 舞阳县分会征得各种会员一五四人。
11. 永城县分会征得各种会员一一一人。
12. 黄陂县分会征得特别会员一二人。
13. 襄阳县分会征得各种会员六二人。
14. 遂宁县分会征得各种会员一三六人。
15. 鄞县分会征得特别会员一零人。
16. 苍梧县分会征得各种会员三三人。
17. 会同县分会征得特别会员一人。
18. 罗山县分会征得特别会员一零人。
19. 徐州市分会征得各种会员二二六人。
20. 东台县分会征得普通会员二二二人。
21. 安岳县分会征得普通会员三零人。
22. 平度县分会征得普通会员二六人。
23. 零陵县分会征得各种会员一八人。
24. 连城县分会征得普通会员七人。
25. 当涂县分会征得各种会员四九九人。
26. 福州市分会征得各种会员二四八人。
27. 安阳县分会征得各种会员一三人。
28. 光化县分会征得各种会员一一七人。
29. 亳县分会征得各种会员四二七人。
30. 南京市分会征得会员三一七八人。

以上共计征得会员三一七八人。

服务

各地分会诊所暨医院诊疗统计，兹将已收到者，分志如次：

区分	日期	初诊人数	复诊人数
南京市分会诊疗所	二月一日 至二月二十日	三零四七	三七八八
上海市分会诊疗所	同上	一九二零	二四九八
北平市分会诊疗所	同上	九一	一一七
广州市分会第一诊疗所	同上	四九零	九七三
广州市分会第二诊疗所	同上	三八九	六九二
长春市分会第二诊疗所	同上	二零二	三六零

（续表）

区分	日期	初诊人数	复诊人数
汉口市分会诊疗所	同上	一七三零	一八四六
南昌市分会诊疗所	同上	一二一	四九零
武进县分会诊疗所	同上	二一零	二四一
江都县分会诊疗所	同上	六二	四三七
遂宁县分会诊疗所	同上	三零三	五四一
即墨县分会诊疗所	同上	六六	二一四
平凉县分会诊疗所	同上	一一	二六七
安阳县分会诊疗所	同上	七八	一四四
会同县分会诊疗所	同上	二零零	六八
邛崃县分会诊疗所	同上	六七	二七六
西京市分会医院	同上	一三七九	二一八五
汉口市分会医院	同上	四四七	四九三
长春市分会医院	同上	六一一	七七三
内江县分会医院	同上	三三二	六零一
章丘县分会医院	同上	三五八	三六四
洛阳分会医院	同上	一零一	九零
临汝县分会医院	同上	一七一	四九六
砀山县分会救护队	同上	一五五	一三二

原载于《红十字月刊》1947 年第 15 期

中国红十字会新闻（节录）

会务

分会组织工作，近一月来，经调整或新设者，分志如次：

河南省　潢川、临颍

四川省　渠县

浙江省　建德

陕西省　延安

湖北省　黄冈

安徽省　凤台

复员以来，截至本年五月底止，各地分会经调整或新设者共一五七处。

医务

各地分会诊所设立情形及工作动态：

1. 重庆市分会诊疗所自五月份起添设牙科，由该分会与牙科医师卓著及邓光祎二人订立合约，每日由该两医师前来应诊。

2. 鄄城县分会诊疗所于四月二十日成立，分内科、外科、产妇儿科等之科。

3. 昌邑县分会诊疗所于五月十五日成立。

4. 孝感县分会救护训练班于四月一日成立，考录学生三十七名，四月十六日正式开课。

5. 北平市分会救护训练班第一期已于四月底结业考试，及格者十八人。（男女各半）

6. 莆田县分会以鼠疫为该县连年发生之传染病，尤以夏秋两季为最盛，近为预防发生，特向福建卫生处购买该处出品之鼠疫预防苗六万cc，在该县四乡设临时服务站四处，聘请当地医师为民众免费注射，现已注射二千三百人。

原载于《红十字月刊》1947年第17期

中国红十字会新闻（节录）

医务

本月份配发各会一般药品统计：

分会名称	药品数量
汉口市分会	显微镜二座、X光
武昌市分会	显微镜一架
孝感县分会	药品五零种
砀山县分会	药品二零种

（续表）

分会名称	药品数量
南京市分会	药品三九种
昌邑县分会	药品五四种
武进县分会	药品二三种
武清县分会	药械二零种
长□县分会	药械三零种
泸县分会	药品五八种
遂宁县分会	药品四九种
上海市分会	药品二九种
内江县分会	药品一五种

原载于《红十字月刊》1947 年第 19 期

本会新闻（节录）

总会

本会此次□募事业基金国币五十亿元，原定筹募期间为三个月。捐赠之分配：1. 政府——五亿元，2. 各大城市——三十三亿元，计“上海”十亿元，“南京”三亿元，“东北”“台湾”“广州”“昆明”各二亿元，“北平”“天津”“西安”“汉口”“重庆”各一亿元，其余各省县市各一千万、五百万、一百万元不等。3. 义卖——二亿元，4. 国外募捐——十亿元。

原载于《红十字月刊》1947 年第 22 期

中华民国红十字会总会卅五卅六年度工作简报

第一章　会务概况

一、分会之复员与整理

卅五年一月，本会复员期间组织规程调整及管理分会办法之制定公布，以征求会员、筹募基金为中心工作，又以本会战前原有分会五百十二处，抗战期间，多已失却联络，亟应协助复员，乃于卅五年二月间决定于全国设置五个分区办事处，自三月份开始，上海、汉口、北平、重庆、广州各办事处分别筹组成立。各区办事处虽于卅五年十二月底以各地分会大致复员就绪，陆续宣告结束（惟上海区办事处改组缩小为上海办事处继续存在），但于各地分会之调整管理，亦已完成其使命。抗战期间本会所隶分会多限后方各省，为数不逾九零，经各区办事处积极策助，卅五年底已有分会一三二处，已达战前分会最多时五分之一。截至卅六年十二月，全国分会已达一百八十处。其分布情形如下：

江苏一九、浙江九、安徽十三、江西四、湖北十三、湖南五、广东八、广西五、福建四、四川二零、贵州二、云南三、河南三八、河北九、陕西二、甘肃二、山东一四、东北六、绥远一、察哈尔二、山西一……

第二章　医药服务

一、难民医药救济

复员伊始，各地难民，亟待疏散返乡，本会于卅四年十月即与行政院善后救济总署（行总）订立合作办法，由本会前救护总队部裁并之四十个医疗区队，担任后方及收复区运输途中之难民平民医疗服务。卅五年一月间，本会四十个医疗区队分布于浙江省四、江苏省二、江西省二、湖北省三、湖南省六、四川省七、福建省三、广东省二、广西省五、贵州省六。兹将各队于卅五年六月结束前之移动及医疗工作分述如次：

1. 原在湖北之二区队（六二一、六二二）：第六二一、六二二两区队于卅四年十一月调至汉口后，在本会汉口市分会设立诊疗所，曾担任难民巡回医疗队及第二难民收容所治疗及环境卫生工作，协助市卫生局施行强迫种痘并派医事人员赴各小学接种牛痘，卅五年七月改组为汉口市分会诊疗所。

2. 原在四川之七区队（一四一、一四二、二五一、八二一、八二二、

九五一、九五二)：第一四一、一四二两区队于卅五年一月护送难民至宜昌，与行总湖北分署成立诊所，复应社会部之请，加强长江沿线医疗工作，防治霍乱流行。后于同年五月护送难民至汉口，应行总湖北分署洽派，开往荆门县沙洋镇工作。第二五一区队原服务于本会与重庆中央大学合办之肺病疗养室，并由该区队派员协助推进环境卫生工作。卅五年三月东下还都，一部分人员调至上海参加上海市分会诊疗所工作。第八二一、八二二两区队于卅五年一月由重庆南温泉循川湘公路随同第二俘虏收容所开往汉口，由行总湖北分署派往［汉］口担任民众诊疗工作。第九五一、九五二两区队于卅四年二月先与行总重庆难民站合办海棠溪诊所，卅五年二月护送难民木船至汉口，复由汉口至上海，合并第一五一区队，成立诊所。

3. 原在广西之五区队（四二一、四二二、四五一、四五二、四三一)：第四二一区队于卅五年一月间即已向汉口开拔，留汉期间曾协助第六二一区队开诊工作，并应行总湖北分署之命，开往滠口防治天花并于附近各处举行挨户种痘。同年三月开拔南京，驻于下关，在京沪及津浦两车站与九三二区队推行疫苗注射及检疫工作。七月改组为南京市分会新街口义诊，九月又调赴广州设立广州市分会诊疗所。第四五一区队于卅四年十一月由柳州开拔至汉口，复由汉口至郑州，于卅五年五月与行总河南分署合作成立诊所，并设置病床四十张，收容患病难民。第四五二区队亦与四三一区队共同合作，先此并曾参加桂南医药服务工作。

4. 原在贵州之六区队（一七一、一七二、二二一、二二二、二六一、二六二)：第一七一、一七二两区队自遵义开抵重庆，于卅五年二月护送难民至汉口，复由汉口至南京，原拟开往徐州与行总苏宁分署合组诊所，旋由合约期满未果。第二二一及二二二两区队由桐梓开拔至重庆，卅五年三月由重庆护送难民至汉口，复开拔至芜湖，于同年七月调至武进组织武进县分会诊疗所。第二六一、二六二两区队与社会部贵阳社会服务处合作设立民众诊所。

综言之，本会四十个医疗区队中，配合行总护送难民还乡者计有九个区队，分批自重庆至汉口，每次护送木船一至三艘，平均每队工作时间为四十五日，共计护送难民万人以上，尤以船中传染病救治及助产等工作，极为难胞交口称誉。其他各区队则分在京沪、京芜、沪杭、汉宜、衡邵、粤汉等线及赣闽豫黔等地与行总合作办理平民诊所。自卅四年十一月至卅五年六月底止，诊治人数共达五八七，七四九人。

原载于《红十字月刊》1948 年第 28 期

中华民国红十字会分会地址及负责人姓名一览表（节录）

三十七年八月组训处制

湖北省			
县市	职务	姓名	地址
襄阳县分会	会长	□哲甫	襄阳校士街三六号
	副会长	冯子固、娄协平	
	总干事	朱亚贤	
汉口市分会	会长	朱荐庭	汉口黎黄陂路青年会内
	副会长	王民仆	
武昌市分会	会长	沈肇年	武昌斗级营一一零号
	副会长	□□安、尹仲涛	
	总干事	萧幼三	
孝感县分会	会长	胡信之	孝感县学门外马路十号
	副会长	徐印侯、邓云樵	
	总干事	王善普	
江陵县分会	会长	王润之	沙市新民左街十六号
	副会长	萧松立、周汝铎	
黄陂县分会	会长	梅中立	黄陂祁家湾上姬公庙
	副会长	詹□三、李耀南	
	总干事	万汉番	
光化县分会	会长	雷霞轩	老办口（尚未改组）
钟祥县分会	会长	周恩熙	崇岵街十六号（尚未改组）
	副会长	范嵩山	
大冶县分会	会长	梅悦臣	黄石港上港正街
	副会长	朱芹香、池碌民	
	总干事	傅文正	

（续表）

湖北省			
县市	职务	姓名	地址
应山县分会	会长	吴子删	湖北广水仁字第六号信箱
	副会长	梅润卿、胡少濂	
	总干事	杨子兰	
麻城县分会	会长	陈华齐	宋埠镇街清源堂
	副会长	万世英、袁益智	

原载于《红十字月刊》1948 年第 32 期

湖北孝感乐仁麻风病院

麻风病院的设立，在中国为数不多，乐仁麻风病院，创于民前二十年，由英籍医师傅乐仁，急公好义，募集巨资，在孝感大东门内东岳庙后面，购地建筑房屋筹制设备，历多时而告竣，内有病房十间，外加门房、药室、换药室、注射室、化验室、客厅、大小厨房、洗衣房、礼拜堂、洗澡房、花园、玻璃房、菜园、厕所、汲水井和养鱼池等。

民国十年至二十七年间，院内经常住有麻风病患者一百五十人，每一病房各选房长一人维持和清洁，其工作除喂猪、养鸡、种菜等以备病人自己食用外，由教师教导歌唱，并聘花匠指导种花，每晨采鲜花分给各病房。此外还有织网、织袜手工，成品消毒后，即在本市出售，所得利润归各工作者，不过麻风病者入院后，不痊时不许出院。

乐仁麻风院之基金，由英国伦敦麻风会负担，或向各国慈善家募化，凡住院病者，衣食和医药费，均由院方无条件供给，在院病故者，衣棺葬费亦由院方负担。

该院组织——计院长一人，医师一人，会计一人，宣教师一人，庶务一人，工役八人，看护六人（由训练麻风病患者充任）。治疗方面外科由院长及医师指导看护照普遍外科换敷料，内科由院长或医师负责治疗，每星期注射大枫子制剂一次，不过注射大枫子油非常疼痛，病者多不愿意注射。经验告诉我们，麻风病初起者，有痊愈的希望，病重者甚难告愈。

麻风会有意将麻风院扩充，或改为皮肤病院，并多设皮肤科诊察所，因麻风初期多显于皮肤，而且最易传染，这个时期也容易治疗。所以要根绝麻风病，非注意皮肤科不可。

原载于《红十字月刊》1948 年第 33 期

汉口红十字会医院巡礼

奚　俊

提起“红十字会医院”，在汉口的人们一定不会感到陌生的，它的特点是关系着每个家庭的快乐，就是助产业务。

在民国初年，汉口还没有十分繁荣的时候，产妇们仍是用老旧的接生婆。牺牲在她们在肉口传授和经验手术下的产妇，不计其数，这时有位王森甫先生，他是不识字的带发和尚，深深地了解产妇们的痛苦。他认为必须要从根本上改革不可，于是邀集汉口富商大贾，募资筹办产科训练班。这就是汉口有产科学校的开始，也就替“红十字会医院”造就了今日的盛誉。

昨天，记者们特地去参观了一番，时令虽已进入深秋，但是亢炎的骄阳，毫不留情地射照着大地，烦躁懊烈重新浮上人们的心头，“像过六月似的”，我们一行几个人有同感，走得喘不过气来！

走过新安市场，穿过一条街就是“药帮一巷”。在这条寂静的瓦屋一窄巷中，耸立着一栋三层楼的洋房，这就是“红十字会医院”，在二楼“议厅”里，我们会□了它的主人翁——朱文俊院长。

黝黑的面容上，配着一对亮晶晶的大眼睛，焕发的精神，配着一套朴素的衣服，一望而知是位能吃苦耐劳的人才。经过介绍之后，他对我们这群不速之客表示十分惊喜，没想到我们会跑到这远来参观这所医院，他很高兴地领导我们参观全院。

首先参观产科病房，病房在二楼的东边，每个房间都是一样的干净利落，亮爽，给人一个良好的感觉。他说这房间是头等，每天只要七角钱，如吃院方的伙食只加五角钱。还有二等、三等病房，比这还要便宜些，另外遇到真正赤贫产妇，我们完全免费，义诊送诊。

接着他引我们到婴儿室里去参观，一排排的藤摇篮，装着一些天真可爱的孩子，我们进去时，只有一位看护小姐，在那里照料这许多的小宝宝，小藤床面上，都铺着一层纱布，还时正过了十二点钟，小宝宝大概都是才离开母怀的，很安静地睡在那里，一任他（她）的保姆们替他们盖上温暖的软被，这时护士小姐抱起一个婴儿，放在磅盘上过磅，再将数字抄在记事本上，这是她们每天必要的工作。朱院长对我们说：从婴儿每天过磅的轻重上面来看，就可知道这个婴儿有没有病，或者有其他的原故，然后即由儿科医生来检查治疗。他接着说：外国人笑中国人是病夫，固然先天环境不良，没有办法，但是后天环境是可以改善的，就在产妇生产时以及婴儿哺养时期。我在抗战时期，奉红十字会的命令，随着部队，一直过着枪林弹雨的生涯，虽然是一个医生，可是却养成一付军人爽直的脾气，因此我深恶人家笑我们是"病夫"，所以自我接任一年以来，我对于产妇婴儿管养方面，特别注意，无如产妇们在住院的时候，还听我们的指导，［但］出院后的情形如何？是否照我们说的做？那就很难说了，我们也只好尽心吧了。

听了他的话，使我感慨万端，"东亚病夫"的雅号所以洗刷不清的原故，大概是国人因循所致吧，我希望知识妇女们，赶快警觉，身体力行去改善你们的下代吧。

接着参观爱克斯光室，朱院长告诉我们，这部机器是美国剩余物资中分配给红十字总会的。我们费了九牛二虎之力，才向总会要来的。这是最新式的一种，是活动的，普通的机器，还要一个良好的固定环境，等病人去检验，可是这部机器就不同，不需要暗室的设备，不必等病人来院检验，可以推到病家去检验，就是没有电的地方也没有关系，因为它带有一部手摇发电机和蓄电池的原故，当时，朱院长即开着给我们看，因为这时没有病人检验，我们只好［让］照料这机器的女护士站在那里，照了一张相。

后来，朱院长请我们分别参观外科室、内科室、手术室、检验室、药房，并替我们讲解，然后回到"议厅"里休息，因为忙着参观，而忽略了这间休息室内的环境，这里没有什么名人字画之类的东西，尽是各种奖状，正面一张国民政府的"胜利勋章"，上面述明了朱院长在抗战期间的功绩，所以得到这种荣誉，从这些奖状上看来，就知道朱院长是怎么样的一个人了。

休息时间，朱院长告诉我说：这所医院是没有经费的，全靠收入维持自己，以我当院长来说，人家一定会说我的生活是舒服极了，可是我只拿到五十元的薪水，想你们一定不会相信吧，院长只有五十几块的薪水，其他的同仁就可想而知了。但是这院里的内外科医师，生活虽然这么苦，可是没有一个人在外面兼差或开诊所得，这就是因为几位医师都是我志同道合的朋友，希望真诚的替人类做一点事情，所以不计较自己的“名”和“利”了。

当我接长这所医院时，有些朋友就规劝我，不要接这个穷医院，自己去开一个诊所，名也有利也有，为什么这样傻呢？但是抱歉得很，我没有听信那朋友的话而去做一个聪明人，却情愿接这个穷医院而做一个傻子。你想：一个人不做傻子，两个人也不做傻子，那天下全不是没有傻子了吗？

接办以后，因为没有经费，只好因陋就简地苦干着，找着几位愿做傻子的朋友来共同为人类服务。三年多了，已从三十余人扩充到一百多人，这可算是我们这几个傻子没有白做。

因为我们抱着服务人类的宗旨，像码头工会的工友，都是在我们这儿看病，我们固然不敢断然说有手到病除、扁鹊重生的高明，可是我们真诚的替人类服务，虽然是生活苦一点，可是我们的良心却舒服极了。

听完他的话，使我想到报纸上常常刊载某公立医院消息，加上了一个“势利医院”的雅号，真是痛心得很。

为什么公立机构有充足的经费、齐全的设备，为什么还办得这样糟？而这没有经费而能真正服务人群的机构，反而有人会笑他们是群傻子呢？

想到这里，我希望热心慈善事业的先生们，也去参观一下，拿他们服务精神和“势利”雅号去比较一下，到底谁强些，谁应该得到同情的支援。

休息了一会，辞谢出来，红十字会医院门口墙上的“服务社会，服务人群”的八个红字，在秋天的斜晖中更显得分外精神。归来记之，并以勉该院同仁，照这样八个字，继续努力，天地间傻子总是要人做的！

原载于《红十字月刊》1948年第34期

复员以来的黄陂分会

李惟桢

三十五年一个春天的正午，笔者的弟弟□了一个和蔼可亲慈颜的老人到了我的诊疗所里来，我与他通曲款寒暄后即询其来意，因为来人看我号牌有十字一块版，就说他是本县十字分会会长梅中玉，问起我是不是红十字会会员，我答复他的是虽不是会员而职业和事务可说是救济□业，能算是红十字会业务的一个部门。如是经过他们的介绍加入了红十字会。

后来我时常亲近这位老者，虚心请教，问起本会过去会务及现在设施暨将来前途发展，梅会长并嘱我征募同道的会员，又将我的同学黄志诚、刘华尧，同道刘治安、冷慧生，业师张亚北均先后介绍入会，我个人比即与会长合作，经过奔走呼号，苦心擘画，成立了三个固定的诊疗所。先只有一个救护队的组织，在这三个诊疗所都在乡村各集镇成立了之后，现在不到两年的功夫业务的发展也不错，使乡村同胞对本会生莫大的信赖和认识，是无可讳言的。

我一加入为会员之后，就在县城设一服务站，而分会远在乡村距城三十里，对于取得政府及地方有声望人士同情和协力，我则不惜精神物质之牺牲，使之尽善尽美，而达到本会业务宗旨。

我知道梅会长是孤掌难鸣，一则为地方作出一番事业，因为又开业，在县城有年，故各方面人士有地位的也要占多数。不过黄陂为武汉咽喉、华中重镇，人口众多，而生产低少，自民国十二年以后至抗战胜利，可说人民没有过一次的安宁日子的，故去年筹募事业基金，都是受这些原故的影响，所以今年的红十字因则成立了四个救护队、一个担架队，加紧训练和运用。

目前人力尚能分配，购用财力则因连年战事、地脊（瘠）民困的原因，幸亏会长与各位负责同志苦力撑持。

最近我们的救护队也将素质提高了，并延聘军事和卫生、医药、救急各教育专家精神（彩）讲演，并由我们几个医师编制急救常识基本卫生讲义，随时灌输各队员，并将抽调热心公益而成绩较优的成立一个乡村巡回医务队，原因是有医务方才会务业务可能有发展。

原载于《红十字月刊》1948 年第 35、36 期

二、工作报告

中国北京红十字协会幼幼会第一次报告

本会武汉之行，除约定北京孤儿院、仁慈堂各认收儿数十名外，天津商会总理兼育婴堂总理王竹林君认自筹二百儿常年教养费。此次出发所用款项均暂由贫儿院支付，于阳历四月十一号议定，贫儿院男女职员各二人、孤儿院总理一人，乘京汉车同出发到汉实行救济。

十三号抵汉口，寓法租界长清里驻汉中国红十字总会。

十四号，总会代函请各报馆在报宣布简章及收儿广告，并由本会呈明黎副总统及函知阳、夏各知事。

十五号，晋谒黎副总统后，会江汉关监督黄开文君于江汉关办公处，会商会总理蔡辅卿君于商务总会，会夏口知事徐如兰君于夏口知事公署，详商收儿一切事宜。

十六号，谒湖北教育司长赵伯威君，后遍访汉上各大慈善士及参观各善堂、教会。女会员参观汉口育婴敬节局，见其孤贫可怜，两女士由个人各捐银二十元托商会转交。

十七号，再会商会总理蔡辅卿君畅谈救儿事业与共和建设之关系，承甚表同意，允筹巨资在汉提倡。惟一时不能成立，欲暂将汉上敬节局内男女孤儿二十余名托本会代教代养。本会以小儿言语习惯遽难融化，问可否请该局年较长节妇一二位同行以备顾问，当允商该局董事张明斋君。

蔡君覆本会函，托转交女教员捐款及允接收孤儿函。

王臧两先生公鉴：顷奉台函并收到贵会女会员冯朱两先生自捐银四十元，嘱为分给敬节堂孤寡之用。仰见宅心恻隐，胞与宏施。巾帼仁慈，须眉愧死，并承转达鄙意，极荷欣从，婴儿则教养兼隆，节妇则备参顾问。群呼得所，皆出自诸君之赐，窃代妇婴等九叩以谢。张君明斋处昨经函致，属令直接趋教，所有贵会广告，业经遍为张贴并分送议帮各董，一面知照夏口知事矣。量宏施济，遐迩同钦，弟虽力微，窃愿叨陪末尘，幸时赐教，□以匡不逮，祷甚，专复祗请善安。冯朱两先生前统此代谢，弟蔡文惠免冠。

十八号，收儿自今日起，报名暂定两处，录夏口知事复函及布告如下：

覆　函

迳覆者：顷读惠函，祗悉一切。仰见贵会胞与为怀，功德无量，保赤善政，莫要于此。不佞浣诵，再三钦佩无似。除出示布告外，相应函知贵会查照。此覆，顺颂时祺。名另具。

布　告

中华民国鄂都督府顾问官夏口知事徐为布告事。案准中国红十字幼幼会函开，本会宗旨专为救济战地灾区流离男女儿童。业经红十字总会认为协会，并在北京内务部呈准立案。本会自去冬派员赴汉调查后，已在京津约定分配收养所在四处，每个儿月需银五元，已募集常款，约可养儿二百名。现本会男女会员出发到汉实行救济，又红十字总会具情转请大总统特别提倡在案。除到汉后由总会转知各报馆在报宣布并由本会呈请副总统据情通告外，应函知贵执事知照该管地方，凡无家可依或有家而实不能生活之男女儿童速觅保证人偕来。本会收儿报名一在汉口法租界长清里十三号中国红十字总会，一在武昌城内罗家巷赤十字会。填写证书或请各团体具正式公函，以便转送各堂院分别设法收养，并粘钞收儿广告一纸等因准此。查幼幼会专救战地灾区流离男女儿童，洵属胞与为怀，功德无量，保赤善政，莫要于此。本知事仰瞻义举，钦佩莫名，除答覆外，合行布知，为此仰各界人民一律知照。如有确系流离无依男女儿童速至幼幼会报名，毋得冒滥，是为至要。此布。

附抄收儿广告：一、本会专一救济战地灾区流离男女儿童；一、本会联络各省善堂善会分别资送留养；一、本会约定京津收养所在天津育婴堂，北京孤儿院、贫儿院、仁慈堂；一、本会收儿以年在十二岁以下，其无家可依或有家而实不能教养者为限制；一、本会实行救济时，当先由该地官绅或各团体将本会主义通告；一、本会所有资送收养儿童姓名、数目，均造清册交该地官绅或各团体备查；一、本会将该儿教养期满时，以十八岁为期满或期未满而必须领回时，均须该地官绅或各团体具正式公文通知本会，由本会转知各该堂院；一、本会最重志士仁人之遗孤，或调查所及，或具报本会者，当分别特为教养，或代为声叙，以便请恤；一、本会在汉口收儿日期暂以两星期为限，自四月十八日起至五月二日止。报名处：汉口法租界长清里十三号中国红十字会，武昌城内罗家巷赤十字会。右仰通知。民国元年四月十八日示。（未完）

原载于《大公报》1912年5月21日

中国北京红十字协会幼幼会第一次报告（续）

自十八号至二十五号宣布收儿止，一星期，报名小儿竟至七十余人之多，在汉阳城内百龄巷红十字会事务分所觅定房间陆续收留。又在汉阳遍贴四字句简章布告，兹录武昌《中华民国公报》紧要新闻一则如下：幼幼会之布告。红十字协会之幼幼会，其宗旨专救济战地灾区之流离男女儿童，教养兼施，俾不至于失所。该会会员臧佑宸君，女会员冯章克嶷等君以武汉为血战地点，儿童流落实堪悯恻，除在武昌、汉口设立报名所外，特在汉阳城内百龄巷租赁房屋组织分所，俾流离之男女儿童得以就近报名，拟于二十六日开办，其布告录下：

本幼幼会，专一救济，战地灾区，孤贫小儿，代教代养，分文不取，教养期满，该家领回。男女兼收，教童工艺，年岁长成，皆能自立。京津善士，发起此会，现定四处，收二百儿。武汉战地，特来救济，呈明都督，地方知事，凡彼孤贫，愿受教育，后列三事，注意注意，年龄十二岁以下，期限五月二日止，报名处汉阳百龄巷。

二十六号，会员会议，查各处报名极多，惟闻携到京津教养辄沉吟再四，卒以不忍远离，故致听其失教失养。本幼幼会宗旨，系注重联络各善堂善会及广劝各地方大慈善士，提倡救儿事业，凡所收小儿就近教养，其不能在就近教养者携到京津各堂院分别教养。想武汉为首义之区，其间多志士仁人，定有以辅助本会进行。因决定约汉上诸父老兄弟及各善士协资本会在汉口立幼幼会分会。

二十七号，会武汉各大善士于汉口嘉宾楼。本会宣布来意及报告到汉情形后，提议设汉口幼幼会，得到全体赞成。议定地址在汉口官育婴局，公推该局董事张明斋君为经理，当即承认力图进行。

二十八号至三十号，连日报名尤多，自朝至暮，大有应接不暇之势，但顾送儿者虽多至数百人，而实签名者仅百余人。本会此次出发地点本定武汉及江皖，忽见共和报载电，黄留守命将粤军由临淮携来幼孩八百余口，组织贫儿院，教以工艺。当持此电商之总会经理员徐森玉君，允代电询是否，此八百余名外仍有流落小儿，其原电如下：

驻汉中国红十字会致南京黄留守电文

南京黄留守鉴：本会协会北京幼幼会，专一救济战地灾区孤贫男女小儿，蒙袁大总统及黎副总统提倡，已募集常年教养费，可收儿二百名。男女会员已在武汉收儿，限五月二日止。额尚未满，适接南京电知粤军由临淮携来幼孩八百余口，贵留守拟组织贫儿院，教以工艺，仁心仁政，钦佩莫名。查本会尚缺五十余额，除贵处已收院八百余口外，若仍有流落小儿，不论男女，请择年在十二岁以下者，如额送到汉口，同在汉所收儿，携到北京分配贫儿孤儿各院代为教养，将来本幼幼会进行，仍请贵留守特别提倡，以资观感而广慈善，并请电复汉口法界长清里十三号驻汉中国红十字会。

南京黄留守复驻汉红十字会电文

法界长清里中国红十字会台鉴：来电敬悉，极纫公谊。敝处前因粤军由临淮携来饥民之幼孩八百口，现为设学教养，暂时无可分送。贵会诸大君子热心组织，又得袁黎二公提倡，将来嘉惠灾黎，目无量涯，翘企仁风，实深颂祷。黄兴复。

五月一号，接黎副总统准知照铁路南局发给送儿到京乘车免票批呈：悉该员等创办幼幼会，收孤贫小儿，分别教养，造福实非浅鲜，所请知照铁路南局发给送儿到京乘车免票，已函知该局照发并着按人数另行挂车，俾该员等得以随同保护以重幼幼会之心，此批。

又　函

幼幼会执事诸君鉴：敬启者，诸君热心公益，提倡义举，教养义士遗孤，慰死恤生，中外称道。闻鄂军遗孤已荷大□收集百余名，更为感佩。元洪本应捐助款项，藉襄善举，奈财政支绌，无力多助，勉拨现洋二百元，以表征忱，并谕江汉关饬派专车送京。专此并颂时安。

元洪启，五月一日

原载于《大公报》1912 年 5 月 23 日

中国北京红十字协会幼幼会第一次报告（续）

二号约集武汉士绅会议，汉口幼幼会已成立，宜从速组织一贫儿院，组织以何事先佥最，谓宜先集款。本会当将黎副总统捐本会银二百元移捐汉口幼幼会，此会即作。

副总统提倡另由北京贫儿院公款内移捐汉口育婴敬节局银百元，请该局创办蒙小学，此款作笔墨费，俾节妇之子女得养得教。并声明本会到汉宗旨系因浩劫之□，想当地各大善士，或心有余而力不足，特来微微补助，所有武汉士绅捐款，无论多少，均移捐汉口幼幼会，以便就地组织救儿事业。旋晤江汉关监督黄开文君说明此意，当蒙极力赞成，并允商明商会定能劝募巨款。

三号在官育婴局汉口幼幼会事务所内约集所收男女儿之家长，会同地方绅商及各团体代表，发给收儿凭据后撮一影。是晚在红十字总会同徐森玉君将贫儿院移捐银百元、幼幼会移捐银二百元全数交商会议董兼育婴局董事张明斋君收存。另有收条两纸。

四号早七［点］钟，男女会员乘专车领儿回京。当蒙官绅刘用甫君、徐森玉君、施仲鲁君、黄开文君等送行，并承商会总理及议董等送饮食多种。临行时，留呈副总统公文一件，托武昌赤十字会转递，录原文如下：

中国红十字协会幼幼会会员王骏烈、臧守义、魏成章，女会员冯章克嶷、朱严淑瑜，呈为敬谢仁惠，并陈明汉口设幼幼会请准立案以便推广事。窃本会在汉收儿于本月二日限满，计划到汉宣布收儿，仅两星期，报名之孤苦小儿竟多至百余。其距城市较远者尚多未知。其知而来报名者，又往往以携到京津教养辄沉吟再四，卒以不忍远离而听其失养失教。曾将此意面达商会蔡文惠君，当蒙承允筹巨款设汉口幼幼会，专一组织收儿事业，广□孤贫，就近教养。又由汉口育婴敬节局张明斋君极力协赞，现拟在育婴局添设蒙小学以便教养兼施。本会深表同意，除由冯朱两女会员个人捐款外，本会贫儿院又特移捐银百元作组织笔墨费。月前二十七日，约集士绅详议设立幼幼会事，当蒙全体赞成。因商定育婴局作事务所，以便遇事协商，随时推广，并由该会董事张君承认经理，已于请发乘车免票并请特别提倡呈内声明在案。本月一日，敬接大谕，除饬江汉关派专车送京外，并蒙拨给现银二百元。仰见大慈至仁，于嘉惠孤贫，有加靡已，祗领之下，钦佩莫名。惟本会发起，虽在京津，实冀渐普及各行省。今在汉设立机关筹备，在在需钱，于承领大惠之后，即约集士绅，由本会宣布德意。该士绅等仰体副总统好生之心，均踊跃认捐。具江汉关监督黄开文君亦愿会同商会广为募劝，筹集巨款。本会为推广慈善起见，所有武汉捐款均作汉口筹办幼幼会之需，并声明副总统所捐本会银二百元移捐该会，作为副总统提倡。倘承副总统通知各行省，采本会各院章程，广设幼幼会以慈善事业补助行政机关，凡巩固国民基础，谋教育之普及，于共和前途裨益匪浅。为此，敬谢德惠，并陈明在汉口设立幼幼会及将来推广各情形，敬请允准立案，核示遵行。谨呈。

附呈武汉幼幼会赞成人姓名

湖北教育司长赵俨葳，汉口慈善会长周秉彝，干事陈际山，汉口商会总理蔡文惠、协理孙涤甫，鄂都督府顾问官冯开濬、李国镛、秘书官杨霆垣，汉口商婴局董事张明斋，汉口贫民大工厂总理马吉皆，驻汉红十字会经理员徐盅、会员黄庆曾、陈元珧、陈元璧、刘克家、陈吉瑞，武昌赤十字会会员张福先、王慎伯、喻寿培，汉口新报馆李华堂、金颂梼，汉口国民共和民报馆张国浚、张国淦，武昌中华民国公报馆高樵、沈维韩、冯开沅、李静衷，临时议会会员查苏生，湖北教育会会长李廉方，江汉关监督黄开文（未完）

原载于《大公报》1912 年 5 月 24 日

中国北京红十字协会幼幼会第一次报告（三续）

五号到京，除由总会电知驻汉红十字会幼幼会员及男女小儿平安抵京外，并函达汉口幼幼会，告知此次所收小儿均留首善贫儿院教养，以便通信而免悬念。现在女儿已住女儿院，男儿均暂住本会事务所，特于门前悬一横牌题曰：收养武汉战地遗孤及贫儿到京。

幼幼会男女会员于四月十一号前往武汉战地，收遗孤及男女贫苦小儿，于本月五号蒙黎副总统派专车送京并蒙捐款，已均留首善贫儿院教养。现暂寓蒙养院内，敬愿慈善大君子随时赐教，首善贫儿院谨启。

首善贫儿院所收武汉男女孤贫小儿姓名、年龄、籍贯列后：

杨宏远，十二岁，湖南长沙人，现住湖北汉阳西门外；梅秃子，十二岁，德安府随州人，现住武昌保安门竹子厂；易启先，十二岁，湖北汉阳人，现住桥口正堤街；熊应文，十二岁，湖北黄陂县人，现住汉口歆生路；宋芳汉，十二岁，湖北通山县人，现住汉口；宋芳国，十一岁，湖北通山县人，现住汉口；邓保周，十一岁，湖北夏口人，现住汉口萧家墩；韩邦杰，十二岁，湖北江陵县人，现住汉口朱家巷；朱立钧，十二岁，湖北夏口人，现住汉口花园巷；何长德，十二岁，湖北夏口人，现住汉口宗山庙；陈顺遂，九岁，湖北蕲春县人，现住永福乡；邓转运，十二岁，湖北肖家地人，现住汉口小桥口；邓玉才，湖北肖家地人，现住汉口小桥口；汪绍发，十二岁，湖北黄冈县人，现住武昌城内；萧玉□，十二岁，江西吉水县人，现住武昌城内小茶街；女儿李巧云十岁，安徽人，现住汉阳门外；女儿□二十岁，湖北汉阳人，现住汉阳一□□巷。

捐款鸣谢（附贫儿院捐款）

黎副总统捐洋二百元，已移捐汉口幼幼会；驻汉中国红十字会捐布被五十床；中国红十字总会移捐本会洋四百元；汉口商务总会捐款食品□种。

贫儿院收养战地孤贫小儿，兹将特捐姓名、银数列后：

文大夫善士代募银五十四元，郭之珍善士捐银十元，崔祥奎善士捐银二十元，李士锐善士捐银二十元，张绍曾善士捐银二十元，陆秀珊善士捐银二十元，徐树铮善士捐银四十元，以上章继诗先生经募。

中外大慈善人注意：赐教请到事务所将姓名登簿，派员招待。赐款交到事务所，除付收据外，登报志谢。

中华民国元年五月十号，西城甘石桥京师第一蒙养院内幼幼会事务所印送。(已完)

原载于《大公报》1912 年 5 月 26 日

红十字会之战地报告

川、湘、鄂等省军事日紧，本埠红十字会近接重庆、常德、岳阳、樊城、潜江、汉口各分会先后来电报告，业经分设临时医院并组医队出发救护，当经该会沈仲礼会长分拨巨款并药品器具等物，以资补助，一面分电川、湘、鄂各督军，通令各路军队一体保护矣。

又接通城分会电称，通城驻兵万计，每日疗治伤军，病舍几满，请速派医员多携器药至通协助等语。业经沈会长派令刘月如、曹晨涛二医博士，偕同药剂员李安福，看护唐永年，职员鲍康宁、鲍康祚等，携带药品器具，于昨日乘坐招商局江宽轮船至汉转往通城，协助救护。

原载于《申报》1918 年 2 月 4 日

宜都分会继续冬赈之报告

三月一日，接宜都分会函云：宜都前年洪水，去岁旱灾，十室九空，斗米涨至三串有奇，哀鸿遍地。分会理事长雷春阳协同职员，商请知事李承修，首先捐钱一百五十串文，会员刘少石捐米三石，以资提倡。旋募得各户二千余串文、米五石，于阴历十二月二十七日，派职员分道向各处调查，按户发给钱米，借宜都商会地点施行。是日，灾民数达三千余人，啼饥号寒，苦惨万状，当发钱八百余串文。匪特目不忍睹，抑亦笔不忍述。当向灾民演说，拟明春筹备春赈，以资善后，灾民乃散。

原载于《中国红十字会二十周年纪念册》1924 年

红会救护豫战之报告

中国红十字会总办事处，昨接汉口分会救护部长王明福二月十五日报告云：敝会第一次报告，救护队出发前方救护伤兵，及在汉设立临时医院各情形，谅邀洞鉴。兹于本月十四日，由前方运回伤兵一百零六名，内有连长王锡达、排长郭建忠、王古魁□员，均经派员率同夫役，护送至新兴街敝会所设之第一临时医院，除已嘱令医务处分别诊治外，相应报告，敬祈察核。

原载于《申报》1926 年 2 月 21 日

汉口红会之救护报告

中国红十字会总办事处昨接汉口分会报告两件，兹为分录如下：

收埋积尸情形　救护部长王明福第十五次报告云，案据敝会救护队长来函报称，本队于十九日黎明出发，在北门拱桥边见该处尸棺及露尸骸骨甚多，此即派员役收拾，计收得有棺之尸三十六具，内有姓名者二十六具，均特钉立木牌，书其姓名于上。又骷髅三十一颗，无棺露尸三十七具，碎骨一大堆，即行分别掩埋，共成四大冢。掩埋既竣，当由队长、参事率队入城谒见道尹于廷鉴、知事王鹏俊、警察局长刘砚书，均蒙特别优遇。队长、参事等因信阳死亡既多，尸气流溢，难保将来不发生时疫，比将携来之救疫药水分别持赠，各长官称谢再三，视若拱璧。公毕出城，则见铁路左近发现火车辗毙之男尸一具，又投水身死之女尸一具，亦随时派员埋讫。兹特着队员方伦昌回汉添运收埋材料，并祈加付时疫药水一千瓶，运队备用为盼，据此用特据情转报。

继续遣送伤兵　理事部第三次报告云，窃敝会第二医院诊治救愈之俘虏伤兵三十名，前已开具名册送请夏口县知事公署递解回籍。旋于本月十九日接准函复，分批起解，业经是日解去十名在案。兹于本月二十二日复准夏口县公署来函，其余未解之二十名，准定本晚起解。敝会当即派员将该伤兵二十名送署点交并照前案每名给铜元五串，以作资遣费。再查敝会第二医院诊治就愈之俘虏伤兵，现又有施仁怀等十一名，昨已函知夏口县公署赓续递解，俟起解定期另行转报，用特将办理情形报请核示。

原载于《新闻报》1926年3月28日

汉口红分会报告救护情形

汉口红十字分会救护部长王明福报告总办事处函云，案据敝会救护队长汤子善、参事方监予于昨日率队回汉报称：本月二十二日，队长等将队员夫役共分两支队，一赴信阳西门外，计收得破碎尸棺二具，又零星骨殖六具，当即掘地掩埋合成一冢；一赴南门外，计收得露尸四具，亦经掩埋停妥，合成一冢。又陆军第十五混成旅正法王姓军官一人亦随时埋讫。二十三日，复由队长等率队赴各处清查，暴露之尸均已收埋净尽。查收埋事件，自三月十四日起至二十三日止经过十日，总计收埋有棺之尸一百五十九具，无棺之尸二百九十二具，尸骨一百六十四具，骷髅六十三个，残骨二十一堆。先后掩埋，共成四十五冢，均已钉有木标。收埋既竣，即结束回汉。再本队在前方设立临时诊断所，先后治愈伤兵及人民共计四百余名，合并声明等情，据此。查敝会救护队虽已结束回汉，而第一、第二两医院尚容伤兵二百余人，照常开办，用特据实报告云云。

原载于《新闻报》1926年4月4日

汉口红会医院结束之报告

中国红十字会总办事处，昨接汉口分会理事长王道铎报告云：敝会在本埠新兴街友仁社设立第一临时医院，自开办以来，已历二月，共计收容伤兵一百五十八名。除陆续诊愈随时资遣出院不计外，实存张沛仁、刘平彦、杨新忠、郭新芳、贾海江、李得功等二十九名，亦经诊治就愈。敝会已派员商准鄂军第一军留守司令部，派差遣员周成勋觅定车辆，将该伤兵等遣送回伍。敝会第一医院即于是日结束，用将办理情形报告察核云云。

原载于《申报》1926年4月17日

汉口红分会救护战事之报告

中国红十字会总办事处，昨接汉口分会公函云：窃自湘鄂军兴以来，敝会即已组织救护队出发岳州，实行收埋与医疗职务，曾经电呈大会察核在案。兹查双方战事，业已趋重武汉，枪炮之声，日夜不绝，人民纷纷逃避，市面备极萧条。敝会召集临时会议，决定择汉阳、夏口宽敞地点，设立妇孺救济所多处容纳妇孺。一面就后城马路孤儿院设立临时医院，收诊伤兵。截至今日，已成立之妇孺救济所，计有四十四处，收容人数，合计三万余名。临时医院收诊伤兵，亦有四百二十余名。此外并组织第二救护队，于今晨出发汉阳。战时救护情形，容俟续报云云。该总办事处当复函云：径复者，函表均悉，该分会实行救护，足征克尽天职，殊堪嘉许，希即督率各员，勉力进行为要。至目下情形，已电请保安刘司令将医院收容所饬属一律妥为保护矣，并希知照。

原载于《申报》1926年9月13日

汉口红会报告救护情形之两电

上海总商会昨接中国红十字会汉口分会叠来两电，报告救护情状，并请劝募捐款。兹将原文照录如下：

（一）上海总商会、湖北同乡会、中国红十字总会钧鉴：此次武汉军兴，敝会先设医院两处，容纳伤兵千余名。继又分设妇孺救济所四十七处，由武昌救出难民妇孺五万余人，收容给养。目下武昌解决，敝会复派员役二百余人，前往服务。中国红十字会汉口分会叩，洽一。

（二）上海总商会、湖北同乡会、中国红十字总会钧鉴：敝会刻携棺木二千具，至武昌城垣内外收埋浮尸，并备消毒药品，到处敷洒，以防疫疠。惟是二项用费颇巨，若不疾呼将伯，诚恐功辍半途。诸公博济为怀，恳祈广为劝募，以全善举。盼切。中国红十字会汉口分会叩，洽二。

原载于《申报》1926年10月20日

武昌城灾义振委员会

本埠湖北旅沪同乡会，昨日下午四时，在会所开第五次武昌城灾义振协会委员会。到者孙松年、周霁光、高鉴清、卢星阶等十二人，刘万青主席。欧阳慎斋报告慈善会、汉口中国红十字会分会乞振函，又汉口慈善会收到五千元振款谢函，孙松年报告南京孙君友生寄来南京交通汇票洋十元充作振金，但该票向上海交通银行兑时，声言转向宁行兑取，此票暂存云。孙松年提议，将现存华大银行振款项下，拨寄武昌慈善会及汉口中国红十字会分会振款洋各一千元，周霁光附议，公决由文牍股致函该两会，振款二千元即寄。公决发出各界捐册，限半月内收回所有捐款，亦限期催缴汇灾区以资结束。议毕散会。

原载于《申报》1926年11月15日

武昌城灾义振委员会纪

本埠湖北旅沪同乡会，前晚八时开武昌城灾义振协会第八次委员会，到者刘万青、卢星阶、刘臣、盛采芝、张集堂、曾秉川等十六人，孙松年主席。周霁光报告汉口总商会来函，略称昨准中国红十字会汉口分会函，并抄附贵会十一月十五日致该会函，以武昌兵燹，救护难民募集赈款，承孙君松年将最后收款凑集银币一千元，交通银行汇汉，由敝会周会长转交等。因一面由汉口交通银行送到汇兑书条，当经敝会周会长签名盖章，交由该会转条领取，兹特将该会收据寄呈察核云云。又武昌慈善会、汉口中国红十字会收到捐款各一千元谢函，又汉口慈善会来函，并寄来武昌城兵灾惨状撮影一巨帙。又监利、黄梅、广济等县被水灾惨状图二巨册，经众传观莫不怵目惊心，感喟不已。公决（一）将各被灾惨状图报告各界以资宣传，（二）函惟武昌城灾义振协会将经募捐册及捐款尅日收回以便结束，（三）函致汪少丞大善士所认捐欵二千元尅日缴会以便汇灾区，（四）由文牍股函致汉口慈善会。议毕散会。

原载于《申报》1926年11月20日

华洋义赈总会鄂分会代放红会急赈报告

去夏江河水灾，情形惨重，本埠中国红十字会总会曾拨国币四万元、面粉八千袋、衣帽鞋袜一万一千八百余件、治疫水二十木箱，委托本埠河南路五零五号中国华洋义赈救灾总会，代放湘、鄂、苏、鲁四省急赈。经该义赈总会指派湘鄂分会、扬子顾问委员会及季履义君，分别散放。刻各地赈务，渐次结束。除湘省报告，业纪前报，及苏鲁两省散放情形，另行发表外，兹节录鄂分会报告如次：去夏长江泛滥，湖北灾情惨重，分会奉总会指派，代放上海中国红十字会托放之湖北急赈，计赈款一万元、面粉二千袋、赈衣二十一包，照数收到后，商由湖北省水灾救灾总会，指定在京山、潜江两县，受灾最重区域散放，并经拟具放赈办法，及与该两县中西人士，洽商组织放赈团体等情，业经先后开单陈报在卷。兹已散放竣事，计面粉二千袋，在该两县各放一千袋；赈款一万元，计放京山县四千七百二十一包（元），潜江县四千七百五十元，另加两县放赈费用六百六十三元四角三分，合共一万零一百六十四元四角三分；至赈衣一项，以汉阳、汉川两县，沿襄河一带地方，被水较重，经转托武汉各教会代为义务散放，其散发地点、代放机关，及发出件数，另列详表送核，所有代放红会急赈情形，除赈票、清册等件，拟俟整理完竣，再行送查外，特约散放京、潜两县赈款与面粉账目单据，该两县政府并驻该两县天主堂西教士证明文件及散放赈衣清单，备函奉请誊核。

原载于《申报》1936年6月27日

一个小小的报告

陈学昭

我觉得这是我的义务，来对大家作一个小小的报告，关于汉口万国红十字会里的法国部分的工作状况。因为我们对于我们的国际友人的热心应当表示异常的感激，同时也有加以颂扬的必要，那样更可以坚奋国际友人们对于我们帮助的决心。

自上海战事爆发后，侨居汉口之友邦人士，愤于敌人之无理侵略、滥施轰炸及暴杀我国同胞，自动组织万国红十字会。会中有不同国籍之女会员甚多，与我国女同胞共同工作，为伤兵缝制被单、褥单、衬衣、枕套等等。此外，除每人每月捐会费三元以作经常费用外，并用红会名义向各会员之祖国捐募现款及药品。

最近据该会法国部秘书葛小姐语人，由法国寄交该会捐款已达七万法郎，而此不过一个开始。同时并募得大批药品，已由某处起运来华。葛小姐又谓，她们非常欢迎留法、比同学能予以帮助，希望留法、比诸同学将当年留学时所交外国友人之姓名、住址写寄她们，俾她们可用红会名义去信向其募捐。

葛小姐通信处为：汉口鄂岸盐务稽核处葛处长转交。

二月十一日

原载于《新华日报》1938年2月23日

美善团募助华灾救济费最近报告

战事发生以还，美国各善团抱救灾恤邻正义，募助难民救济费，为数甚巨。兹据美国华灾协济会驻沪顾问委员会司库卞纳德君本周报告：

在美募款救济中国战时难民之四团体，本年十一月十日止，共捐助美金七十七万五千五百九十八元。其中由美善团驻华代表委员会直接支配者，计达美金四十九万六千元。以上海所得为最巨，计美金五七、一六四元，华币四八四、四一〇元；汉口次之，计美金六六、二五九元，华币一三二、六二三元；

原载于《中国红十字会上海国际委员会救济月刊》1938 年第 7 期

中国红十字会武昌市分会报告

二十七年五月至八月

五月三日上午七时，本会接第九收容所电话传知，有第六十军由平汉线转来负伤官佐士兵约六百余人到达武昌鲇鱼套，请予派队出发协助等情。当即通知所属救护、医疗、担架等队立往该处工作，至十一时完毕返会。又同日下午二时续接该所电达，嘱本会医疗队出发协助约四百余伤兵之赴湘，医疗队专车当即赶往绷扎换药，历数小时之久，始行回会。

五月五日下午一时，第一次接第九收容所电达，请派医疗队出发协助该所医疗留院轻重伤军共五百余人。又下午四时，第二次接该所来电，续请医疗队出发协助医疗由汉口江岸转武昌鲇鱼套登车伤军三百余人，闻讯立往，或予换药，或予包扎，全体队长、队员尽力工作，颇得一般伤军称赞，俟任务告竣始行言旋。

五月六日上午七时，本会医疗队应湖北伤军管理处电约，立即出发到该处，有伤军四百余人，帮同包扎换药完毕归会。旋于十一时，又由该队携带药品分往各难民收容所诊治患病难民，治愈者甚众，下午六时回会。

五月八日下午六时，本会接湖北省后援会电称，现有伤军计三百二十人过鄂，转车赴湘，当命医疗、担架两队联合出发前往鲇鱼套分途工作，直至深夜任务终结率队归来。因努力过度，颇觉疲惫。

五月九日下午三时，第九收容所来电谓有新到重伤官兵共三百余人，请本会派医疗、担架、救护各队出发救护，当即全体出发，携带药品器械按照所到人数一一换药、包扎，抬运上车后始行回会。

五月十一日上午九时，接湖北省后援会来电云，请派医疗队前往协助医疗新到负伤官兵，共计六百余人，当由本会集合该队携带药品乘坐汽车前往实施医疗任务，迨下午一时始行回会。

五月十二日上午九时，接第九收容所杨主任来电，当由本会派医疗队全体出发至鲇鱼套车站予伤军二百余人换药包扎，完毕乃归。

五月二十四日下午一时，接第九收容所电约，当派医疗、担架两队携带全副药品到达鲇鱼套，替百余伤军抬运换药包扎诸务，俟完毕后相率而返。

六月三日下午三时，第九收容所来电请派担架队出发至鲇鱼套，抬运伤军由船登陆上车赴湘，当即如约照办。该队颇得伤军赞扬而归。

六月七日下午三时，接第九收容所电，谓今日有轻重伤军、官佐、士兵共约七百余人到达鲇鱼套，请速派医疗队前往协助云。该队奉命全体乘汽车而往，因伤军人数过多，工作时间较长，直至深夜方回。

六月十日上午八时，本会接第九收容所来电，有新到伤军约八百名之多，请派医疗队前往协助换药包扎并嘱担架队偕去云云。该两队闻命火速出动至鲇鱼套参加应尽任务，于下午一时完毕回会。

六月十三日上午六时，由第九收容所电传有伤军五百余人到达鲇鱼套，请派医疗、担架两队前往协助。两队立照指定地点参加工作，历时颇久，竭尽力量，始回休息。

六月十五日上午六时，接第九收容所来电报告，已有伤军运来约四百余人，亟待医疗、担架等队前往协助云云。本会当即传知该两队队长统率队员药品驰往救护。俟任务完毕，已届正午，方始归来。乃下午二时又接第九收容所来电，续有伤军到达，人数约在五百左右，仍请指派医疗、担架两队全体出动，当即集合乘车而往，俟各项任务完毕，已钟鸣五时矣。

六月十六日下午一时，接第九收容所电，谓连日伤军到达甚众，今日正午又有伤军三百余人运至武昌，请派队前往协助工作。当集合医疗、担架两队火速出动，妥为换药包扎抬运，俟完毕后始整队而归。

六月十九日下午三时，接第九收容所来电，已有伤军约三百余人由汉口转运武昌鲇鱼套，亟待医疗抬运。本会以该两队职责所在，不辞卒劳，又命火速出动，努力服务，工作完毕已钟鸣七下，方回会休息。

六月二十日上午九时，接第九收容所来电，请派医疗、担架两队出动至鲇鱼套协助工作。该两队虽连日工作过度，仍表现充分精神，奋勇赶往实施救护，共医疗及抬运伤军约四百余人，历半日之久方完毕而返。

六月三十日下午六时，接第九收容所电，谓又有伤军三百余人到达鲇鱼套，请速派队驰救云云。仍由本会立命医疗、担架两队联合出发，尽力工作，完毕已至深夜十一时方回。

七月二日上午九时，接第九收容所电云，谓有伤军官佐士兵共约九百余人到达鲇鱼套，立命医疗、担架两队迅速出动，当即集合乘车驰往。因伤军人数过多，顺序换药包扎抬运并予温言安慰，迨下午三时完毕回会。

七月四日下午一时，第九收容所来电，报告有伤军计一百余人由汉运武转车赴湘，当命医疗队出发施救，因人数较少，仅二小时即完毕而归。

七月五日上午八时、又下午三时，均接第九收容所先后电话传达，首批有伤军四百余人、次批有伤军二百余人，由汉运至武昌过境登车赴湘，两次均命医疗、担架两队立时出动，工作圆满即行归来。

七月九日下午一时，有伤军百余人由汉运至武昌鲇鱼套，由第九收容所电话通报，立命医疗队携带药品器械出动诊治，三时回会报告工作经过，颇受伤军称赞。

七月十二日上午十二时，日机空袭武昌，狂炸受灾较惨者计三道街省立医院附近一带及胭脂山、双柏庙、杨纸马巷、大小东门、熊廷弼路各处。本会因灾区甚广，特命全体分途出动实施医疗、抬运、掩埋等工作。惟医疗队以急救贵在迅速，斟酌情形，转送同仁、仁济两医院收容协助医疗。斯役除毁坏房屋甚多，计死者数十人、伤者约百余人，至全队人员工作至暮方始言旋。

七月十九日下午一时，大批日机侵入武昌天空，猛烈轰炸，被灾区域山前黄土坡、石灰堰、东厂口，山后巡道岭，城外宾阳门车站、长春观街及小东门外等有七八处之多。本会闻警将救护、医疗、担架、掩埋各队总集合，分途出发驰救，各队努力服务并与其他救护团体人员联系合作，卒将被灾各区达到普遍援助。除房屋被毁外，死者数十人，伤者达二百余人之多，燃灯后纷纷回会休息。

七月三十一日上午八时，第九收容所电达本会，谓有伤军约二百余人运到鲇鱼套，请派医疗队前往协助，该队立即奔救，工作完毕归会时钟鸣十一响。

八月十一日下午一时，武昌又发生日机空袭，被难地点有左右旗营房、大东门火车站、长春观正街、小东门余家街，及城内鼓架坡、昙华林、文华中学内等区域，除房屋被炸毁外，伤者数十余人，死者一二十人，均由本会医疗、担架、掩埋各队分途出发至上述各处，协同其他救护人员合作施救，历半日之久乃告完毕。

八月十二日上午十一时，日机多架又来轰炸，武昌平阅路、三佛阁、中和里、大朝街南北段、商家巷、王府口甲乙栈、文昌门、中正桥、吴家巷等处遭受前数次同样不幸，死者十余人，伤者二百余人。本会医疗、担架、掩埋各队及全体同人，仍抱定奋勇精神挺进各被灾区域尽力援救，结果尚佳，至六句钟事毕回会。

八月十五日上午十时，接第九收容所电告，谓有伤军数十余人到达鲇鱼套，亟待救护，当由本会医疗、担架两队携带药品前往协助，俟任务完毕方归来休息。

八月十六日上午十时，日机又狂炸武昌萃丰巷、火巷、平阅路玻璃厂、沿马路堤街、保安门正街、大朝街中段毡呢厂、营防口豹头堤一带，房屋震塌较前为多，受伤者约数十余名，死者数十人。本会闻警不辞劳瘁，鼓作余勇努力迈进救护，俟任务告竣始整队而归。

原载于《中国红十字会月刊》1938 年第 39 期

中华医学会会务报告（节录）

总干事施思明

一九三七年十二月十三日

本会关于征集及分发医药材料之工作，不因时局变化及交通困难而中止。截至撰述本报告时，仍有大批药物，经宁波送达汉口、经青岛送往济南。杭州方面，在国际红十字会之下，本会苏达立医师（Dr. S. D. Sturton）已从事组织医院。宁波方面，Dr. Thomas 任本会经理人，由其用卡车将药物运往杭州。济南方面，江清医师及 Dr. L. M. Ingle 继续留该地工作，兼本会分发医药材料之特约经理人。青岛方面之分发药物事宜，则由 Dr. R. T. Shields 负责。本会香港支会，现由旧金山、檀香山等地，伦敦等地，运到大批医药材料。在本会上海总会之支配下，各种医药材料分运杭州、青岛等地之特约经理人。此后运送上海之物，仅限供给难民之旧衣而已。

由于军事变化关系，本会之苏州、武进、南京等支会，不得不暂时迁移。苏州、武进二支会及苏州博习医院、福音医院之职员，现已迁往南昌；南京会员，现已集中汉口。虽有上述种种变更，但本会工作，仍利用种种机会继续推进。各种杂志及出版物，继续刊行。各地支会在可能范围内继续举行集会。

原载于《中华医学杂志》1938 年第 1 期

第五十团童军服务报告（节录）

历程五十六万公里，护送兵民七万余人

本市第五十团童子军，于八一三战事发生后，一部分团员，即在红十字会服务运输救护等工作，国军西移后，又随赴内地，继续服务。截止去年年底为止，前后已达十六个月，现因红十字会在港举行执监全体会议，该团特提出工作报告，以便红十字会检讨摘录如下：

工作情况

计第一期在上海服务（略）。第二时期在内地，自二十六年十一月九日起，至二十七年年底止，共十二个月，其工作为：（一）自沪随军转移，经苏州至南京，再由南京转长沙达汉口，撤移医药用品及工作人员，同时由沪向浙东输送伤兵。（二）自汉口至长沙，开始南北东西之长距离奔波，调遣人员，输送伤兵。（三）自长沙大火后，迁至祁阳，筹备后期服务，工作人员共四十人，经历苏、浙、皖、赣、豫、鄂、陕、川、湘、桂、粤、黔、滇等十三省，八十余县，一百余处，计程四十七万六千四百零一公里，出勤一千零八十一次，运置药品一万四千一百四十四件，救护队送伤兵难童及医务人员一万一千七百五十六人。以上两个时期，共历程五十六万九千九百五十七公里，运输物品一万四千一百四十四件，救送兵民七万三千七百六十三人。

原载于《申报》1939 年 2 月 27 日

同情中国抗战印救伤队队长过港返国报告工作

（香港通讯）印度人士，对于中国抗战，极为同情，并关怀中国内地的负伤军民。故去年九月中旬，在印度国民大会领袖尼赫鲁氏指导

下，派遣救伤队，带领五十箱医药器械，两架救伤车，由孟买出发，经新加坡到香港，再由香港转赴广州，听凭中国当局的指挥，分发到前线去服务，救济受伤生病的中国军民。现在该队的副队长曹尔加医生，因为到中国来已逾半年，须得回国去报告工作，乃于上月二十九日，自重庆来港，候轮赴印。兹据曹尔加医生详谈该队工作经过和最近情况如下：

据曹尔加医生说，他们于去年秋间，奉命来华服务，到了广州，就北上到汉口工作。当时长江战事正颇剧烈，所以他们治疗受伤将士，夜以继日，几无休息。后来武汉危急，他们便奉令移驻宜昌，继续工作。到武汉失陷后，宜昌时遭日机轰炸，他们虽高竖红十字旗和印度国民大会的旗帜，也在所不免，不得已便退到重庆。今年春间，因为知道西北方面，医药尤为缺乏，他们才又离开重庆到第八路军中去工作。直到现在，全队人员在队长率领下，继续努力工作。为了同情中国的抗战而转辗万里，困苦劳顿地在战区或接近战区的地方工作。曹尔加医生说，他们实在觉得非常愉快，因为他们到中国来的目的，除救死扶伤，略尽人类天职外，其主要的使命，为表示印度人民对于中国的抗战，不但深切同情，而且愿意竭力拥护站在一条战线上与侵略者斗争，为中印两国的民族解放而努力。他们到了内地以后，非但受中国人民的爱护欢迎，而且遇事相助，亲爱一如手足，并且觉得中国人民民风的良好，令人向往。

第二期抗战开始以后，中国军队的抵抗力，颇见增加，而日军的进攻，事实上已到精疲力竭的程度。至于军队中的医药设备，也日臻完善，不过有许多药物，仍感缺乏，尤其西北方面，伤兵既多，病民也不少，可是药物则因交通关系，不能源源接济。此外像衣服、书报等等，也颇需要，所以他此次回国，除报告工作情况外，还有在印度，再捐募一定药物和金钱，带来应用云云。

·原载于《申报》1939年7月9日

英国在华救济基金两年来工作报告（一）

基金开始

一九三七年中国战事爆发后不久，许多英人男妇，均感应有行动，以减许多难民所受之大痛苦之必要。是年八月二十八日，英商会与中国联合会之联席委员会讨论此项问题，续取推进此事之步骤。上月初，乃宣布基金之开始，中国联合会（在华有商业利益者所组织）、英国红十字会与英国教会协会（代表英国各基督新教会之团体）会议，在伦敦决议成立联席委员会。同年十月，正式开始吁请，筹募“在华救济灾难之伦敦市长基金”，而伦敦市长给予援助。旋发觉一般人对于中国民众苦痛之同情，至为普遍。各城镇已成立当地委员会与伦敦市长基金相联合，此等委员会在孟却斯德、利物浦、伯明罕（翰）、希菲尔特、爱丁堡、格拉斯哥、赫尔等地，均告成立，多由当地市长任主席，或积极赞助。伦敦并已成立收发衣料与药物之小组委员会。英国各航运公司如蓝烟囱、大英、格里恩兴夏尔等公司，均免费载运全部药物与衣料。是项基金进行年余后，市政府基金结束。故虽常提及“伦敦市长基金”而实已不复能以此名称之。惟积极以“英国在华救济基金”之名义，筹募款项。新近欧战爆发后，英国基金会宣布当赓续其努力，其募得款项，共计二十万二千磅，观此颇足令人兴奋。在中国已有中央行政委员会办理工作。该委员会总裁为积极关怀此种慈善工作之英大使与香港总督，主席系英总领事斐利浦爵士，副主席为英商会主席马歇尔爵士，彼等虽公务冗繁，仍不惜时间，两载来，与委员会其他委员忙碌工作，由英总领事或领事任主席之小组委员会已在天津、青岛、厦门、广州、汉口、重庆、昆明与香港成立，而宜昌、西安亦已组织地方委员会，此等小组委员会，均向上海中央行政委员会报告其所需，与接得款项。而中央行政委员会即以款项与供养分配予直接管理难民收容所与伤者医院等致带来机关，如万国红十字会、不同教派与国籍之教会与救世军等是，中央行政委员会设有小组委员会四，受损害之英人与受损害之各国人士等四种工作。香港设有分配药物之委员会，定期集会，对于呼吁援助，殆无充耳不闻者。

发送物料

希斐尔特不锈钢制造商联合会捐助价值一千磅之不锈钢刀与剪等，英国各大制药商捐助麻醉药、药物、衣料与食物，某商行助棉布，于一九三九年一月十五日至八月十七日期间，曾有物料五十船自英国运抵香港，内计衣料、医院供应品、毛毯、麻布、肥皂、消毒剂、绷带、急救囊、牛乳、食物、药品、蚊帐、壶罐等，分装箱、包、盒共计约三一九一件，包裹与重行分发此等供应品，费时颇多，并在中国购买大量医药供应品，送往各医院。一九三九年四月，汉口疟疾蔓延堪虞，

所存金鸡纳霜日稀，英国基金当加援助，立即运送金鸡纳霜赴汉。（未完）

原载于《申报》1939 年10 月18 日

中国红十字会工作报告

自战端肇始，本会对前后方救护工作事宜至为努力，关于过去工作概况，业经秘书处制成报告书，提呈理监事大会，兹择要发表如次。

临事（时）办事处过去工作概要之报告

一、南京办事处——二十六年十月一日由庞秘书长率领职员五人由沪赴京成立南京办事处。

（甲）分设南京医院：应当时环境需要，设立南京医院一所，旋又在和平门增设和平分院一所，及下关伤兵接应所一处，前后收容治疗负伤官兵三千人。

（乙）京湘公路运输处之成立：当时在京各机关已奉令准备后移，故将由沪驶来之汽车及燃料交由胡会林君，并为便于联络起见，经会同卫生署所有车辆及燃料合组而成，负责管理京湘线运输事宜。

（丙）结束：因战事影响，同年十一月十七日奉令各机构结束，除将一部分人员遣散外，所余正式医务人员二百余人，当由伊定格医师及冯子明秘书分批率领撤至汉口，各项医药材料则派定专员负责押运到汉。

二、驻汉办事处——廿六年十一月十七日离开南京，同月廿一日到汉口，即将前首都办事处机构呈准，改称为驻汉办事处。

（甲）前首都医院医护人员之改编——将由南京退汉之医护人员二百余人暂编为武汉救护队，计六队，派驻就地伤兵医院辅助工作。

（乙）联合材料库之成立——即以由京运到汉之全部药械材料，并会同卫生署所有药品材料等合组而成，由陈璞主任管理之。

（丙）救护委员会之成立——为集中及实施救护工作起见，救护委员会因此奉命成立，管辖医务方面一切事项，其各项事务因初创人员不多，统由调度，各职员协同办理。

（丁）武汉救护队之改编——因各处退集武汉之医务人员甚多，遂扩大范围，将武汉救护队及各地教会医院医务人员分别改编为医疗队、医护队，分派各地军医院、兵站医院、后方医院工作。

（戊）从略。

（己）总会在各地所设重伤医院之结束与改编——总会在各地所设立之重伤医院，如驻松江、昆山、苏州、杭州各院，及中央救护事业总管理处所设立之中央、西北、齐鲁、驻无锡各救护队等，均陆续来汉办理结束及改编入救护委员会医疗队工作，约计当时先后成立各队已有三十余队之谱。（另详救委会报告）

（庚）上海救护队队员之遣散——因战时变迁，辗转退至武汉，情形困难，乃奉林常务理事命分别给资遣散。

（辛）接收中央救护事业总管理处——因本会已有救护委员会成立，专办后方一切救护事宜，该处事实上已无存在之必要，故奉命结束，并将未了各事及余款四万余元一并移交本处接收办理。（另详会计报告）

（壬）经收捐款——计苏联红新月会三十余万元，大公报经募十余万元，沪海关、江汉关、潮海关等三万余元，以及另（零）星各界捐款总计约五十万元左右。

（癸）暑期药品分送——收到各界捐助大批暑药，经分发各军团及在汉各难民收容所等十滴水五万余瓶，万金油、八卦丹各数千包。

（子）医药用品补助——战区各分会及其他机关先后向本处请领救护医药用品约五十余处，均分别需要、多寡酌拨之。

（丑）慰劳品之转发——香港理事室交下慰劳品一批，经分配后即转发各地本会各队工作人员。

（寅）出席武汉各界征募前方医药委员会，及全国征募寒衣运动委员会会议——先后应各该委员会之邀，请即派员出席与议，并担任一部分征募工作。

（卯）结束——因战事影响，奉令后移，于廿七年十月一日撤至长沙广雅中学内办公（救护委员会因求便利指挥救护工作起见，先于五月间迁往）。

香港理事室兼办事处之工作报告

（甲）捐募物品件数及转运工作：

转运情形——查港处自廿六年十月份开办至廿七年十二月止，合共收入各界捐赠救护品计共一万二千零八十四件，另救护车七十六辆，运出件数约一万一千余件，路线由轮运上海转南京，南京陷落后则从九龙铁路直达汉口，或由轮船运至广州，以货车从公路运往韶关而达汉口，或由轮运至广西梧州转柳州，或用救护车专运，由九龙公路直达汉口。后至粤、汉相继失陷，运输路线亦随而改变，其手续比之前则繁难多矣。至于运输费由开办至廿七年夏间，承妇女慰劳会代由九龙铁路直接运至汉口者，承西南运输公司准予免费由省港轮船公司运往广州者，亦承该公司准予免费，因而自本处开办以后十月间，所省运费不下三万余元。现在运输虽属如常，但瞬息变迁诚难预测，或将来改由别路转运，亦未可料也。查海关免税手续初时由卫生署刘署长向财政部关务署要求委伍长耀以卫生署技正名义，代表驻港签署海关免税手续，已蒙总税务司准予通饬九龙关照办在案，并由卫生署给予免税护照，因而所有运出救护品经九龙关者概行免税，合并陈明。

原载于《中国红十字会月刊》1939 年第 49 期

中国红十字会第二届会员大会报告（节录）

中国红十字会章程为民国二年第一届会员大会所通过。常议会此番提出修正草案之意思，欲以全体会员之意思为根据，免受政府非法命令所束缚，反致不能发展中国二十二省、三特别区。红十字会全国各分会共得二百十七处，出席于第二届会员大会者，热河一处、江苏省十九处、湖南省十三处、江西省九处、河南省十一处、广东省四处、广西省二处、福建省三处、浙江省五处、四川省二十七处、安徽省十九处、湖北省十五处、山西省二处、山东省二处、陕西省四处、贵州省二处、奉天省二处、吉林省二处、黑龙江一处，共十九省区一百四十三处，达总数五分之三以上。

原载于《中国红十字会月刊》1942 年第 10 期

救护总队部业务通报第十一号（节录）

救护设施

本部所属各医疗队本旬调动情形如次：

B. 第×战区方面

电调鄂属香溪第二一一医疗区队，开往鄂属三斗坪，协助江防总司令部工作。

电令鄂属乐天溪第六五医疗中队移设巴东。

三十二年三月十日

原载于《中国红十字会会务通讯》1943 年第 17 期

救护总队部业务通报十七号（节录）

救护设施

（上略）

二、本部所属各医疗区队本旬调动情形如次：

A. 第×战区方面：（a）据报原设闽属黄田第三二一医疗区队，移设闽属南平下道，仍协助第××军工作。（b）电令原设闽属福安第二零二医疗区队，即开闽属邵武，协助军政部战时卫生人员训练所第二分所教导工作。

B. 第×战区方面：据报第×大队部，业由川属黔江，移设鄂属恩施。

C. 第×战区方面：据报第七五一、七五二医疗区队，业已到达粤属曲江，正向四会开拔中。

D. 后方区方面：据报原设川属成都第八四一、八四二医疗区队，已将民众诊疗所结束，改驻中央军校，协助该校诊疗工作。

原载于《中国红十字会会务通讯》1943 年第 19 期

救护总队部业务通报十九号（节录）

救护设施

一、本部三十二年度上半年工作，其先急之务，粗举其要如次：

……

丁　游击战区

A. 游击战区之救护工作，本部曾于豫鄂皖边区设置医疗队，亦以交通影响，未达预期效果，尤待适宜予以调整。

二、本部所属各医疗队，本旬调动情形如次：

A. 第×战区方面：据报原设鄂属乐天溪第六五一医疗区队移设川属

黔江，协助军政部战时军用卫生人员训练所第×分所教导工作。

B. 第×战区方面：（a）据报粤属乐昌第七一一、七一二两医疗区队撤销民众诊所，移在该地第×××医院工作，（b）据报第七二一医疗区队达到粤属清远协助第××工作。（c）据报第七五一、七五二两医疗区队到达粤属四会协助第××工作。

业务视导

一、本部第五大队马兼大队长家骥，业由筑边返鄂属老河口任所，并视导各队业务。

三十二年五月卅一日

原载于《中国红十字会会务通讯》1943年第19期

救护总队部业务通报第二十一号（节录）

救护设施

一、本部派遣西南战区各医疗队业经分别配属××军、×××集团军等部队开始工作

二、按照预定计划，在××战区方面，本部尚需增派医疗队若干队，以期配合当前需要，而达预期目的，现正设法编组中。

三、本部所属各医疗队，本旬调动情形如次：

A. 据报原驻鄂属乐天溪第六五医疗中队，经调鄂属××协助××兵站医院工作。

B. 据报原驻鄂属秭归第二一医疗中队，经调鄂属××协助××兵站医院工作。

C. 据报原驻湘属衡阳第二四医疗中队，经调鄂属××协助××兵站医院工作。

防疫设施

据报×县×××军回归热流行，经电饬第六大队饬属就近协助当地卫生机关防治。

据报鄂西三斗坪附近回归热流行，经饬第六大队饬属就近协助当地卫生机关防治。

……

三、准航空委员会电闽属建瓯发现腺鼠疫病例多起，经饬第三三二

医疗区队就近协助当地卫生机关防治。

卅二年六月二十日

原载于《中国红十字会会务通讯》1943年第20期

本会医疗队去年有增加（节录）

抗战以来，本会救护工作，日趋开展，医疗队年有增加，据最近统计，本会自有之医疗队，以及受本会指挥之各友队，共计一百五十五队，分驻于全国各战场服务，兹将各队番号及驻地表于后：

队别	队长姓名	服务地址
第五大队	马家骥	驻湖北均县
五一中队	侯道之	湖北均县
五一一区队	侯道之兼	湖北均县
五一二区队	徐友人	湖北均县
五二中队	谢景奎	湖北均县
五二一区队	谢景奎兼	湖北均县
五二二区队	张宗义	湖北均县
第六大队	董奎先	驻湖北恩施
六五中队	蔡润鹏	湖北巴东
六五一区队	蔡润鹏兼	湖北巴东
六五二区队	钟华东	湖北巴东
二一中队	王华	湖北秭归香溪
二一一区队	王华兼	湖北秭归香溪
二一二区队	李兆华	湖北秭归香溪

原载于《中国红十字会会务通讯》1944年第25期

救护总队部业务概况（节录）

救护设施

一、自敌于鄂西长江南岸发动攻势以还，本部第六、第九大队，均密切注意军事发展，配合作战部队之需要，进行战地救护，兹将该方面配备情形，分述如次：

1. 长江线　第二一一、第二一二医疗区队设鄂属香溪，第五六一、第六五二医疗区队设鄂属巴东，第二四一、第二四二医疗区队设鄂属恩施。

2. 滨湖线　第六四二医疗区队设湘属临澧，第六四一医疗区队设湘属桃源。

3. 铁路线　第一二二医疗区队设湘属岳阳，第一二一、第九一一、第九一二医疗区队设湘属长沙，第九二二医疗区队设湘属湘阴，第九三二医疗区队设湘属衡山，第九四一医疗区队设湘属衡阳。

二、敌军□陷临澧、桃源后，原设各该地第六四一、第六四二医疗区队，暨第二卫生材料分库，均已随军转进，仍在准备推进之中。

三、卫生署派遣手术队六队志愿参加本部远征救护工作，已经全部抵达昆明，业由本部昆明办事处指定工作地点如次：

1. 滇越线　第四，第五，第六手术队分设滇属镇康及顺宁。

四、本部战区医院已经成立者两个，在筹组中者一个，均系与战区长官部卫生处合办。各设病床五十只，为一小型医院，其配置地点如次：

1. 第×战区医院　设于赣属铅山。

2. 第×战区医院　设于湘属长沙。

3. 第×战区医院　设于鄂属恩施（在筹组中）。

原载于《中国红十字会会务通讯》1944 年第 25 期

会员征信录（节录）

郧县分会介绍

正会员四十二名

张志固、朱寿亭、戚直亭、彭树棠、吴森圃、卢质斋、申少臣、曾荣轩、黄祺三、黄瑞久、周□典、□象周、□龟之、王荣祖、宋国定、曾润民、尤道山、郭春明、□炳□、郭正□、□正仁、□□田、□□□、□□□、王兴仁、郭品三、汪□□、□殿桂、□遂心、梁人举、李□□、陈斌、张廷芳、曾光汉、姚得绍、张承先、□□□、李文

斗、杨正明、李树梦、陈文乡、张午□

计收会费一千零五十元正

原载于《中国红十字会会务通讯》1944 年第 25 期

救护总队部业务概况（节录）

救护设施

一、本部原设成都第八大队，预定计划系向第八战区推进，嗣以后军事机关及民众等医疗工作，极为殷繁，经暂移重庆，转任川境各医疗队指挥任务，兹将该大队所转各队最近调查情形，分述如下：

1. 筑渝线：第八五一、第八五二医疗区队设川属綦江。

2. 汉渝线：第八四一、第八四二医疗区队设川属成都，令调原设川属宜宾第八二一、第八二二医疗区队，川属永川第八三一医疗区队及陕属第二七一、第二七二医疗区队全部集中成都，与四川省卫生处密取联□，担任该地特殊性重要医疗工作。

3. 宜渝线：调原设川属泸县第八一一医疗区队移设川属万县。

二、常德会战大捷以后，本部第六，第九大队所属参加此次会战各医疗区队，均经□军跟随，恢复原有态势，兹将该方面配备情形分述如下：

1. 长江线：第二一一、第二一二医疗区队设鄂属香溪，第六五一、第六五二医疗区队设鄂属巴东，第二四一、第二四二医疗区队设鄂属恩施，均照原部署未动。

原载于《中国红十字会会务通讯》1944 年第 26 期

饬队防治脑膜炎

湖北省之南漳、宜城等地，于三月间发现脑膜炎，流行甚剧，已有多人因医治不及死亡。本会获讯后，当即电饬救护总队部派队前往防治，以免蔓延。

原载于《中国红十字会会务通讯》1944 年第 27 期

救护总队部业务概况（节录）

救护设施

一、本部驻外指挥救护作业之单位，仍照三十二年度计划分驻原地，兹将分布情形，分述如次：

昆明办事处	设滇属昆明
第三大队	设闽属邵武
第四大队	设桂属柳州
第五大队	设鄂属均县
第六大队	设鄂属恩施
第七大队	设粤属曲江
第八大队	设川属重庆
第九大队	设滇属昆明
第十大队	设滇属昆明
预备大队	设黔属贵阳

救护设施

一、本月上八月，除西南战区外，国内各战场多趋沉寂，本部配属战区各医疗队任务，略有变更，兹择其调动情形，分述如次：

1. 第三战区：原设闽属第二零二医疗区队移设闽属古田。

2. 第六战区：原属第六大队第六一一、第六一二医疗区队移设洛阳附近西工。原设湘属临澧第六四二医疗区队移设湘属宁乡，原设鄂属巴东第六五一、第六五二医疗区队移设鄂属秭归。原设鄂属秭归第二一一、第二一二医疗区队移设鄂属长阳。

……

防疫概况

一、据报鄂属南章（漳）、钟祥、恩施、秭归；皖属太和、界首、临泉、阜阳；赣属上饶等地流行性脑脊髓膜炎流行，经饬本部第三、第六两大队□饬所嘱，协助地方及部队卫生机关进行防治。

（略）

原载于《中国红十字会会务通讯》1944 年第 27 期

救护总队部业务概况（节录）

救护设施

一、敌寇近自关东抽调军队集结华中，似有伺隙进窥企图，经饬第四、第六、第七、第九大队，密切注意敌情，严密部署，遂行战地救护之任务。

二、当前本部所属第四、第六、第七、第九各大队直辖医疗队配备情形，分述如次：

甲、湘鄂区

1. 第九大队：第九一一、第九一二、第九一三、第九三二、第一二一、第一三二医疗区队，均集中湘属长沙。第九五一、第九五二医疗区队设湘属衡山。第九四一、第九四二医疗区队设湘属衡阳。第九二一、第九二二医疗区队设湘属东安。

2. 第六大队：第六四一、第六四二医疗区队设湘属芷江。第六五一、第六五二医疗区队鄂属秭归。第二一一、二一二医疗区队设鄂属长阳，第六三二、第二四一、第二四二医疗区队设鄂属恩施。

原载于《中国红十字会会务通讯》1944 年第 28 期

战地工作报告·第六大队与鄂西战役

董奎先

第六大队部，原设于四川之黔江。三十一年夏五月为业务计，移设于第×战区长官部所在地湖北之□□，此乃湖北战时之省会也。第六大队所辖医疗中队计有七中队，分布第×、第×两战区，即河南黄河线之洛阳为第六一中队，陕西渭水线之宝鸡为第六二一队，中原区河南叶县之第六二二队、南阳之第六三队，湖北长江线香溪之第二一中队，巴东之六五中队，恩施本部战区医院之二四中队，湖南滨湖线□县之第六四二队，临澧之第六四一队。以省区论之，计分布于河南、陕西、湖北、湖南四省。业务分类，则各属于野战区之任务，后方区则协助于陆军医院者属之，如第六二一队之配属于□□□□之军政部第□□陆军医院者是也。

鄂西为入川之门户，陪都之外围，乃江防要冲。长江线救护作业，责任綦重，尤以鄂西会战时为然。旋应第×战区长官部之邀，赴前方□□□□军等驻地防治回归热之使，由恩施出发，作鄂西各队业务之视导，乃将各队略加布（部）署：第六五中队配属于□□之军政部第□□兵站医院，第二一中队配属于××之军政部第××兵站医院工作。盖此时为五峰陷敌，三斗坪紧急之时也，无问战事逼近常德，情况益趋紧急，津市、华容相继沦陷，兵站卫生机关后移，遂通知第六四中队与第□□战区长官部卫生督导组密取联系，准备船只，候令移动，是时第六四二队随军转送，情况不明，经电□□□集团军司令部及第□□军司令部□寻，始知第六四二队于移动备尝艰辛，幸全队安全到达××地区，而全队同仁之中庸□发、临难不惧之精神，殊堪作为吾人之典范外，吾人不欲从事渲染，炫耀其词，而将报效祖国之大战，用作丰功伟绩之记录。

鄂西会战既毕，顽敌尚未回窜，江南仍有星散之敌军拒守，幸荷□队医事人员之忠贞，胞与为怀之崇高精神，救治伤患，日夜不懈，其辛劳有足多者。是时第六四一队协助□□□军政部第□□兵站医院，第六四二队则协助□□□军政部第□□兵站医院，以救护常德战役之受伤患病之将士。待至站院伤患减少，工作完成，则第六四一队仍配属于第□□集团总部，第六四二队仍返香溪工作。

鄂西战役之际，盟国于我之空军屡次出击，奏功至伟。盟国空军人员其有降落者，均返医事人员□□至川境□□等地，并于旅途中能获得医药与护理之供应也。

原载于《中国红十字会会务通讯》1944 年第 30 期

救护总队部业务概况（节录）

救护设施

（上略）

第十大队部仍设昆明，所属各医疗队手术队，除一部设于滇南者外，大部仍分布怒江东西两岸，配合远征军积极展开救护工作。

一、原设鄂属均县第五大队部，以配合军政部战时军用卫生人员训练所第三分所训练工作关系，前因该所撤移，曾经令饬该大队□暂予撤销；兹以该所仍设均县，而该大队部依照原计划并应鄂东鄂北方面军事之需要，业予恢复建树。

原载于《中国红十字会会务通讯》1944年第30期

襄阳分会改选职员

湖北省襄阳分会，于本年鄂北大战之前，曾召开全体会员大会，改选理监事，并商讨发展会务，选举结果，雷韵武当选为正会长，娄协华，吴书田为副会长。

原载于《中国红十字会会务通讯》1945年第33期

豫南鄂北剧烈战斗　五六两队活跃前线

救护设施

一、本月下半月豫南鄂北展开剧烈战斗，本部配设该方面第五大队所属各医疗队，已积极展开战地救护工作。并于鄂北方面由第六大队部就近派医疗队协助工作，兹志其动态如次：

1. 第五大队部设鄂属均县，指挥豫南鄂北方面战地救护。

2. 第五一一、第五一二医疗区队设鄂属均县。

3. 第五二一、第五二二医疗区队控置鄂属均县，准备随军推进。

4. 第六三一医疗区队设鄂属南漳。

防疫概况

一、据报鄂属恩施流行性脑脊髓膜炎实行甚剧，并发现白喉二例，已由本部第六大队督饬所属医疗队防治中。

二、贵阳、昆明、重庆、永安各地脑脊髓膜炎均在流行，已由本部分饬派设各地诊疗所及医疗队，协同地方卫生机关严密防治。

业务视导

一、本部第五大队长马家骥，近在豫鄂边境，督率所属医疗队，进行战地救护。

二、本部医务科科长马玉汝，近由贵阳赴重庆视察本部派设俘虏收容所之医疗队作业。

原载于《中国红十字会会务通讯》1945 年第 34 期

三十三年医务工作择要发表统计数字

救护设施

（上略）

一、本部驻外指挥作业之单位，因上年军事影响，颇有变更，兹志其分布情形如次：

昆明办事处　设滇属昆明

第三大队　设闽属邵武

第四大队　设黔属都匀

第五大队　在转进中

第六大队　设鄂属恩施

第七大队　设湘属汝城

第八大队　设湘属晃县

第九大队　设滇属昆明

预备大队　设黔属贵阳

二、本月上半月豫南、鄂北战事猛烈，老河口苦战陷敌，本部派设该方面第五大队，暨所属第五一一、第五一二、第五二一、第五二二医疗区队，均自鄂属均县随军转进中。

原载于《中国红十字会会务通讯》1945 年第 34 期

三、公牍选载

中国赤十字会临时章程

川鄂事起，同人仓促组成赤十字会，急于出发以救同胞，暂定临时章程细则如左：

第一章　宗旨

第一条　本人道主义，救护因战受伤之人，不论何方面人，视同一体。

第二章　会员［及］入会规则

第二条　凡自年十六以上，有第一条宗旨，不背第三、第四、第五条者，皆得入会为会员。

第三条　凡入会者，须亲具愿书。

第四条　凡入会者，须有确实介绍人。

第五条　凡入会者，须强健能耐劳苦，无一切特别嗜好。

（未完）

原载于《民立报》1911 年 10 月 27 日

中国赤十字会临时章程（续）

第三章　职员

第六条　会长一人，指挥会员，主持一切，代表全会。

第七条　事务所长二人，一驻上海，一驻汉口，各司所中事务。

第八条　会董事若干人，无定额，提倡、指导、协助本会经费。

第九条　会计一人，总司出入；书记二人，记录及通讯干事二人，筹办会中一切事务。

第十条　凡职员，皆不支薪水，力任义务。

第四章　事务所

第十一条　上海事务所二，一设南市上海医院，一设北市中国学生会。又汉口事务所一，设地未定。

原载于《民立报》1911 年 10 月 28 日

中国赤十字会临时章程（续）

第五章　经费

第十二条　凡会员，宜竭力筹募经费。

第十三条　会方创始，经费未充，愿出发至战地者，皆自备资斧，如力不能自备，由本会斟酌津贴。

第六章　出发

第十四条　会员除留沪办事者外，分数队出发，第一队至汉口（第二队以下临时酌设）。

第十五条　出发员分任医药、任看护、任劳役三种。

第十六条　右三种男女皆可任之。

原载于《民立报》1911 年 10 月 29 日

幼幼会缘起（附简章）（续）

再说在下与臧佑宸先生于冬月十一日起身赴汉口调查被灾儿童。十五日早晨到汉口，是日游历租界，见其完整□。故十六日由后湖起身过大智门往西南行去十余里，可怜繁盛商埠均成一片焦土，人民逃□未归，即有归者均是泪眼愁容，相对而语，不说失了人，则说没得钱了，啾啾然数语而已。愁惨之声，耳不忍闻，荒凉之景，目不忍看。由桥口沿衮水而东南望龟山，北观沿岸，枪弹之痕，满壁皆是，犹如庚子七月地安门外的光景，好不悲惨。十七日回程，十九日到京，敬告同人决定发起这个救济战地儿童幼幼会呀。况且现今时代，天意已趋大同，凡世界之人，谁若不讲大同，不知博爱，万万不能存留于二十世纪。伏求各界诸君同心共成幼幼会善举吧！我又磕响头，我又磕响头啦！

中国红十字会协会幼幼会简章

名称：中国红十字会协会幼幼会

宗旨：专一救济战地灾区之流落儿童，分别资遣留养。

办法：联络京津各慈善大家

经费：仿照欧西救儿善举，约集各界善士分担经费，或一人担任数儿，或数人担任一儿。

收养：临时酌量年龄分配各会院，该费由本会随儿发给。

地址：暂假甘石桥京师第一蒙养院。

分配：天津育婴堂，北京孤儿院、贫儿院、仁慈堂。

附则：本会分配暂定四处，将来续有入会堂院随时声明。

本简章如有未善之处，随时酌改。

原载于《大公报》1912年2月13日

临时政府公报附录

（电报）孙大总统、武昌黎副总统鉴：旅沪豫晋秦陇士绅组织红十字会，先由红十字队长王冬编偕同医生等二十人，赴秦豫战地，实行双方救济。请通知各路统领，照章护送，以重人道，并祈迅复，以便定期出发。伍廷芳，三十二号。

原载于《临时政府公报》1912年第7期

临时政府公报附录（中华民国元年二月二十五日）

（电报）黎副总统鉴：个电悉，查民国军兴以来，各战地将士赴义捐躯，伤亡不尠，均赖红十字会救护掩埋，善功所及，靡特鄂省一役而已，文实德之。兹接电示，以该会前在武汉设立临时病院，救伤掩亡，厥功尤伟。复经日本有贺氏修改会章，已得万国红十字会公认，嘱予立

案等。因该会热心毅力，诚不可无表彰之处，应即令由内务部准予立案，以昭奖劝。孙文，梗。（南京去电三十三）

原载于《临时政府公报》1912年第22期

令示：大总统令内务部准予中华民国红十字会立案文

兹准黎副总统电开鄂省，自起义以来血战数十日，尸骸枕藉无算。幸赖中国红十字会在武汉设立临时医院，救治被伤兵士，并施掩埋。兹查该会，已由日本赤十字社长松方侯爵，特派法学博士有贺长雄来沪商榷，修改会章，复承介绍得邀万国红十字会联合会公认该会为中华民国正式红十字会。此次民军起义，东西南北各省均设立分会，共五十余处。所费不赀，其攻甚巨，如此热心慈善事业，似不可不特别表彰，伏恳准予立案，揭诸报章，以资提倡而重诚感等因。前来查该会热诚毅力，殊堪嘉尚，应予立案，以昭奖劝，会就令行，该部仰即查照可也，此令！

原载于《临时政府公报》1912年第22期

北京袁宫保来电

红十字会沈仲礼观察：冬两电均悉，贵会已出发六队，并联合英美法日等医员，在武汉救护，又掩埋积尸数千。复设分会于宁、镇、赣、鲁等廿余处，仁心义举，中外同钦，曷胜佩慰。顷已遵照通行各处，一律保护矣。凯，支。（辛亥十月）

原载于《中国红十字会杂志第一号·关于红十字会往来要函汇录》1913年5月

本会致北京临时政府袁电

北京临时政府袁钧鉴：本会军兴以来，联合教会中西医士，设立分会医院六十五处，治愈伤兵万余，收葬鄂宁遗骸各数千。中外会员三千余人，战地奔驰，业逾百日，险阻备尝，事绩已蒙万国红十字联合会，采取宣布，公允联盟。先是甲辰冬，业与瑞士日来佛缔约，基础已定。民国成立伊始，红会进行，未敢稍懈，自应力任其艰，以期永久，庶侪于万国红十字之林。敬乞垂念缔造艰难，加以维持保护，无任叩祷。中国红十字会叩，三十。（辛亥十二月）

原载于《中国红十字会杂志第一号·关于红十字会往来要函汇录》1913 年 5 月

武昌复电

中国红十字会沈君敦和暨全体中外会员鉴：删电敬悉，诸公持人道主义，抱和平宗旨，不独中华民国所依赖，亦天下万国所共仰。现南北战祸永息，为诸公庆，为贵会庆，更为民国庆。元洪叩，巧。（元年一月）

原载于《中国红十字会杂志第一号·关于红十字会往来要函汇录》1913 年 5 月

武昌黎副总统来电

中国红十字会沈仲礼君鉴：来函诵悉。承推名誉总裁，自顾菲薄，非所克当。惟此事关系人道主义，经纬万端，诸待进行，重以公意，亦不敢辞，谨如尊命，愿附骥尾。一切规划，仍仰鸿裁。另函主张总会在沪一节，已将原函转呈大总统裁夺，并闻。元洪，微。（元年九月）

原载于《中国红十字会杂志第一号·关于红十字会往来要函汇录》1913 年 5 月

武昌副总统来电

中国红十字会沈理事长鉴：号电悉，执事热心公益，不务虚名，力

求实际，无任纫佩，所拟条件，亦甚妥当，元洪极表同情。惟望努力进行，宏慈善举，幸甚幸甚。元洪，养。(元年九月)

原载于《中国红十字会杂志第一号·关于红十字会往来要函汇录》1913年5月

武昌副总统来电

红十字会沈鉴：马电悉。吕海寰君，既已满意，甚慰鄙怀，执事前拟条件，自当赞成，以利进行。总裁一席，本不敢当，然事关慈善，又义不容辞。至于大总统处，业经转电劝驾。贵省朱都督电告灾情，闻之心恻，勉助万元，已汇交浙都督府矣。此复。元洪，漾。(元年九月)

原载于《中国红十字会杂志第一号·关于红十字会往来要函汇录》1913年5月

武昌副总统来电

红十字会沈鉴：奉大总统沁电，京沪红十字会业经合并，甚善，已传知外交部矣，等因相应转电奉闻。元洪，堪。(元年九月)

原载于《中国红十字会杂志第一号·关于红十字会往来要函汇录》1913年5月

武昌副总统来电

中国红十字会鉴：盛会成立，未获躬逢，抱歉良深，道远心长，寄语伸贺。元洪，沁。(元年九月)

原载于《中国红十字会杂志第一号·关于红十字会往来要函汇录》1913年5月

武昌副总统来电

红十字会沈理事长鉴：会场繁盛，闻之欢忭，元洪谬领戎符，不获躬亲致贺，殊深歉仄。惟来日方长，进行无已，宁望海天，谨驰电贺。元洪，东。（元年十月）

原载于《中国红十字会杂志第一号·关于红十字会往来要函汇录》1913年5月

重订资遣被难人民简章

一、不拘男女，□系贫苦无力归家者，确因战祸避难来沪者，经本会询明居音、居址、年岁、籍贯，即行发给火车票或轮船票，俾回原籍；

一、给票时，须于回籍人士手腕上加盖紫色本会印记及所至地点之印，以杜顶替；

一、火车所遣之地点自上海起至南京止，轮船由上海至汉口，概不再给下乡费及棉衣；

一、非沪宁火车及长江轮船所至之处概不资遣；

一、沪宁火车准星期一、四搭车，惟须于星期日、三下午四时至五时至本会报告，经查明实在，始给车票；

一、轮船每星期定星期三、星期日两次，届期四时至五时审查给票；

一、非本会资遣之日概不给票；

一、所领火车票、轮船票当时可用，过期作废；

一、此重订之简章如有流弊随时增删。

原载于《新闻报》1913年12月8日

内务部批第六七九号

（中华民国十一年十月十四日）

原具呈人湖北襄阳县红十字分会会长杨先惠等：呈一件为该县知事

谢震挟嫌玩（枉）法破坏善举恳请究办由，呈悉所诉各节是否属实，候钞呈咨行湖北省长查明核办。此批！

原载于《政府公报》1922 年第 2380 号

批：国民政府交通部批：第一二四号

具呈人：汉口红十字分会：呈一件：为前发免费照期满请另换新照祈鉴核由。呈及缴销期满免费执照，均悉事关善举，应准换发新照。惟查本部制定《账务电报免费章程》第七条："展期至多以六个月为限"，所请以一年为期，核与定章不符，碍难照准。再查《章程》第五条末项："每一执照所填发报局名，至多不得逾五处"，来呈所请注明全国电局均可通行字样，是否指此，如系指收报局而言，则照章原无注明之必要，仰明白声叙，呈复到部，以凭填发。此批！旧照一纸存销。

中华民国十七年二月三日

交通部长王

原载于《交通公报》1928 年第 8 期

批：国民政府交通部批：第一五五号

具呈人：汉口红十字分会：呈一件：为遵令声明请换新照祈鉴核由。呈悉，既据声明，应准如所请，办理凭照，随批填发，仰即查收。此批！

计附发十号账务电报免费凭照一张。

中华民国十七年二月十四日

交通部长王

原载于《交通公报》1928 年第 9 期

命令：国民政府交通部训令：第一三三号

令电政总局、汉口电报局：案据汉口红十字分会呈称：前领赈务电报免费执照业已期满，请更换凭照，以资应用，等情。核与定章相符，除填发赈字第十号凭照以六个月为限，并分令知照外，合行令仰该总局查照。此令！

中华民国十七年二月十五日

交通部长王伯群

原载于《交通公报》1928 年第 10 期

批：中央政治会议武汉分会财政委员会批

批鄂岸榷运局：呈一件：呈据武穴分局，呈为中国红十字会武穴分会请以每盐一引附抽洋一角作为该会经费可否祈核示由。呈悉，查盐引关系民食，一切税捐，直接征之于商贩者，间接仍取之于食户。该会所请虽系维持善举，但此种加捐关系民食甚大，且亦迹近苛细，碍难照准，仰即转饬遵照。此批！

中华民国十七年七月三日

原载于《财政旬刊（汉口）》1928 年第 2 期

函汉口市政府为红十字会救济队已饬属保护函复查照文

（副字第一六零号）

敬复者：案准贵府天字第二八三号函以红十字会武汉分会联合办事处电请保护救济队一案，除原文在卷免录外，尾开：相应函达查照转令保护，为荷。等由。准此，除通饬所属一体保护外，相应函复查照。此致，汉口市政府！

中华民国二十年九月十一日

司令夏斗寅

附本部副官处奉谕函各机关部队文

敬启者：案准汉口市政府天字第二八三号函开：迳启者：案据世界

红十字会武汉分会联合办事处三十一代电称：迩来天雨连绵，山洪暴发，死伤流离，情堪悯恻。查本会宗旨原以救济灾黎为应尽之天职，值此灾害突来，特邀集同人组织救济队已于即日成立，暂假汉口慈善会内为后方临时办事之处，以便联络救济事宜，一面出发被灾之区尽量救济。幸蒙钧座悲天悯人，痌瘝在抱，已发起水灾急赈会拯救灾黎。本会组织救济队，即所以补助急赈之进行，特因灾出仓卒（促），创办伊始，所有详细办法容后续呈，除分呈外，理合电恳钧座矜悯灾情，准予饬属查照，遇有本会救济队出发某被灾之区，务祈一律保护，实为公便，等情。据此，除分别函令外，相应函达，即希查照，转令保护，为荷。等由。准此，除函复并通函外，奉谕特达查照转饬所属一体保护，为荷。此致汉口区指挥部、汉口公安局、本部稽查处、第十宪兵营、特三区管理局、武昌区指挥部、湖北省会公安局汉阳区指挥部！

副官处启　九月十日

原载于《水灾中武汉警备特刊》1931 年 10 月

指令本部特务营营长范天印据报皮子街附近尸棺多具奇臭难闻已函红十字会掩埋仰知照文

呈悉，已饬副官处函红十字会查照办理矣。此令！

中华民国二十年十月六日

司令夏斗寅

附原呈

呈：为拟请红十字会掩埋皮子街附近停棺以重卫生，仰祈鉴核事。窃据职营第一连连长吉兆华报称皮子街附近停有大小尸棺数十具，奇臭难闻，实属有碍卫生，拟恳转请函由红十字会从速掩埋以重卫生，等情。据此，拟请准予致函红十字会迅速设法掩葬或焚化以重卫生。所拟是否有当，理合呈请钧座鉴核，伏乞指令只遵。谨呈（下略）。

附本部副官处致红十字会函

敬启者：案据本部特务营营长范天印呈称（原文见原呈），等情。据此，除指令外，奉谕特达查照，迅予派队掩埋以重卫生，为荷！此致汉口红十字会！

副官处启

附红十字会覆函

迳复者：顷准贵处十月六日函以据特务营长范天印呈报，拟请函红十字会掩埋皮子街附近停棺以重卫生，等情。据此，嘱查照迅予派队掩埋以重卫生。为荷。等因。准此，自应遵照办理。惟据昨派掩埋队员徐茂轩前往查勘，报告该处尸棺甚多，自是实在情形。但棺多尸少，大棺多而小棺少，并此项大棺均系有主之棺，搬时易惹纠纷。敝会办法除即日派人前去，先将无主之尸棺一律搬往黑山掩埋外，所有有主之棺仍请公安十五署限令当地保正鸣锣通知，限三日再不搬迁者，一律再搬，而重卫生。准函前因，相应函复查照。为荷。此致。（下略）

原载于《水灾中武汉警备特刊》1931 年 10 月

公函：函湖北省政府、民政厅为据郧县红十字会请转鄂当局列为极重灾区函请核办文

（二十年十二月十三日）

敬启者：案据郧县红十字分会等代电称，属县本年入夏以后，大雨倾盆十余日之久，淫雨连绵至七十日，奇情则伏中飞雪，现状则河山改形，岁收不及二成，饥民数十余万，实数百年未有之奇灾，中外罕见之浩劫也。徒以迟报未查之故，仅以轻灾列为四等，不发振款，全县饥民向隅而泣，坐以待毙，呼吁无路。追源祸始，固由方前县长毅弃职赴省，王代县长少义归家被匪拉去，县政几及三月无人主持，文报全行搁置所致。而邮电机关实有不能辞其责者，缘本年自□匪扰鄂北以来，均县之三官殿、草店，随县、枣阳之间，发现□匪焚毁邮件及检查盖章之事，数见不鲜。属会等九月七日曾有报灾代电一纸，至今未奉谕示，想必受此影响。电局则自夏秋以来，急电常十余日或八九日方达，其他电报更无论矣。至于报灾免费之电原为重视民命起见，乃各电局员司拍发收转与否，均系自便。属会等十月三十一日曾有报告数月以来捞救、掩埋人数及防疫、施药办法之世电一件，郧电局长面允拍发。现近二十日往询有无回电，始知未发，竟以逾期无效相对。查送电之日，尚在免费

期间内，设已逾期或与章不合，当然拒绝收受，乃既收受之后，搁置不发，致重大灾情不能上达，数十万民命饿死无告，该局员司是何居心耶？兹特抄录该电原文代电补呈钧座阅之，想亦必潸然泣下，而不能为该局宽也。务恳钧座根据属会等世电，令鄂当局提交大会，将属县列为极重灾区，火速拨发大批振款，购粮上运，粥振兼施，以救数十万垂死民命，等情。并附同世电原文一件，募振捐启二份到会。除电复外，相应抄同原世电一件，函请贵省政府、厅查核办理，为荷。此致湖北省政府、湖北省民政厅！

计抄送原世电一件。

许世英

原载于《振务月刊（南京）》1932 年第 12 期

电及代电：代电复郧县红十字分会为准养代电报灾请鄂当局拨振已据情照转文

（二十年十二月十二日）

郧县红十字会鉴养代电，阅悉，郧县灾情惨重，良深恻念，除抄同原世电函请湖北省政府及民政厅核办外，特复。振务委员会，文。

原载于《振务月刊（南京）》1932 年第 12 期

电及代电：代电铁道部为据汉口红十字会漾电以在信阳购有振米一千石由信阳运至汉口请转部饬局拨车免费备运电请查照办理见复文

（二十年十二月二十六日）

铁道部勋鉴：案据汉口红十字会漾电称，以汉市灾民麇集嗷嗷待哺，现敝会拟在信阳购办振米一千石，由信阳站运至汉口站，敬希即电铁道部转电平汉路，即予拨车免费起运。此间灾民待振，急于星火，愈速愈好，至纫公谊，等情到会。事关振运，相应电请，查照办理见复，为荷。振务委员会，寝。

原载于《振务月刊（南京）》1932 年第 12 期

电及代电：电汉口红十字会为准铁道部艳代电以在信阳购振米一千石由信运汉已饬路局记帐备运文

（二十年十二月三十日）

汉口红十字会大鉴：前准贵会漾电，以汉市灾民麇集待振孔亟，特在信阳购办振米一千石由信阳运至汉口散放，请转部饬局拨车免费备运。当经转函铁道部去后，顷准艳代电复，已饬平汉路局拨车计帐备运，等因。特电查照。振务委员会，卅。

原载于《振务月刊（南京）》1932 年第 12 期

水灾告急电文

湖北宜昌县临时水灾救济委员会来电

万国上海红十字会鉴：宜昌县境自本年七月三日晨刻大雨倾盆，山洪暴发，亘五昼夜不断，江水猛涨，泛滥横流，以至第一区滨江一带，村镇顿成泽国。第四区小溪塔、许家河、后坪等镇被灾尤重，田禾庐舍悉付洪涛，人口牲畜死亡无数，总计全县灾区约百余里，灾民约十余万，流离满目，遍野哀鸿，浩劫奇灾，空前未有。本会目击惨状，共切恫伤，当即组织成立，急施救护，赶办赈济，一面电请本省暨中央政府拨款施放急赈，惟以灾区度扩大，灾民众多，杯水车薪，难资普济，用是广为呼吁，分乞救护。夙仰贵会慈善为怀，痌瘝在抱，特乞设法赈济，俾兹劫余灾众，昏垫哀黎，沾受仁□出登衽，造福实无涯。涘湖北宜昌县临时水灾救济委员会叩，真，印。

湖北第八区行政督察专员公署来电

上海红十字会鉴：汉水暴涨，襄光□宜，各县平地深几二丈，漂没村落、田禾及牲畜无算，人民死亡过半，积尸遍野，灾情之重亘古未闻。除设法赈救外，务请贵会迅速派员携带药品前来救济，以防瘟疫，八区民众同深感荷。湖北第八区行政督察专员程泽润，删，印。

湖北第八区行政督察专员公署来电

上海红十字会电鉴：此次襄河水灾为数百年来所未有，其惨亦非文字所能形容，计区属□城、光化、南漳、宜城各县多被淹没。襄阳除县城崩陷十余处，救济得力，侥幸万一，外乡间十之八九均被水洗去。樊城六日晚，水由城垛溢进，全市被淹，沿河牛首、竹□铺、张家湾、东津湾等大市镇均被水扫荡。八日起水始渐退，现在正赶办救济，善后调查各事，约计人口死亡不下十万，田禾、房屋、牲畜及春收小麦悉被冲洗，秋收绝望，财产损失当在千万以上。死者已矣，生者何堪。数十万灾民现将绝食，待哺之急匪言可喻，除由各县先行开会临时施放急赈，并电请上峰救济外，但政府力量有限，惟冀各慈善团体及全国同胞共同救济，概发慈悲，共襄义举，以救灾黎。在此国势艰危之际，与国家稍留一线生机，则功德无量矣。除分电各报馆，请转各慈善团体外，惟大灾之后必有瘟疫，敝区虽已设法预防，但苦力量薄弱。素仰贵会胞与为怀，热心救济，拟请派员携带多量药品莅临敝区被灾各地，施医防疫。庶以减免死亡，稍存元气，无任感盼拜，并希先行示覆为荷。湖北第八区行政督察专员程泽润，铣，印。

原载于《中国红十字会月刊》1935 年第 3 期

摘录上海各报所载有关本会之新闻

中国红十字会水灾放振

多量振款、振粮、振衣、药品先放湘、鄂、鲁、苏四省

本市中国红十字会总会救济各省水灾救济委员会于昨日下午五时开会，到王儒堂、许世英、王一亭、关䌹之等，公推王一亭主席，讨论放振办法。决议，先放湖南、湖北、山东、江苏四省，每省各拨振款洋一万元、面粉二千包、衣服二千五百件、治疗药水五百匣，共计振款四万元、面粉八千包、衣服一万件、治疗药水二千匣，统交由中国华洋义振救灾总会代为散放云。（民国二十四年九月二十八日各报）

原载于《中国红十字会月刊》1935 年第 4 期

中国华洋义赈会救灾总会征募股来文

迁启者，前准贵会函开本会理事会议，议拨交中国华洋义赈会救灾总会赈款洋四万元、面粉八千袋、衣服一万件，俟购置完备即行通知具领等语。兹承贵会曹秘书长面云，该洋四万元业已筹备，特由敝会征募股主任骆传华君前来具领，希即如数照付。其面粉及衣服、药品系分拨山东、湖北、湖南、江苏四省各四分之一。该三省应领之面粉、衣服、药品等件，山东省请径寄济南，中国华洋义赈会救灾总会山东分会张远忱君，湖北省请径寄汉口三教街十九号，敝会湖北分会胡必祥君，湖南请径寄长沙如意街四号，敝会湖南分会谢国藻君分别查收，所有提单等件均请附去。江苏省应领之面粉、衣服、药品即祈指定时间及地点，敝会再行派员前往接收，相应奉达请须查照为荷！此致中国红十字会总会。

中国红十字华洋义赈会征募股谨启

二十四年十月九日

原载于《中国红十字会月刊》1935 年第 5 期

中国华洋义振救灾总会征募股来文

径复者，顷奉大函并附赈款上海银行第六六〇九号支票一纸，计洋四万元正，均经收悉。兹特随函附奉加盖内政部部印第二三六〇九号收据一纸，仍交尊纪带上，至希查收为荷。再，此项赈款既承贵会讬（托）为放赈湘鄂苏鲁四省之用，除苏省因无敝分会，尚待筹划外，其余湘鄂鲁三处当即拨交各敝分会具领发放，合并附闻。此致中国红十字会总会。

中国华洋义赈救灾总会征募股谨启

附收据第二三六〇九号一纸

原载于《中国红十字会月刊》1935 年第 6 期

中国红十字会汉口分会来函（节录）

案查本年十一月二十四日，系奉国府令行黎前大总统国葬之期，遵饬参加。稔知事关旷典，观礼人众，定于循序时间，表明任务。预防万一，曾经组队准备医救，并派职员整率学生列行恭送，以昭隆重。兹依月刊成例，检赍诔稿照片，送请核誉为叩！

原载于《中国红十字会月刊》1936 年第 7 期

振务委员会公函

字第二九三五号

附振款数目表三份、国府救济水灾委员会收支总表一份、救灾准备金法一份。

支配各省市振款数目总表

自十七年至二十四年九月止

省市别	十七年	十八年	十九年	二十年	二十一年	二十二年	二十三年	二十四年
河北	254,169.00	30,782.69	13.66	10,000.00	1,000.00			3,080.00
山东	694,675.22	8,703.90	11,020.00	14,632.00				42,500.00
陕西	287,027.92	73,849.79	31,003.70	86,565.64				
甘肃	294,980.82	96,082.03	18,684.49	282,579.95	500.00		900.00	1,100.00
河南	226,669.39	39,781.70	148,737.18	313,060.96	2,000.00			10,000.00
山西		16,186.88	463.61	2,915.23				
绥远	55,000.00	16,186.89	1,886.90	3,000.00				1,500.00
察哈尔	35,000.00	4,986.88	1,636.90	8,386.28				
安徽	7,000.00	43,016.94	10,088.00	258,215.00	19,696.85	665.00	1,000.00	5,800.00
湖南	6,000.00		12,397.00	235,000.00				10,000.00
浙江	4,000.00	2,000.00	15,000.00	80,000.00	1,000.00			
广东		24,548.71						10,000.00
广西					16,438.51			
江苏		2,000.00	15,000.00	188,510.00	16,150.00	201,000.00		48,000.00
湖北				180,000.00				20,500.00
江西			5,000.00	135,655.71				8,000.00
黑龙江				3,000.00				
北平		7,377.17	3,338.97	14,500.00				
福建				4,000.00		500.00		8,278.69

（续表）

省市别	十七年	十八年	十九年	二十年	二十一年	二十二年	二十三年	二十四年
贵州			3,000.00	30,000.00				
云南		60,000.00						
南京		3,960.00	2,800.00	8,623.32	10,967.00	729,00	2,200.00	100,00
上海		1,000.00		2,000.00	6,800.00	3,400.00	3,200.00	
热河			2,250.00					
四川			5,000.00	6,000.00				
辽宁			10,701.74	15,186.00				
青海		10,000.00		20,000.00			500.00	704.86
宁夏				25,240.00			900.00	1,100.00
汉口				20,000.00				
海外			2,000.00	25,000.00	2,000.00			
外蒙					2,000.00			
东北			7,177.00		111,502.00	10,000.00		
两粤		3,850.00						

说明：上表分拨各省数目以历年政府所拨现款及由本会募集之捐款为限，至十八年政府颁发振灾公债一千万元及本年度救灾准备金一百万元，其分配均详另表。

振灾委员会分配各灾区振灾公债数目一览表

民国十八年

省名	公债分配数目	省名	公债分配数目
陕西	2，000，000，000	河北	450，000，000
河南	800，000，000	广东	350，000，000
甘肃	1，200，000，000	广西	350，000，000
山西	1，300，000，000	安徽	300，000，000
绥远	770，000，000	浙江	300，000，000
山东	700，000，000	察哈尔	500，000，000
湖北	250，000，000	江西	150，000，000
黑龙江	30，000，000	江苏	250，000，000
湖南	350，000，000	北平市	30，000，000
福建	10，000，000	贵州	10，000，000

二十四年度救灾准备金依法得动支之壹佰万元振款分配表

二十四年八月至九月

省名	款数	省名	款数
湖北	三十万元	山东	三十五万元
湖南	十万元	河南	六万元
江西	六万元	河北	二万元
安徽	三万元	福建	二万元
陕西	一万五千元	贵州	一万五千元
甘肃	一万五千元	察哈尔	一万元
山西	一万五千元	宁夏	一万元
绥远	一万元	新疆防疫	一万元
		其他各省防疫	六万元

原载于《中国红十字会月刊》1936 年第 7 期

训令：本府训令：省民三字三四七八六号（二五·一二·一四）：令各区专员、民政厅、汉市府：准咨关于红十字会会员职员免除征兵义务一案情形仰即知照并转饬知照

案准内政部“警廿四”二十五年十二月二日第七二零八号咨开：“案准河南省政府二十五年十月七日民三字第五五九号咨，据考城县政府呈：为中国红十字会会员及职员可否缓服兵役，请查核见复等由。正核办间，又据中国红十字会建阳分会会长乔炳二十五年十月二十二日呈请将红十字会会员职员免除征兵义务一案，迅予查案电县饬遵等情。正拟办中，复准军政部二十五年十一月九日务役字第一八二零号咨：据淮阳师管区司令呈：为建阳红十字会非法利诱壮丁，影响征务颇大，等情，咨请查明严惩见复等由。计抄送《民生日报》广告原文一份到部。当以查本部前据中国红十字会总会呈请准将中国红十字会会员及职员免除征兵义务一案，经函准贵会函复，略以红十字会会职员等经地方政府合法之登记者，得援用‘担任官公事务’之规定，届时呈请缓役，但仍受国民兵役之训练及召集，请查照转咨等由，当经训令中国红十字会总

会知照在案。准咨前由，查《中华民国红十字会管理条例施行细则》第二十四条至第三十一条对于会长、副会长、理事、监事之产生及任务规定甚详，倘该项职员确经主管官署合法之登记者，自可援用《兵役法施行暂行条例》第二十八条第三款‘担任官公事务’之规定办理。至于理监事以外之红十字会职员，果系以该项职务为专业者，自亦应一律办理。惟红十字会会员依《中华民国红十字会总会第二次征求会员章程》第五条第一项（甲）第六款之规定，各种会员资格之取得，只依缴入会费之多寡而定，多者五百元，少者仅缴国币五角，即取得会员之资格。又《中华民国红十字会第二次征求会员酬赠给奖办法》第四条及第五条对于各种会员资格之取得又有‘推赠’与‘转赠’之规定，是则红十字会会员资格之取得并无若何积极与消极之限制，只以缴费之多寡及征求之成绩为标准，而该会会员除缴纳少许会费外，更无其他法定之议（义）务。如对红十字会会员一律准其缓常备兵役，则一般希图规避兵役义务者势将群起利用，以少数之金钱，即可免国民重大之义务，则流弊所及影响征兵事务，前途何堪设想。为免除上项弊端，平均国民义务，顺利推进征兵事务起见，拟请贵会将以前解释稍加变更，即除职员部分仍照原解释办理外，其所有红十字会会员一律不准援引《兵役法施行暂行条例》第二十八条第三款‘担任官公事务’之规定，缓常备兵役，以资限制等语，函请军事委员会二十五年十一月二十五日高二字第三三四八号公函略开：‘查变更解释一节，核尚可行，应予照办，除饬军政部知照外，相应函复查照为荷！’等由，准此，除分行外，相应咨请查照转饬各征兵区域禁止红十字会假借免除兵役吸收壮丁以维征务”等因，准此，除分行外，合行令仰该市、厅、专员知照，并转饬所属知照！此令！

兼代主席卢铸

原载于《湖北省政府公报》1936年第260期

汉口分会会员大会组织暂行规则

第一条　本规则根据分会章程第十二条制订之。

第二条　本分会会员大会以加入本会之名誉会员、特别会员、正会员及普通会员组织之。

第三条　本分会会员大会开会时，应呈请汉口市党部、市政府派员监视。

第四条　本分会会员大会主席团以五人至七人组织之，除本分会正副会长及理事长为当然主席外，其余就出席会员中互选之。

第五条　会员大会之职权规定如左：

甲、接纳及采行全会会员之报告；

乙、修改本会章程；

丙、决定本会会务进行之方策；

丁、审查本会预算决算；

戊、选举理事、监事及候补理事、监事

第六条　会员大会会期定为一日至二日，依事实之必要得延长之。但至多不得逾五日。

第七条　选举理事、监事须于大会议事终了最后一日举行之。

第八条　会员大会于汉口红十字会所在地举行之。

第九条　会员大会应设筹备委员会，于召集大会前二个月，由议事会推定委员十一人至十九人组织之。

第十条　会员大会应设秘书处，于大会开幕前一星期就筹备委员改组之。

第十一条　会员大会会员资格审查由会员大会筹备委员会指定会员资格审查委员会办理之。

第十二条　会员大会应设立财政审查委员会、提案审查委员会、宣言起草委员会及决议案整理委员会，由五人至九人并选一人为主任，委员均由大会推举之。

第十三条　本规则自呈请总会核准后施行，并呈报汉口市党部、市政府备案。

原载于《中国红十字会月刊》1937 年第 23 期

汉口分会会员大会会议暂行规则

第一条　本规则依据分会章则第十二条制订之。

第二条　会员出席除持有出席证外，均须悬挂会员证章。

第三条　本会议分二种，如左：

一、定期会，每年于六月中由会长、副会长会同理监事会定期召集之。

二、临时会，于理事会认为必要或全体会员十分之一以上之请求或监事会函请召集时召集之。

第四条　本会会期定为一日，必要时得延长之。

第五条　本会会议应由理事会逐将应报告及提议各事项编列议事日程，先期印刷分送各会员。

第六条　会员提议事项须有二十人以上之连署，于会期前五日送会编入议事日程。

第七条　会议日会员须携带各人之证书佩章到会，签名换领出席证。

第八条　会议日由理监事会组织主席团轮流主席。

第九条　会议日主席团查点出席会员，满足法定人数即宣告开会。

第十条　会议时除邀请或特许列席者外，不许旁听。

第十一条　会议时会员非经主席许可，不得无故退席。

第十二条　会议时无论何人，不得移坐交谈，高声喧嚷。

第十三条　讨论案件同时不得有二人以上之发言。

第十四条　凡欲发言者，须先起立向主席报告并说明号数及姓名，始得发言。

第十五条　二人以上声请发言时，主席认先起立者先发言，同时起立者则由主席所指定。

第十六条　会员于同一议题发言，不得过两次，每次以十分钟为限。但质疑问答或唤起注意不在此限。

第十七条　凡发言，不得出议题以外。

第十八条　会员有临时动议或变更议事日程，须声请主席宣告，有二十人以上之附议始得讨论，但主席认为必要宣告变更议事日程时不在此限。

第十九条　讨论案件遇有发生争议时，主席得制止之或挟令出场。

第二十条　讨论案件认为有审查必要时，得推代表审查之。

第廿一条　审查案件须由审查委员会提出报告书，连同原案并案讨论之。

第廿二条　讨论终结，经主席宣告后，无论何人，不得再就议题发言。

第廿三条　执行决议时，须由主席揭示应行决议之题目，表决之方式，检查可决人数之多寡，宣告可否之结果，可否同数取决于主席。

第廿四条 本会决议案，理事会应执行之。

第廿五条 会议记录由主席团签署并摘要，于下次会议宣读之。

第廿六条 本规则自呈请总会核准后实行，并分报汉口市党部、市政府备案。

原载于《中国红十字会月刊》1937年第23期

汉口分会选举暂行规则

第一条 本规则依据分会章程第十二条制订之。

第二条 本会理事监事之选举均适用此规则之规定。

第三条 凡为中华民国国民，年满二十五岁，由汉口分会入会之名誉会员、特别会员及正会员均得有被选举为理事监事之权。前项理事监事之被选资格符合者，遇必要时得由本会查明编印理事及监事合格候选人名册分发各会员，以便选举。

第四条 会员选举权依左列规定：

一、名誉会员、特别会员、正会员均有被选举权及选举权；

二、普通会员仅有选举权，而无被选举权；

三、青年会员均无选举权及被选举权。

第五条 本会理事当选名额定为九人，监事当选名额定为七人，理监事候补人均定为三人。

第六条 本会选举采无记名连选法。

第七条 本会选举计票采撕票法。

第八条 本会选举以最多数为当选，次多数为候补当选，选举票数相同时以抽签法定之。

第九条 举行选举应由主席团指定发票员、收票员、监票员、唱票员等，其人数临时决定之。

第十条 会员领取选举票时，应将会员章照缴验，由监票员、发票员认为无误方得发给。

第十一条 选票字迹模糊及涂改不能辨认或错写姓名不能确定其人者，均作废票论。

第十二条 理监事当选名单揭晓后，将票封固，由主席暨监票员盖印存会，并呈汉口市党部、市政府及总会备案。

第十三条　理事监事接到当选通知，须于一星期以内表示就职，逾期即以候补当选人递补之。

第十四条　本规则自呈请总会批准施行并分呈汉口市党部、市政府备案。

原载于《中国红十字会月刊》1937年第23期

四、人道文苑

中国红十字会月刊出版

大冶分会郭寿昌、郭寿龄敬祝

孔曰博爱，佛曰普济。一圣一祖，宗旨靡异。
耶教所宝，仁慈则天。卓哉红会，宏兹法传。
莽莽神州，劫云惨布。嘘彼惠风，须臾爽霄。
如膏在槁，如春在枯。流离颠沛，来苏有呼。
铸为鸿论，觉顽启愚。仁人之言，造化与俱。

原载于《中国红十字会月刊》1921年第3期

中国红十字会月刊一周［年］祝词

崇阳分会殷焯华题

茫茫浩劫，大地战争。畴与拯拔，起死回生。
维我红会，万国联盟。创行廿载，众志功成。
博施济众，收效恢宏。月刊出版，一纸风行。
仁心仁术，仁闻仁声。薄海同祝，千秋光荣。

原载于《中国红十字会月刊》1922年第12期

分会颂词（节录）

（谨以来函先后为次）

大冶分会会长郭寿昌、理事长郭寿龄

哀今之臣，天灾洊至。水旱风火，兵戈疫疠。惟我红会，以卵以翼。转危为安，化凶为吉。叠读月刊，有善必纪。曰防疫团，曰救护队。轸念同胞，不惮神敝。东望申江，允堪锡类。何以祝之，中国万岁！

武昌分会理事长

世衰道微，抗心希古。不吊昊天，穷兵黩武。
孰是豺狼，谁为貔虎。胡不同心，以御外侮。
萁豆相煎，负伤无数。况有天灾，水旱疾苦。
口不忍言，目不忍睹。惟我红会，慈善为主。
不畏险途，期登仁宇。天地有憾，庶几稍补。
中央派贤，特驻申浦。提倡维持，德洋恩溥。
廿载既周，闻风起舞。何以祝之，福禠号祜。

大冶分会理事长郭寿龄

斯会缔造，始自瑞人。四十三国，继续联盟。巍然会所，万国建成。中华总会，创自甲辰。建设何地，上海望平。各处分会，接踵而兴。垂二十载，成绩著明。日俄之役，拯救难民。江皖之灾，扑灭功存。辛亥癸丑，伤痍复生。种种善举，极报匪轻。己出月刊，海内风行。谓余不信，请阅其文。佛说慈悲，道祟感应。耶言博爱，回信深仁。合我儒氏，恻隐同心。岂有迷信，偏重酬神。死诚可悯，当救其生。积善余庆，有德则馨。莫谓分会，任小责轻。一遇灾难，普济无分。经营伊始，端赖热诚。联翩向善，仰荷同仁。

郧县分会特别会员医长方永祥

伟哉红会，渡世法船。慈仁霭霭，恺悌绵绵。
急难咸济，陷溺胥援。寰区全祝，亿万斯年。

大治分会理事长郭寿龄

巍巍红会，肇自西洋。自欧及亚，由海梯航。
入我中土，前后辉光。初设沪渎，遂遍八方。
廿二行省，道阻且长。通都大邑，僻壤穷乡。
支会林立，各守定章。济人利物，愈疾恤伤。
万邦仰颂，四海名扬。称德收福，作善降祥。
惟予小子，免效趋跄。恭祝总会，万寿无疆。

鄂城分会会长高华和张君淦原韵

序曰：沪上为中华全国大市廛，东接海洋，西窥皖鄂，南控浙闽，北瞰鲁直。我总会办事处建设于此，中外之交通甚便，慈善之基础适宜，诚可谓天造地设，为万国所观瞻也。溯自甲辰发轫，海上寓公醵金缔造，光阴迅速廿载于兹，回忆日俄一战之旅、大，塞奥一战之青岛，武昌首义，阳夏鏖兵，南北纷争风云变色。奉直皖豫滇黔，频年交哄；川陕粤桂湘鄂，各地称兵。兼之华洋赈灾、十二省赈灾、上海七年之风、十年闸北之火，此区纪涝，彼区纪旱，天灾人祸，不胜枚举。前岁辛酉，万国红会开十次大会，我国有钟君橘光彩绘数大幅陈列其间，中国红会各处战地救护情形及救济各区瘟疫灾异，以供寰球各国之博览。去夏，承总会召集赴沪与议章程，而又遵章改选，职务均得其人，其中创办事宜，纯粹为人道主义，约举数端曰恤兵救灾、恤邻医疗、汇报会务、推广会员，逐渐改良，成绩昭著。本团结社会之精神，收博爱美满之效果，名实攸归，诚为二百余处之分会所当心焉感激。今值二十周纪念之年，正发扬吾会荣光之日，遭逢盛会，还须同调□□，联络感情，窃慰合群之愿云尔。

海天江汉尽朝宗，风虎云龙任适从。
二十年前盟瑞士，联翩入会继芳踪。
日俄塞奥肇纷争，谁挽天河洗甲兵。
举世奉行红十字，何须仙诀觅长生。
杨枝一滴似恩波，洒遍全球饮太和。
更有赤旗驱疫疠，也如逐日鲁阳戈。
义旗遍举鄂西东，阳夏鏖兵弹雨蒙。
不有善团施救护，征衣大半血流红。
犁扫清廷战祸开，风风雨雨劫频来。
至今多少英雄泪，湿透当年铁血堆。

万国陈图博览残，钟君彩绘耀毫端。
俨如战地尸骸露，铁石心肠也要酸。
荷花生日去年红，大放慈航沪海中。
遴选得人肩巨任，一时嘉会告成功。
欧风亚雨一齐来，枪弹横飞迅若雷。
为恤兵戎深感慨，古时争战几人回。
年年积谷为防荒，常备千箱与万仓。
拯救灾黎诸险出，攀迎夹道捧壶浆。
欧洲鼙鼓不平鸣，翻惹华洋共震惊。
我愿亲仁盟万国，自相揖让弗交征。
医院参观几度过，市南市北活人多。
善因广种收良会，廿载流光一掷梭。
月报箴言累万千，鸿裁钜制结文缘。
汇将历史编成帙，告语同仁启后贤。

武昌分会理事长黄祖徽

天灾流行，厥维水旱。更有飓风，实所罕见。
民十一年，起于潮汕。漂屋坏船，罹兹巨患。
当其厄者，呼号慈善。惟我红会，分途救援。
食品医药，施济无算。世值沧桑，人心大变。
伐异党同，称兵肇乱。口言共和，不和而战。
同类相残，无辜糜烂。红会拯之，不分畔岸。
日夜辛勤，毫无厌倦。维此红会，谁不钦羡。
瑞士肇基，万邦为宪。中国甲辰，萌芽试办。
逐渐扩充，各省普遍。堂设广仁，船撑大愿。
挟山超海，事功万万。旋乾转坤，具兹手段。
二十年周，化行江汉。载颂载言，永为纪念。

蕲水分会

维我颜公，人中之龙。望隆泰斗，学贯西中。
昔持使节，樽俎雍容。继长枢密，誉并增隆。
猗欤红会，造化同功。十字帜树，万国盟同。
畴领袖是，舍公莫从。滂仁扩义，誓愿靡穷。
潺潺浠水，江海朝宗。临流景仰，永沐休风。

中国红十字会鄂城分会会长（高华）步韵

救　护

堂堂旗帜耀当空，十字高张映日红。
欲把兵戈弭万国，故将道德化群雄。
仁风好展飘扬志，弹雨全收救护功。
有备总期长不用，广兴礼义自平戎。

掩　埋

血海尸山古塞烟，朱殷万里染重泉。
贪狼残忍争餐肉，征马踟蹰怯据鞯。
惟望瘗埋无暴露，那求果报种因缘。
英雄虽死存生气，金石千秋姓字镌。

放　振

烽火连天不息兵，频年饥馑废农耕。
貔貅虽壮三军色，鸿雁哀鸣四野声。
粟散浚郊期解甲，饥疗比户为呼庚。
愿将淡白盟心水，化作仁浆饫众生。

医　院

烹炼工夫火候深，任他疫疠总难侵。
银丸药讶千方备，金匮书还万卷吟。
剖解既能施妙手，疮痍无在不关心。
良医奚啻为良相，泽及灾黎大德愔。

中国红十字会潜江分会前义务文牍（万卷书生）步韵

救　护

弹丸飞落满天空，忍见沙场血溅红。
十字飘摇光灿烂，两军叱咤气豪雄。
捐躯本为图安国，救死还同奖立功。
分队护伤朝复暮，辛劳何异事从戎。

掩　埋

天风顷刻净尘烟，壮士伤心赴九泉。
几个裹身能有革，成群嘶马尽无鞯。
权将第号编清册，本此慈祥了善缘。
血肉模糊诚惨绝，封成抔土短碑镌。

放　振

岁岁强豪盗弄兵，年年水旱困农耕。
黄沙白草堆残骨，绿野青山多哭声。
敢效开仓编保甲，还同济粟免呼庚。
天公如念斯民苦，快令妖魔不再生。

医　院

斯民浩劫已罗深，况复缠绵疾病侵。
多少膏肓难补救，者番困顿付呻吟。
医罗中外活人术，药备珍奇济世心。
愿洒杨枝千万滴，霍然痊愈庆愔愔。

原载于《中国红十字会二十周年纪念册》1924 年

苦兵吟

中国红十字会潜江分会前义务文牍万卷书生
——辛酉五月二日闻武昌兵变作

黄鹤楼上幻云浮，黄鹤楼下江水流。
将军京津初归来，指挥若定心悠悠。
虎豹将士忽怒吼，饥不可忍难约束。
枪弹连续如贯珠，小民无辜遭荼毒。
巍哉督署卫森严，伏绕墙角口若箝。
哀哉小民尽赤手，肉骨不敌刺刀尖。
钗镮不及脱，举刀连耳割。珠宝不及解，蚁命难苟活。
宰割由尔莫敢号，黑夜迷离无处逃。
倾箱倒箧搜括尽，血肉溅飞污战袍。
噫吁嘻！国家养兵冀保民，不谓养虎自残身。
金银任取去，疆笑莫敢颦。屋宇任烧毁，含泪谁敢嗔。
残命苦莫保，安能顾至亲。大地遭浩劫，小民委飞尘。
熊熊火色冲云霄，烟满江头搏怒潮。
百年精华扫地尽，玉楼从此断吹箫。
夜半发乱晨倦止，无端小民枕藉死。

军令轻飘等鸿毛，民命贱微如虫豸。
白发老将泪似泉，回首英名思昔年。
甘苦同尝三十载，如何股肱一朝颠。
健儿十万齐无用，雄心自惭负责天。
南瞻三湘西望蜀，愿得解甲早归田。
嗟尔众庶来，疾苦悉我诉。刳剔惨难闻，伏尸满道路。
颓垣袅烟火，残肢沾飞露。宦囊尽散发，愧被弓旌误。
忆昨书生建奇谋，劝将叛卒移荆州。
呜呼寇仇岂足倚，祸尽楚人添我忧。
不如解甲趋田里，恍若放归桃林牛。
小民闻之窃叹息，泪迸长江万古流。

原载于《中国红十字会二十周年纪念册》1924 年

鄂城红十字分会成立勉成俚句四章 录呈诸大吟坛以博一粲

鄂城分会会长高华

恨煞儒冠误我身，欧风亚雨不逢辰。
哀鸿声里惊烽火，征马蹄边起劫尘。
犹幸四夷遵约法，且将十字广慈仁。
恤兵博爱同心德，世界咸歌上国春。
一朵红云现吉祥，寰瀛万国普无疆。
顿开茅塞分朱紫，好把葵忱对碧苍。
许邵虽评羞首领，谪仙不意使眉扬。
祈天惟有馨香祝，兵气都销日月光。
南北风云战不休，欲支危局尚和柔。
旗挥落日衔山顶，船比慈航系渡头。
济众志期成骏业，同仁界岂划鸿沟。
请看红字飞扬处，齐把硝烟弹雨收。
荡荡平平觉路开，三千珠履客同来。
士皆誉髦辉华厦，我本疏慵愧菲才。
善气降临原迪吉，祥光拥护自销灾。

会当十月将成立，不遣梅花独占魁。

原载于《中国红十字会二十周年纪念册》1924 年

中国红十字会月刊出版纪盛

潜江分会前义务文牍万卷书生

山川有崩竭，日月有晦明。年岁丰还歉，水旱更蝗虻。
小民苦疾疫，盗贼与刀兵。鳏寡孤独者，辛酸何以生。
文王施仁政，抚问先公卿。仲尼行仁恕，泛爱蚩蚩民。
墨翟主兼爱，鄙弃蜗角争。佛老耶稣辈，恻隐天生成。
不失赤子心，大人匪虚名。流离载道路，双手天能擎。
大哉红十字，万国缔同盟。天下尽放友，海内皆弟兄。
以羡补不足，粗粝胜芝茎。在我省不急，在人感深情。
善缘广相结，南无歌颂声。何时创骏业，甲辰春申城。
分会遍僻壤，哀此寒蛩鸣。施棺济医药，恤老拯孩婴。
年年多灾害，日日代呼庚。舌焦唇亦敝，万里推赤诚。
作始三十节，月刊令风行。洛阳纸为贵，仁言天地清。
饥溺禹稷切，胞与鬼神惊。聚沙遂成塔，仁风欧美倾。
潜江有分会，附骥沾余荣。地窄絷骥足，天隘限鹏程。
惭忸无颜色，衷曲覼缕呈。但愿年丰熟，四海庆升平。
寒者衣羔衾，饥者饫鳍羹。室家安且乐，商行农归耕。
二竖远避匿，蝗蝻尽遭烹。月刊功何伟，千秋有定评。
萧规赖曹随，嘉会易占亨。

原载于《中国红十字会二十周年纪念册》1924 年

兵祸（调寄蝶恋花）

芷江分会文牍张熙和初稿

筹饷养兵平匪乱，反祸人民，全县遭磨难。椎埋剽掠当家常，千门万户都逃散。

两避滇湘南北战，远徙流离，好似无巢燕。几度欲归归不得，飞来飞去身犹倦。

原载于《中国红十字会二十周年纪念册》1924 年

总办事处月刊出版纪盛

（七古一章依张君璧光原韵）

鄂城分会会长高华

结绳记事几何年，上古浑朴皆茫然。
人尽茹毛并饮血，遑问四野起炊烟。
沧桑变态异昔时，穷途日暮欲何之。
灾黎流亡遍道路，衣冠禽兽谁维持。
惟我红会全十字，国民随在托福庇。
报章颁发遍寰球，融洽三教为一事。
至今编辑近一周，钜制鸿裁自风流。
法言巽语昭人信，中有至乐忘其忧。
千百祝词弁篇首，笔歌墨舞披阅久。
文明世界跻大同，立德立言名不朽。
时期将届双十节，月报可代广长舌。
振聋启聩愿深宏，博爱恤兵情恳切。
河鱼天雁寄书来，集思广益茅塞开。
黄金白玉真无价，莫遣洪乔误矣哉。
览斯报者齐注意，一视同仁伸大义。
我本鄂城抱璞子，躬逢盛会视所以。
时时教我锡箴言，无限云烟落满纸。
愿我同胞群兴起，联翩入会无终止。
精神团结魄力雄，疫疠兵灾消灭矣。
噫吁嘻！莫谓不辰逢叔季，心在公益淡名利。
许多黑幕结祸胎，惟有红字昭福地。
大哉月刊长勿替，辅经翼传多滋味。
地为河岳天日星，两间充塞浩然气。

原载于《中国红十字会二十周年纪念册》1924 年

中国红十字旗歌

（民国十一年双十节）

勤

一滴一滴灾民血，鲜红十字浑无别。
红旗之下诉灾魂，何堪庆此双十节。
大风狂暴水波扬，山洪海浪来汤汤。
飓风到处成灾害，十字旗开救护忙。
潮汕飓风浙温水，红旗救护遥飞至。
此旗可作招魂幡，将死还魂鬼亦喜。
故鬼当年哭武昌，武昌今又苦干荒。
骄阳不雨逾三月，赤地焦枯少稻芒。
奉直粤赣战祸始，又看闽疆战争起。
一家骨肉自摧残，救护红旗忙不已。
愿澹沉灾更弭兵，国旗五色始鲜明。
况有红旗飘十字，节逢双十庆重生。
昨死今生庆双十，国旗红旗同屹立。
舞凤蟠龙相荡摩，潮平风定弥煌熠。
国庆人人颂祷多，我编红十字旗歌。
去年三十今双十，歌罢红旗意若何。

原载于《中国红十字会二十周年纪念册》1924 年

苦匪吟

潜江分会前义务文牍万卷书生

壬戌五月十七日，张截港被股匪抢劫，吾家特甚，百痛填膺，愤而赋此。

枪声白昼轰长空，初疑在西继疑东。
团警惊窜谁抵御，一人中弹倒草丛。
商贾阖户宁能避，虎狼追逐若旋风。

心地忐忑逃无路，飞弹恍惚落屋中。
突来盗贼四五辈，身被军服臂缠红。
手擎快枪乱施放，藐视人命如草虫。
呼将巨索来，我屋本洞开。齐进详搜洗，捆缚不许哀。
闻之掣阿爷，速走轻钱财。后先不相及，伏处费疑猜。
初闻邻妇私相叹，才上街头一偷看。
众家唯有我家苦，贼搬财货似走丸。
复缚我家一人去，令我闻之心若攒。
再闻小儿细声呼，烟冲霄汉惊飞凫。
传说贼烧我家屋，不许抢救提瓢壶。
杀死妇女二三口，令我闻之泪连洳。
三见伯母仓皇至，知毁族屋齐挥泪。
邻家母女遭杀戮，族妇饮弹倒如醉。
弟侄顷从学塾逃，曷不率之远匿避。
嘱儿贼若问姓名，但说张王不妨伪。
我伏此间便听探，阿爷幸在西家睡。
四见邻姥泣且走，财物洗空无所有。
渠子复被贼携去，问我如何一援手。
嗟贼复仇为号召，族人杀贼贼嚣叫。
不如央贼习近者，赎之以财较妥妙。
毕竟盗贼为钱来，闻道取赎昂头笑。
许赎一千八百金，强作傲颜拔刀鞘。
又闻堤上贼声高，呼住妇女不得逃。
手提包里盛何物，一一解开察秋毫。
钗镮脱去又手镯，布衣抛尽取绫袍。
偶见窗隙日西照，盗贼杀人不用刀。
枪声暂歇谁敢哭，伏尸道路气何豪。
东边军号催正急，盗贼集合如奔涛。
老丈试为一探望，贼去路人语嘈嗷。
盛谊高情留我饭，咽嚼难下喉梗毛。
骨肉重聚何所慰，心忧不觉将头搔。
恨官荒厥职，三日无消息。潜城三十里，弃民不复忆。
岳口四十里，驻防寒虫默。独有蚱湖军，幸来一卵翼。
力单难久庇，玩忽以纵贼。谣言日数起，小民无处匿。

今日东村借榻眠，明日西村宿篱边。
昼夜奔走无宁处，尽然心伤欲闻天。
藐彼知事胆如鼠，行至中途闻贼旋。
慌张畏缩且归去，鹤唳风声快执鞭。
呜呼白狼之初起，县官纵容如是焉。
星星之火燎原矣，奈何忍将小民捐。
矧吾初闻贼退时，堤工督办实促之。
可惜持枪隔岸走，不与剿捕留民思。
我今长歌三叹息，回首当日不胜悲。

原载于《中国红十字会二十周年纪念册》1924 年

中国红十字会二十周大纪念

依第十八期月刊内诸君原韵和作三律四绝以志颂祝

鄂城分会会长高华

水旱灾

莽莽乾坤世界茫，频来风鹤感人伤。
荆榛谁剪途方坦，松菊虽存径就荒。
万里朱殷成铁血，一番慷慨动诗肠。
廿年功绩昭红会，同上慈悲普渡航。
恤兵博爱挽潮流，一视同仁志愿酬。
救护丰功堪树帜，济施盛事绍鸣球。
万邦约法联嘉会，十字荣光罕匹俦。
道德神仙原有据，方知沪海即瀛洲。
喜托龙门忆去年，恍如衣钵得真传。
成人事业关慈善，尚友精诚格圣贤。
编辑万言心羡慕，弥纶六合意缠绵。
躬逢纪念题诗祝，九九同登觉路前。
山川魍魉劫频催，切效尧汤志莫灰。
各具丹忱挽民命，格将旱潦不重来。

疫　疠

古戍蛮烟强自支，泉能解毒不吾欺。

刀圭今考中西法，犹胜当年扁鹊医。

刀　兵

何年揖让世无争，力挽天河洗甲兵。

万国缔盟全善举，许多幸福及民生。

水火灾

水深火热势难当，荼毒生灵最惨伤。

能向劫中援救出，令人相感不相忘。

原载于《中国红十字会二十周年纪念册》1924 年

救护队

勤

枪林弹雨中，毒雾翳天，热血喷地。呻吟号叫之声，不绝于耳鼓。所谓红羊（洪杨）黑劫，惨目伤心，莫过于是。时则中华民国十年八月四日，汉口红十字分会第一救护队，出发蒲圻，红十字旗映日扬风而至。鏖战方息，亟行救护、掩埋之事。死者长已矣，无复有生理，付诸掩埋，奚事赘述。其将死未死而可以施救护者，急救勿怠。有面伤者，有背伤者，有手伤者，有足伤者，有头伤者，有身伤者，有腹伤者，有胁伤者，有胸伤者，有臂伤者，有腰伤者，有腿伤者，有踝伤者，有额伤者，有肩伤者，皆外伤。其他有内伤者更危殆，奄奄一息，呼吸之间不绝如缕。救护队从事救护，不辞瘏瘁。一阅月中，治疗若干人。其轻伤兵士及民人七百五十九，随时给资遣散。其重伤在蒲圻医院者五百六十九，皆录姓名、年籍于册。九月四日，事竣，第一救护队归汉口，第二救护队出发咸宁，计两队在蒲圻、咸宁各战地共救伤兵九百五十七人。其在战地陆续诊愈随时资遣外，存重伤兵士一百五十一人，由战地运回汉口。中有伤重而死者六人，又伤愈出院者八十五人，尚有六十人暂留红十字会汉口分会第一医院。中有孙某，金山其名者，河南省人，年二十六岁，隶陆军第二师第六团，是机关枪排长。当鏖战时，机关枪之子弹连珠出口，杀敌以为快，不意敌军一弹来，伤其足。机关枪之最

著者，制自德国马克心（沁）厂。德国以军械之犀利无匹雄欧洲，卒遭失败。重人道主义者，乃引以为前车之鉴。（完）

原载于《中国红十字会二十周年纪念册》1924 年

言论：急救水灾议

唐文治投

一、速用疏浚之法以去水害

辛未之夏，大潦稽天，灾祲遍及于冀豫湘鄂赣皖苏浙闽粤等十余省，而武汉、高邮等处尤为惨酷。说者曰，此天灾也。呜呼！此言不免迷谬矣！夫天岂能为灾，皆人事之不修耳。余生六十有七年，自幼及艾，遇梅雨连绵有至一月者，从未闻灾祲若此。何耶？以余所见，江海口有机器挖泥船，地方官于水利兴废，皆有考成。每届冬令，征工开浚河港，乡民踊跃子（前）来，争先恐后，而圩堤亦因时兴修。迄于春夏，得水之利而不受水之害。良以全国水利犹人身之血脉也，血脉壅塞全体病矣（凡江海潮汛来时，多挟泥沙，退时则势定而沙积，日积一分，十日则成寸，百日则成尺，壅塞之大害若此）。今水利之废，垂二十余年，官无考成，法制尽废。凡坍塌之圩堤，悉为障碍之物，何怪各处淤塞，水来则皆由地上行，而不由地中行。当事者不晓其受病之由，专以排抵为事，而不知水之从何处去。迨排抵之后，水之反动力愈甚，一遇潮汛，挟势冲突，于是村庄房屋随之坍塌，一切建筑品，又为障碍之物，而水势乃每日增高而不已。当此之时，若不急求疏浚之策，吾恐中国水害，年甚一年，杞忧未有已也。鄙人以为无事铺张，只须请求政府于江海口各置机器挖泥船数艘，一面于河北省之永定河、大沽口、滹沱河，湖南之洞庭湖，湖北之襄河，江西之鄱阳湖，安徽之巢湖，江苏之太湖，与各处江口海口及运河之淤塞者，广购挖泥机器船，无庸过大，只须施工不息，所挖之泥，即可作为筑圩之用。迨冬令时，由各处建设厅局征工分开内地各处支河，险要之处，增设塘堤闸坝，俾水有宣泄储蓄之处，然后再施排抵之法。倘奉行得力，则以后之水害可除。此第一策也。

二、速救民命

呜呼！武汉、高邮等处之惨极矣。据报载，汉水续涨不已，房屋日有倒塌，有甲子旅馆五楼灾民千余，忽然倒塌，灾民多受死伤，妇女婴孩号呼不忍闻，落水死者无算，皆与死尸为伍，如此记载，不一而足。窃意此时距八月大潮汛不远，武汉江水恐须至九月后方有稍退希望，吾民何辜，何忍坐视不救，拟恳求诸善团，如红十字会、济生会、红卍字会等，并各善士大发慈悲，结成团体，速雇江轮，多带救生舢板，至该处救济难民，或安插近处，或运至上海，或借庙宇公所，或择空地搭棚，设法安插。惟临时如何支配，如何设立粥厂，如何预置器物衣被，如何预防疾疫，皆须延请老于振务者为之主持。事急矣，惟望仁人君子速为援手，俾吾民不至其鱼，庶几有豸。此第二策也。（现在水泛污浊，疾疫堪虞，清洁饮料尤宜格外注意）

三、广运洋米清理积谷

方今产米各区，均成泽国，欲以江浙被荒三四成之米，遍给国中，窃恐酿成抢米风潮。而冬间盗贼蜂起，更属不堪设想。阅报载俞君寰澄救灾最急策，统计精密，至为钦佩。但借得米麦后，除急振散放外，仍须行平粜之法。吾国社仓积谷，本为救荒最善之策，但一遇凶荒，未闻有清理积谷之事，以致使人有徇隐之疑。窃谓积谷所以救济贫民，何得使贪官劣绅，稍有染指，鄙意当乘此时间，令各省各县破除情面，清理积谷，速办平粜，以后积谷一事，应照旧制列入地方官考成，只许积谷，不许积款，按年周转，以重民命，与购洋米麦兼筹并顾。此第三策也。

四、补救给种以开河工代振

第一策既行，冀水势大退，则补救之策，急不容缓。除坍塌房屋、流离迁徙之民宜尽力补助，令其还乡设法安堵外，应责成地方官广劝农民种荞麦、芋薯、蔓菁、雪里红（蕻）各种杂粮杂菜，其稍有力者，劝令多养鸡豚，其极贫者，则酌给资本，使购籽种。盖灾区既广，若遍给振钱，数次之后，断难为继。总须使冬春之间，乡民半能自给，方可生活，否则为善不终，更可悯痛。然尤要者莫如以工代振，使乡民开浚河道，给以相当工值，俾得略资事畜。至各处大川之淤塞者，如吾苏之阳城湖、昆城湖等处，并应设法疏浚，海塘尤宜慎固守备。而城河亦沟洫所宜泄，若利其地而填塞之，将来水患日深。富民多一分利益，即乡民多一分痛苦，往者不可谏矣！原有之城河，务宜及时疏浚，免致水溢市街，浸灌房屋，关心民瘼者，不可不知也！惟此事务须推选廉明公正之人办理周密，庶无流弊。此第四策也。

五、放振如救火以得人为急务

楚词（辞）《天河》曰：纂就前绪，遂成考功，何续初继业而厥谋不同。此言鲧治洪水，专用堤防，而禹则疏沦决排，与障堤三者并用，此为治水最要枢纽。吾民生死关头，不可不慎之又慎也。然惟有不忍人之心，斯有不忍人之政。切望今日吾国戒贪黩、弭杀机、屏浮言、求实事。孟子曰：疆为善而已矣！朱子放振诗曰：阡陌纵横不可寻，死伤狼藉正悲吟。若知赤子原无罪，合有人间父母心。悱恻慈祥，读之而不堕泪者，非人情也。然更望当道切实注意者，谚云放振如救火，刻不容缓。十余年前，鄙人襄助红十字会振湖南兵灾，风闻某巨官募捐数十万，借口宽筹缓放，存款生息。迨后为人告讦，稍稍发放，则饥民已饿死十之八九。故放振一事，务在得人，必尚清廉，切忌迂缓，若因缘为利，或瞻顾踌躇，则小民之宛转号呼以死者，皆我之罪也。造福作孽，在须臾转念之间，吁可畏哉！鄙人从前阅历如朱子放振法，最为精善，他如筹济篇、魏默深经世文编，皆有可采，仅杼（抒）管见，以质当代之善人。

原载于《中国红十字会月刊》1931 年第 3 期

言论：根本救灾在全国人心的悔悟（节录）

太　虚

东南仅存无灾区域的沪、浙，最近又以上海狂风骤雨成灾闻。闽、浙沿海岸一带以及内地的被殃如何，尚不可知。

据中宣部所发表之告全国同胞书，此次水灾之广，已有湘、鄂、粤、皖等十六省区，被难人数至少在五千万以上。冀、鲁两省亦呈险象，灾情所及，将不知伊于何底？又据报载，四川溢地水不易出，成都、重庆等繁盛街市可以行船，全省殆已成一大湖。

武汉区灾情之重，更不待言。且闻汉口食粮已断，人口已减少三分之一，全国由水灾濒于饥饿之人民在七千万以上。河南连年兵匪为患，今水灾蔓延至五十三县，不下皖、鄂。

陕、甘等旱灾蝗灾匪灾未已，且加鼠疫，而赣、湘、鄂、皖、闽诸省，□□为患，已亘五六年之久，迄今犹没有肃清把握，并有乘灾肆加扰害的趋势。

关于各省的和关于全国的军阀叛变，政客啸聚，兔起鹘落，一直到现在没有间断。国家军政的统一，社会秩序的安定，民族生计的开展，人类文化的发扬，更无一线的光明希望。

……

原载于《中国红十字会月刊》1931年第3期

放赈谣

湖北省张截港　旷世斌

乙亥之夏六月八，洪水滔天横扫刷。
涛头飞起丈余高，搏人吞畜若宰杀。
堤溃钟祥十二弓，扑头灌顶化沙虫。
一片汪洋汉以北，万人啼哭天地聋。
死者漂流生者泣，树巅屋顶相攀立。
榜人鼓棹施施来，勒索袁头倍窘急。
幸而登陆又如何，烈日曝背受折磨。
当道恻隐频赈济，流民无告泪滂沱。
有司传谕当道旨，按户查勘问生死。
初查复查手续繁，诚恐有人中饱矣。
赈灾中饱古已然，防微杜渐良法传。
居人受赈腾欢笑，行人枵腹垂馋涎。
居人虽苦有屋住，行人只得傍大树。
郑侠纵绘流民图，无如孤鸿遮道路。
钟滚闻有蚕豆来，灾民欢跃笑颜开。
石斗输入区公所，堆集不放长莓苔。
我也不惜广长舌，劝赈流民费笔墨。
有司空将功令推，眼看饿殍救不得。
吁嗟乎！流民灾比居民重，只为杜弊繁嫌冗。
避寇回首三年前，易地以思增惶恐。
当道深居恐难闻，草成俚句泪纷纷。
流民灾比居民切，秋天几阵雁离群。

原载于《中国红十字会月刊》1935年第5期

本会为水灾乞赈文

盖闻人事失于下，则天变形于上，祸福无门，惟人自召，于今为烈，自古已然。慨自辛未以还，水旱交侵，几遍全国，疮痍未复，灾祲荐臻。今夏如湖北之襄、樊、宜、沙、潜、宜、天、汉，湖南之湘、资、沅、澧、临、岳、华、常，河南之偃、巩、兰、陈、新、商，河北之长、垣，山东之鄄、荷、郓、巨等地，淫雨为灾，山洪暴发，川澶汛涨，溪谷飞流，湖海奔波，江河沦替，洪涛澜汗，千里无际，天网浡潏，为凋为瘵，田禾淹没，庐舍为墟，城埠摧颓，冈峦隐迹，人民转徙流离，牲畜丧亡漂溺，或溺没于□□之穴，或挂骨于岑□之峰，或萍流而浮转，或栖息而哀鸣。他如皖、赣、鲁、苏，江淮交汇，湖泽共滨滥，泄泄淫淫，余波未息，胡天道之凶残，极生灵之惨劫也。本会旨专博爱，实在救人，睹此艰危，难安缄默，只以独木难支，愧失绸缪之际，窃愿众擎易举，敢效将伯之呼，不避临渴掘井之讥，爰作集腋成裘之请，为此贡献愚忱，掬诚呼吁。尚祈海内外诸大善士，慨解仁囊，广为劝募，多多益善，源源而来，共济时难，缨冠往救，本互助之精神，挽狂澜于既倒，则人事胜天，拯兹浩劫，匪特灾黎之幸，亦民族前途之福也，本会不胜馨香企祷之。

恭祝新年进步

中国红十字会总会

原载于《中国红十字会月刊》1936 年第 7 期

介绍“伤兵之母”——蒋鉴女士追忆之一

伤兵之母蒋鉴的讣告登了出来，这使熟悉她的人都不禁扼腕，我们能够替一些只知□后方敲竹杠的医生遮羞么？我们能替一些不能尽忠抗战的医生作饰词么？

是在武汉的时候，我在伤兵医院里找到了蒋鉴——伤兵口中的周太太、周妈妈。她生就一位贵妇人的仪容，可是在她身上已披上了抗战的羽纱——一件雪白的护士背心。她正在给一个伤兵钳出手上的子弹，把全副精力放在钳子和伤口上，对于我这个新闻记者的拜访，感到很平凡。只告诉我，这是一个达姆弹的伤口，一面像哄孩子似的，要那伤兵忍受疼痛，她不是在为图名而服务，而是为服务而服务。

当她初次请求院长为伤兵工作的时候，院长坦白地告诉她："周太太，你须知道，平日被别人服侍惯了的人，一旦去服侍人，滋味是不同的。"可是她竟克服了一切困难，摸血触脓，毫不犹豫了。"我没有学过护士，不过总想现学也还不晚"，她一个近四十岁的、养尊处优的太太有这样自信。

由于她的有恒心的服务，千百个一向见了贵妇人撇嘴的伤兵心折了，粗鲁的汉子见了她□软，恢复了童心，也想轻轻喊一声妈妈。他们送她相片上面的歪斜的字迹，却□出了人类最崇高的情感。参加荣誉大队之前，整队放鞭去周家辞行。一些请假回乡省亲的伤兵更不怕累赘，带来白菜萝卜，"礼轻情意重"，在这儿才是最恰当的诠释。士兵们在战壕里闲下来时也给她写信，告诉她要去打胜仗，为了她救了他们的生，他们知道怎样去死。

之后她又去宜昌、万县伤兵医院服务过，有些懒惰成性的医生，讨厌她多事。一些天良尚在的医生，被她感动得也作事了。包围在她周遭的还有一些贵妇人，她们慷慨的出钱。还有一些流亡少女向她学习，为伤兵服务，她这一颗种子结了无尽的累累花果。

在她年余的伤兵工作中，她只有一天没去医院，为了婆婆的死去。周先生病了，儿子病了，她却仍在看护伤兵，因为她是一个旧家庭出来的人，所以十分能够尽孝。

近年来，她又做了合江儿童保育院院长，二三百个孩子欢心的呼唤着周妈妈。一个精明主妇管理着这样一个经济有限的大家庭常感到绰有余裕。多少病孩在他们夫妇的小心看护下健康起来，有一些别的保育院的孩子，为了追求这个慈爱的妈妈，曾不怕犯规地偷偷来转院。

这样一个伟大的母亲死了，我不知那些散在各战场，经她治疗过的战士们该怎样的唏嘘；那些保育院的孩子们该怎样哀唤妈妈；那些学做护士的流亡女儿们该怎样的弹泪。只听说现在在渝的几十个伤兵，将好好的追悼她。儿童保育会总也不会让这样一个克尽母职的伟大母亲悄然死去的。我们纪念她是为了她的服务精神，是为了激励生者，抗战未胜，建国未成，我们是永远需要这样的模范母亲的。由于她我们得到一个"后方人民也能抗战"的实践，不只是躲躲防空洞了事，更不是吃喝玩乐了事。

记者执笔追思她的音容时，不禁回想起二年多前，宜汉道上我们同船回汉的情形。她也是个老青年，纵谈国际大事，且在船舷上向她的流亡女儿们学救亡歌曲，唱到“流亡三部曲”中“分什么穷的富的，分什么你的我的，敌人杀来，炮毁枪伤，到头来都是一样”时，她连连点头说，对呀，对呀。事实上她早已做到出钱又出力的地步了，伤兵们的许多卫生用品是她捐的，周先生每月赚来的千余元诊费，她除了家用外，替他花的一干二净。这样“挥霍”是值得提倡的。好，让我们把［蒋］鉴的精神活在大家的行动中罢。（大公报子岗）

原载于《中国红十字会会务通讯》1941 年第 1 期

东方的南丁格尔

周伯禄小姐遗著

宜昌十月

民国二十八年八月二十八日的陪都，晨雾朦胧，在扬子江洪流的漩涡里，很快的溜走了一个巨大的怪物。它装载着成千的旅人，预备送到每一个下游的岸口上。其中最引人注意的，是一群健壮精干的蓝衣女战士，她们愉快活跃，充满了生命的活力。

这怪物乘风破浪，不停的前进。一重青山，几行瀑布，三三两两的载重木船，稀稀落落的田园人家，都向后去了。它冲过了白沫翻腾、浪花飞溅的恶滩，又巡览着两山夹峙、奇峰突出的景色，使他们忘怀了旅途的枯寂。

翌日傍晚，船抵宜昌，检点行装，愉快登岸，道旁民众，都射给了惊奇的眼光。这陌生的地方，虽矗立前线，但街道整洁，市面繁荣，财力丰富，民众活跃。看不见游手好闲的男性，也看不见奇装异服的女性。各机关团体，充分表现着互助合作的精神，对于各种战时服务工作，都异常热心，每一个工作者，更都负责努力。

在各团体联欢会上，她们认识了宜昌工作的需要，便根据这客观的环境，订下了自己的工作计划。时光流水般的过去，她们活跃在宜昌怀里，转眼十月，从辛苦的耕耘中，摄起不平凡的收获，每个人的心灵是乐乐的。

烽火中的任务

二十九年六月，敌兽疯狂的风，刮到了宜昌的四郊。噩耗频传，人们的心，都在紧张与不安的交流里，预示着这劫运的来临，彼此连抬头打招呼的时间都不愿意耽搁，就匆匆的走过了。

隆隆的炮声，稀疏的可以听见，各机关团体，都已撤退。街上满目萧条，不见人影，这硬冰冰的一座死城，竟是一幅悲惨的书画，令人辛（心）酸落泪。

在一个烈日炎炎的正午，漫天烽火，她们决心开始一段艰苦的征尘（程）。全市交通工具已经完全断绝，但她们却忘不了那八百五十名伤胞撤退时的护送工作。于是，在隆隆的大炮，嘭嘭的机枪，轰轰的敌机，和炸弹爆破的声中，踏上了西上的大道。

夕阳余晖，江波浩淼，三游洞傲然矗立在前，这是六战区长官部的驻地。她们艰苦的跋涉，也暂时止于此。看见了那军中的紧张与活跃的情绪，才体味到自己是置身在烽火的战场上。

一个亲切的抚慰，增加她们无限的兴奋，那便是陈诚将军的训示。在一间窄小的屋子里，油灯闪烁，木椅上坐着一位四十多岁的人，面色慈祥，目光炯炯，他穿着半新不旧的长衫，看来谁也不会担保他就是威震四方的陈辞修将军，他谆谆地说："你们能在敌人猛烈炮火之下，抢救伤胞，能不顾一切，完成最后撤退的使命，这种伟大的精神，委实令人敬佩，假若中国的青年，都像你们这样勇敢，还愁有工作没人做吗？"接着就是亲切的抚慰。她们要求陈将军给以战地服务的机会，而他的答复是：后方重于前方，战地工作，对于女性诸多不便，有机会，再请协助。

西行道上

在几声汽笛呜呜中，踏上了西行的旅途。在轮上她们又遇到了极端敬爱□伤患同志，于是繁忙的工作又开始了，可是医药全未携带，片刻间，决定将自己仅有的私物作为绷带。用开水代替消毒药水，拿碗筷暂作换药器械，先择重伤洗换，夜以继日的工作，赢得了私心无限的安慰。"伟大的女性"，"伤患者的奇迹星"，"东方的南丁格尔"，"六战区的奇迹"，"可佩的女英雄"，这一类的声音，遂随着她们足迹而缭绕了。

周伯禄小姐是一个忠实的"伤兵之友"。民国二十八年秋，活跃于宜昌前线，尽心竭力，救护伤患，无微不至。二十九年夏，宜昌转进，更冒锋镝。不幸于三十一年春，出发途中覆车殒命，□□无不哀悼。生前工作笔记甚伙，文笔清婉，热忱感人，特摘录一段如上。

原载于《救护通讯》1944年第11期

五、人物传记

女慈善家（红十字会之功臣）

黎夫人

武汉起义后，南北血战。本会派队救护，设医院于武昌。院中伤兵屯聚，呼痛之声，不绝于耳。黎副总统夫人亲临医院，慰抚伤痍，且愿为看护，伤兵感之如慈父母。近又捐银千圆于本会，由本会照章推赠为名誉会员，其尊重人道、热心慈善与日本皇后相等。若黎夫人者，可以风矣。

韦、范、傅诸女士

当武汉举义，南北两军血战时，本会亟筹巨款，组织救护队，尅日驰往，以尽厥职。时则有韦、范、傅诸女士，皆以名门闺秀，而躬任看护，随队遄征。当枪林弹雨之中，极被发缨冠之义，而调羹作药，昼夜无间，其一片血忱，直足震烁古今，辉扬中外，方之乃丁戱而女士，诚无多让，不□为吾红十字会历史上增益其荣光哉！

原载于《人道指南》1913 年第 2 号

峨利生医博士传

峨利生，丹麦人。生有特操，好医术，弱冠毕业于大学，以精解剖术名于世。庚戌，本会医院学堂落成，特聘君为解剖专门医员，热心服务，不遗余力。武汉举义，君为救护医员，偕全队赴汉医治伤兵，应手而愈。有一兵弹穿脑部，君为剖脑检取枪子，未几即愈。其他贯胸、洞腹、断股、折肱者，君或为剖腹，或为截腿，都庆更生。时战争甚烈，伤兵满院，君早夕临治，未尝稍息，卒以积劳致病，犹力疾将事，竟以不起，时辛亥十月二十二日也。年二十有五，名医不寿，不仅本会之私痛也。爰于十一月五日假上海友宁礼拜堂开追悼会，值天雨，中西会员多至千人，咸冒雨莅会表哀思云。是月某日，本会武汉救护队员暨中西士绅葬君于汉口，事定，为立石碑，以志不朽。

两传合赞曰：十九世［纪］以来，战争之烈甚于野蛮时代，求深合于人道主义者，其红十字会乎。顾嚆矢于弱女子，巾帼远胜夫须眉；而服务以好男儿，黄种步趋夫欧杰。开先垂后，当崇拜此两仁人。

原载于《中国红十字会二十周年纪念册》1924 年

刘少玉先生传

刘君崇文，字少玉，浙江绍兴望族也，性孝友，敦道义，谦虚和蔼，自奉俭约，凡见善之可力及者，莫不□勉行之，孜孜不倦，口不言功。民国六年，宜都成立红十字分会，时君管理宜都电政，首先赞助，擘划（画）会务，劝募捐输，不遗余力。嗣后宜都水旱频仍，兵燹叠见，君对于救护事宜，屡倾囊乐助，昕夕遑遑，如恐不及。其博爱济众之心，始终如一日，诚笃实君子也。民国二十年，夏历元月十五日卒，其先世宦游，寄寓宜都，因葬斯土。友人王君与之交处有年，见其行谊不可没，足为后世所矜式者，故摭拾而为之传。

原载于《中国红十字会月刊》1936 年第 8 期

潜江分会会长旷世伟从父旷先生传

湖北张截港旷君，犹子世伟，潜江红十字分会会长也。创办会时，君力赞其议，不幸中梗，乃还人贳如数，往返沪汉，川资悉自己出，其临财不苟如此。生平多善行，不罄述，述一事以概其余。旷君壮岁，与同里毛岐山合贾，毛善知人，出入任之，岁有盈亏悉登册，不爽毫厘。未几，毛卒，托孤于君曰："吾子可教则教之，否则请君独贾。"君愊曰："是非知我之言。"毛喜曰："得君言，吾目瞑矣。"未几，毛子又卒，孙皆幼，君视之如己孙，合贾如初，计先后所入盖巨万，均分之，然自奉菲薄，旋聚旋散，悉事慈善。旷君卒于癸亥六月二十三日，子三人，世斌、世贤、世杰，请国粹学社社长胡肖梅为之状，状至沪，约其词以传之。赞曰：笃于友谊，无负托孤；宅心慈善，勇义必俱。

原载于《中国红十字会月刊》1936 年第 10 期

六、杂　组

中国赤十字会第二团广告

武汉用兵，伤痍必惨，敝同人心焉悯之，正在联合团体前往救疗，只以种种困难，未及即时成立。适张竹君女士亦发起中国赤十字会，以第一团出发，尽女子看护救伤之职。敝同人力薄能鲜，益滋惭沮。惟以战事剧烈，战地散漫，断非一团足以济事，不得不组织男子第二团，即日起程，同赴战地，普救受伤之人。所需经费筹备无多，尚拟续编至第十团，将来款项更巨，伏乞海内外大慈善家慷慨布施，俾得集腋成裘，襄此盛举，其功德当倍于赈荒恤贫矣。如荷赞助，请向民立报馆东方君取阅章程可也。事务所暂借大马路泥城桥自新医院。

原载于《民立报》1911 年 10 月 23 日

红十字会九月初三开会广告

兹因武汉兵事剧烈，官军与革军互有死伤。商明本会柯师、峨利生两西医、王培元医士、头班学生附学德医院学生组织甲、乙、丙三医队，暂借拨公立医院各项应用器具药品。一面函电李一琴君、卢鸿仓君在武汉就地组织分医院，受伤军民一律救治。定九月初三下午四点钟，假座英大马路小菜场楼上议事厅开特别会议，奏请旅沪绅商军学□各寄及由武汉东□诸公专临指示进行之法，俾医队早日出发。入场券不及遍送，亦不临时募捐。事关救济，同时曷胜感祷。

沈仲礼、任逢辛、施子英同启

原载于《新闻报》1911 年 10 月 23 日

红十字会发现

鄂事紧急，民命涂炭，革军官兵交战在即。日前大战伤亡兵士弃尸如山，伤者无人救治，困苦万状。即武汉居民为流弹所伤者，不知凡几，天下最惨酷而不忍闻睹者。甬绅沈仲礼观察原属红十字会会董，恻然悯之，特发宏愿创立绅办红十字会，遍请中西医士看护学生等，分甲乙丙三队，克日出发，以救两军伤亡军士及受困居民。兹定初三日假座大马路小菜场楼上开成立大会，届时吾知旅沪绅、商、军、学各界及由武汉过沪会□战务绅商，届时当必一体到会，共襄善举也。

原载于《新闻报》1911 年 10 月 23 日

红十字旗岂可借用

红十字会组织战地医队，业于初四乘襄阳丸出发，今日可抵汉口，专援两军受伤兵士，业志报端。闻吕尚书拟日内来沪，就商办法，假用红十字旗号前赴战地，电商沈观察。缘沈君因红十字旗号非经万国立约，瑞士缔盟，不能暂用，应请自立救济会旗帜，且现正进行会务，身不能兼顾，虽同是慈善事业，不敢以政府所立之会隶属于绅办之会，拟力辞荐贤自代云。

原载于《新闻报》1911 年 10 月 30 日

红十字会赴汉医队家属鉴

汉口西医柯师、峨利生、王培元来函，并派学生回沪报告全体平安。前由汉□□驳赴汉阳过江抢救伤兵，时虽经官军误发排枪，躲避得法，并未受伤。现武汉南北两军及华洋绅商敬重本会医队，资助保护，殊为出力。诸君冒险救人，备尝艰苦，热诚堪佩，全体无恙尤为欣慰。深恐各家属亲友悬系，特登报以代函复。此布。

三马路十九号红十字会事务所谨启

原载于《申报》1911 年 11 月 14 日

武昌革命军四十二志（节录）

革命尸骸遍地，狗噬鸟啄，皮肉尽脱，白骨磷磷（嶙嶙），足酿大疫，且伤仁化，见者坠泪。红会医师、旅汉洋商恻然悯之，谓累累陈尸，悉属忠魂，慈善家雇工载埋，北军时开枪阻之。上海红十字会总会沈仲礼分电袁项城及北军前敌统制，并函知黎都督派掩埋队拟将所有尸骨一律埋葬，南北军许之。

汉口野狗之众较平时增数倍，日食尸肉，肥大逾恒，眼珠尽赤，见人作欲噬状，且将尸腿碎骨啖往他处争食，惨不忍睹。现闻红十字分会西医拟用枪枪毙，以绝后患。

北军陆军卫生队野蛮无理，亦佩红十字佩章。二十九日，俄界红十字医院救护队救得伤兵三人，用第一级止血法及包扎法装卧病车，正待唤夫役抬送时，忽来红十字记号之工役二人，袖出利刃将伤兵杀死。医院姚教士见之大怒，立扭持刀者之发辫同往见丁士源，以该役假十字会名义杀人，已违万国公法，应立正军法。丁允交司法处执法，姚许之。及初一日下午忽又见该役在英租界外扶送伤兵，姚教士立邀红会医队医士等往追获住，立见丁要求即行杀却，用枪击毙，即出示张贴各处，如有违犯此法者以军法从事。

红会总医院长丹国峨利生于八月十八日见二民军脑受弹伤，弹中脑骨已将不治。峨即出其全力将弹取出，其一人流血过多，弹已入脑不及取出而毙。黎都督亲临医院慰问赞扬该医士，并举为武汉各医院领袖，赠纪念品甚多，捐助白米五百担。

□□□往谒柯师医士谓北军受伤甚众，红会各医院远在租界，诸多不便，拟分一医队及养病院于汉口，柯医生许之。

汉阳、武昌频受北军炮击，悉系开花弹，民军恒为流弹所伤。汉阳只有一医院且医士无多。黎都督嘱柯师医生函致上海红会沈仲礼君，续

发第六队，随带棉被、棕榻、棉衣、食物、药料、器具约千余件，定初六由沪启程。（以上红十字会来函）

原载于《新闻报》1911 年 11 月 25 日

武汉之闻闻见见

△红十字会医院有北军机关炮队排长林逢春者，广东人，以不愿为北军办事，自取手枪击其下身，弹穿左腿而过，遂入医院医治，约一礼拜可愈，即赴武昌与民军效力。

△武昌大同红十字会医院有湘军自伤手指，医愈出院，医务处给赏二元，该军士答称，吾自伤其指不能领赏，且我因临阵不伤，未能出力，故发愤自截其指云。

原载于《申报》1911 年 11 月 28 日

红十字会恺恻慈祥

本埠红十字会沈仲礼君接武昌医队英医柯师、丹医峨利生等来电：汉阳一役伤兵过多，本会医院天主耶稣教医院人满为患，武昌医院适当龟山炮线，已迁至城外。三队医士不敷医救，掩埋队朱庆章、姜彰容等在蔡甸赫山对面之山内有阵亡军士数千具急葬，食米、药料、芦席飞寄北军时，与红会会员留难，乞电北军加意保护并乞电复云。

掩埋队朱庆章、姜彰容来电云：沈总长钧鉴，江边腐尸已葬，蔡甸赫山积尸数千，费巨功深。沈石农、姜彰容督率小工百名摄影后席包深埋，黎都督、冯都统已给护照，明日分队至汉阳。绳席、药水连运万件，款不敷远甚，彰容叩，咸。

又电云：顷接黎元洪都督函并护照，死者未葬，生者未起，医队诸公不辞劳瘁，不避艰辛，活我子弟不可胜数。公慈祥恺恻，特派掩埋员瘗埋，九原有知，衔环图报，事定后筑土墙以遵台嘱等语，黎甚欢迎，民军敬礼。乞电北军勿盘诘留难，彰叩。

原载于《新闻报》1911 年 12 月 7 日

中国红十字会谨告中外大慈善家

天心乐祸，战事蔓延，劫历红羊（洪扬），惨同赤壁，生者亟须拯救，伤者亦待治疗，死者尤须埋葬。战地难民生计日乏，冻馁堪怜，急待救济。本会自武汉事起，各埠设立分会医院已有三十余处，治愈伤兵已达数千人，掩埋汉、宁义骨不下三千余具。现逐日所需药物、食粮，为费极巨，竭力支持，穷于罗掘，特呼将伯，普救同胞，伏乞海内慈善君子，慷慨乐输，救民水火，不拘多少，造福无量。惠赐捐款，请送上海三马路新闻报馆楼上中国红十字会事务所，立时掣给收条，间日登报征信。再，本会向无人在外挨户募捐，亦无在园场车站逢人募捐等事。

原载于《申报》1911 年 12 月 21 日

赤十字会会长张竹君女士演说词

余自九月初三起程，初七到汉。时值两军开仗，到埠时船主宣言，北军现攻武昌，所有泊近汉口各轮均须远离，船中搭客须即登岸，因该轮须退出六十里外云。余早知此次到汉，人地生疏，原意到埠之日先在中西旅馆或商务印书所小住，而两地均在中国界内。又因汉口失利，故与余之初意大为相反。

时，适有红十字会马医生来，谓现时伤者极多，幸得君等来，极为欢迎。余即命会员二人随伊先去候其来迎。讵守候多时，迄未见来，余即另雇别船上岸，不知所向，人迹极稀，但闻炮声隆隆，弹如雨下，所遇之人皆是逃避者。

□有一西人□鸣先生来，谓有屋一所嘱余等先到暂住。余等极喜，即偕各会员押药料行李以往。少顷，马医生至，谓何以在此，已代觅得房屋并借用药料等物。余以此次为慈善事业而来，何分畛域？但求尽我天职，故允其请。

□时即有军政分府遣人前来请余诊治受伤之某标统。分府距医所有五里之遥，余向不能走路，而当时亦不自知其苦。沿途求医者极多，既至分府，即为受伤兵士诊治，计有三十余人，轻者令自回营，重者送回圣公会。及余回寓，则已有受伤者五十余人□诊。旋有税务司来邀余至邮局设院，而无一切用物，幸于印字馆假得茶炉方可烧水，然亦尽饮白开水而已。至各会友之赴大智门抬受伤者，则饮食皆无矣。

初八日，流弹更多，马路遂无行人。

初九至十一日，无日不有受伤者送诊，称药量水，日夕大忙。

十二日夜，火势适近邮局，余适于是日赴武昌诊治受伤之某标统未及见之。是日也，四［点］钟起行渡江，在织呢厂登舟至草门（草埠门）方起岸入城，七［点］钟至武昌，诊毕已夜深，不能渡江，又不愿扰军政府，故与一女医、一女会员宿于客栈，栈中人大为欢迎，虽寝具不洁亦不计也。

十三日早，渡江回汉口，知局内病人以火势烧近，已移至旧设之大清红十字［会］。

十四日至十七日，皆有误伤者就诊。旋见火势更近，飞弹极多，故余等亦谋他徙。（未完）

原载于《申报》1911 年 12 月 27 日

赤十字会会长张竹君女士演说词（续）

（上略）

二十七日到汉阳，借汉阳县署设一分院。该处一见十字会三字，频送受伤者来，自朝至夕，应接不暇。余又到总司令部问有无被伤紧要人物，据云无之。时已夜深，路途不辨，且路宽不满六尺，左是田，右是塘，余在马上十分惊恐，几陷塘中。又值军事紧急，艰苦万状，不可言喻。回院后，满地伤人，盖以棉花，垫以稻草，至十二［点］钟后始无伤者送来。炮火连天，一夜不绝。余是日到战地，未带女员同行，该院后靠龟山，再往便是汉阳铁厂，余心甚怖，后觅得老妪做伴，余心始安。

原载于《申报》1911 年 12 月 30 日

公电——武昌黎副总统电

上海红十字会沈仲礼君鉴：顷准孙大总统电开，箇电悉。查民国军兴以来，各战地将士赴义捐躯，伤亡不鲜，均赖红十字会救护掩埋，善功所及，非特鄂省一役而已，文实德之。兹接电示，以该会前在武汉设立临时病院，救伤葬亡，厥功尤伟，复经日本有贺君妥修会章，已得万国红十字会公认，嘱予立案等由。该会热心毅力，诚无可表德之处，应即令由内务部准予立案，以昭奖劝等因，特此奉闻。元洪，廿六号，印。

原载于《申报》1912 年 2 月 27 日

公电——武昌黎副总统电

南京孙大总统鉴：鄂省自起义以来，血战数十日，尸骸枕藉，无算伤残，幸赖中国红十字会在武汉设立临时医院，救治被伤士兵并施掩埋。兹查该会已由日本赤十字社社长松方侯爵特派法学博士有贺长雄来沪商榷会章，复承日本介绍得邀万国红十字联合会公认该会为中华民国正式红十字会。此次民军起义，东西南各省均设立分会共五十余，所费不资（赀），其功甚巨。如此热心善心事业，似不可不特别表彰，伏恳准予立案，揭诸报章，以资提倡，而重观感，是为至要。元洪，箇。

原载于《申报》1912 年 2 月 28 日

红会造福伤兵

武汉之役，伤兵腿臂为炮弹轰断者至二三百人，经中国红十字会武汉战地医院截腿救治，全活甚众，不能自由行动终归残废，有伤人道。该会会长沈敦和悯然悯然，特向日本定制象皮腿，中有弹簧门□镶配，行走自如无异真腿，业已呈请黎副总统察核，大加叹赏。昨由该会请日本医博士田中赴鄂逐人装配。兹将往来电稿酌录如下：

武昌黎副总统鉴：截腿兵士残废可悯，日本橡皮腿业已如数运沪，特倩（请）田中君乘大福丸十九号到汉。人地生疏，不谙华语，乞派日语通译到船招待。沈敦和，咸。

上海红十字会沈君敦和鉴：田中安抵武昌，现正装配伤兵，感德。谨复谢，元洪，咢。

原载于《新闻报》1912 年 8 月 25 日

红十字会方兴未艾

本埠中国红十字会总会总办事处经袁大总统、黎副总统为该会总裁，全国红会统一后，于一切进行手续尤为完备。顺直、温处告灾，赈抚事宜义不容辞，副会长沈仲礼君于上月晋京，假道汉口谒副总统商议去岁掩埋武汉义骸，须逐年培土种树，以资观感而垂久远。顷闻黎公致沈会长函有行旌小驻，简亵实多，会务偏劳，益深歉仄。武汉义墓，一经点缀，便壮观瞻，忠魂有知，含笑九泉等语。复奉大总统、赵总理力允维持红会常年经费，顺直赈务由红会顾问福开森君、会长沈仲礼君商请津绅及当地教士即日开放，并由大总统允颁奖章，凡纳捐人捐数及额得相当之荣誉、报酬，而红会入会会员日来愈形踊跃，惟外蒙风云日紧，该会刻正预筹，以期有备无患云。

原载于《新闻报》1912 年 12 月 21 日

武汉战场闻见录

本会武汉掩埋队干事员沈石农记

余以辛亥九月二十九日，随全队赴汉，舟过金陵，龙旗犹飘扬于狮子山。自宁而上，若芜湖、若安庆、九江，旌旗蔽空，皆作白色，盖已光复矣。十月初五晨，舟过青山，炮声撼地，遥望刘家庙，浓烟蔽目。南兵咸伏江边遥射，海琛兵舰，亦方以过山炮自舟中轰击北军火车，故炮声弥震。十句钟过亚细亚煤油也，正在焚烧，火光灼天。午后抵埠，租界中行人绝迹。各国之兵，三五成行，负枪逡巡，往来不绝，与华界毗连处，俱已堵塞，防败兵之窜入也！余等行装甫卸，即至本会医院，但见伤兵满院，断肱折股，呼痛之声，不绝于耳，为之惨然。王培元医士语余云：我等初至时，两军正酣战于大智门。遥望花楼一带，烟火漫天，枪声如爆竹，耳不绝响，登楼望之，勇者争先，起伏射击，而枪炮往往不之及，怯者后遁，不及起伏，则被创焉，甚者以一身而中数枪，犹舍命图遁。俄中要害，倏焉颠蹶。是时，余等方作壁上观，燃萁煮豆，目击心伤，泪不自知其涔涔下也！迨息战，或稍懈，则趋携担架，躬履血泊中，捡其气息犹存者，抬回院中，竭我力以拯救，往往有药未及身而长逝者，吁伤已，时已薄暮乃告归。

是夜，四处火光灼天，炮声隆隆，震动屋瓦，彻夜未息。翌晨至花楼前，遥望华界，已成瓦砾之场，时炮声犹隆隆不绝于耳。午后晤故友任君，相与雇小舟渡江，取其行囊（船舶对江码头），将抵岸，即有民军持枪诘问，婉告以故。并示以护照，始得前进，如是者三。设言语稍有不合，枪即发矣！归时于江中遥望汉阳一带，黑烟浓布，炮声动地，知争战正剧也！

初七晨，全队干事，拟渡江谒黎都督，请示掩埋方针。至码头，将登救护小轮，但闻炮声大震，枪如连珠爆竹。回视伤兵满船，血殷舱板。有气息仅续者，有犹能呼号者。本会及各国红十字会中外救护员，正从事抬送，余度不能渡江，遂亦助抬伤兵，抬完时日已向午矣。午后本会医院主任柯师医士，使［人］来言四码头死尸无数，亟须收敛，余等急往视之。见跑船两艘，俱已受损，船中尸骸纵横，满舱皆血水，观者如堵，莫不磋伤。时芦席草绳等件已运至，余等即雇小工将船中尸骸运至码头，所有军装均归工部局收去，以在租界内也！余则遍检尸身，以录其姓氏，各尸胸中俱尚温暖，验其戎服，大都湘军，身中所藏，至多铜元数十枚，亦有仅有当票数纸者，其穷苦可知已，有一尸，胸藏符咒书二本，揣其意谓可避枪炮，其愚真不可及。又有一尸，自其衣袋取出发辫一条，想将以返诸母妻者。尸凡二十有八，头仅半片者一，大炮洞穿胸部者五，轰碎头颅者三，余皆枪中要害而毙者，其中有一舟子，年已花甲，与老妻同及于难，血泊中卧一孩提，呼吸仅续，当由圣公会代为留养，并取破船板箱藏之，以为此儿成长后之纪念，吁可惨已。余且检且录，得其姓氏者仅三人，捡毕饬工人一一裹之以芦席、系之以草棚，由工部局车送埋葬，此余等之第一次手续也！

越日，汉阳失守，两军休战议和。余等乃领取北军护照，雇工携芦席锹锄，前赴汉阳赫山，路过兵工厂、钢铁厂一带，在汉水之旁，夹岸房屋尽毁，断垣中枪痕如蜂窝，间有穴一大孔者，炮弹所经处也！地上枪壳无数，闻父老云：是处战争最烈，当两军隔水相持，本会救护队，于枪林弹雨之中，坐救护小轮（名庆来）驶入汉水，抢救伤兵，船身中二枪，而全队无恙，亦云幸矣。

既至赫山，血殷遍地，兵士所掘之濠，历历在目，尸骸零落，沿途埋葬。至古高庙，见一尸轰去两股，上身尚全，臀际焦黑若炭，惨不忍睹，亟为瘗之，时已薄暮，遂归。途遇一火车头，正驶向大智门，全队干事登车，驶行甚速，俄顷及大智门，下车时已昏暮，布暮林立，灯火荧荧，兵营也！大智门口，刀枪森然，兵士见余等大疑，以枪拟之，示以护照始已。十二日晨，由花楼前进，遍地瓦砾，无复全屋，隐隐犹闻哭声，自断垣中出，即之嫠妇之哀家毁也！既至龟山，山甚高峻，实扼汉阳之要造，其巅武昌全城，历历可睹，时北兵守甚严，余冒险上登，几为所毙。是日将山麓荒地中尸骸，悉为瘗之，归时路过平浪宫，入庙小憩，妇孺群向余乞药，且示余以创痕，则皆枪炮所伤者，彼等但知红会中人，俱能疗伤，而不知掩埋队之专事掩骼也！余良愧无医学知识，无以应此无辜，乃示以医院所在而行。既入汉口境内，瞥见一头颅抛墙下，视之发辫尚存，有途人过此云，此汉奸之髅，宜暴露，法不应葬。余曰余以博爱为旨，今又专事掩埋，见尸即瘗，实余天职。因令瘗之，于此见鄂人之好义，有如是者。连日四出掩埋，至十四晨六时起身，晨餐后，全队由俄租界过武圣庙，至由义门，路旁发现一尸，本已入棺，为犬曳出，食腿、腹之肉且尽，不觉悚然，急瘗之。循此东行，一片焦土，埋去尸骨无数。午正过王文成公祠，建筑精致，像身及石座，均用白石雕成，庙貌虽半毁，然瞻仰之余，犹低徊不能去也！是处父老言：当两军争战时，我等之死于非命者二十有七人，伤者不计，闻之黯然。

十五日，再至汉阳龟山，闻朝宗门外江边，溺毙兵士无数，往观之。果见裸体浮尸，蔽江而下，盖衣服大半为水冲去矣。江□军帽，若恒河沙砾，时北军正持钩捞取，盖得一枪持归，可易洋三元；又尸身中存有银钱者，亦颇不乏，故益趋之若鹜。余等急饬工人助捞，捞起者悉抬至龟山埋葬，计百数十具。间有尚未成丁者，父老告余曰：若辈初守汉阳，北军至，倒戈披靡，拥出朝宗门，竞渡舟覆，尽没于江，此累累者皆是也！我又闻诸友人言：兵及沙场，进或不至于死，退则必无生理，何则？进攻必时起时伏，以避枪炮，退则不及起伏也！然则为武士者，当烟火迷目之际，宁勇进以尽其天职，毋图遁以自速其死亡也！余于是更有感焉！彼身为将领，于招军之际，苟不详慎，急于成军，而滥竽充数，或未及操演，而遽令之战，致戕众生于无辜，其罪实等于嗜杀，往事已矣，后人戒诸。

十八日晨，由韵生路西行，于博学书院前田中，发现腐尸数具，筋肉已为犬食尽，零星腐肉，犹存髂骸之间，睹之令人胃栗，间有戎服依然者，尚可辨识，则湘中健儿之装束也！询诸土人，知九月二十七日攻黑山时殉难者，遂命妥瘗之。

汉口掩埋既竣，遂渡江谒黎都督，请得护照。即日从事掩埋，旬日始竣，立碑于梅家山，志其巅末。武昌情形迥殊汉口。汉口北军，见无辫者，辄隐踪之，罹其酷者，颇不乏人，武昌则反是，巡缉之严，更甚汉口，尝见湘军十数人，拥一垂辫少年而去，云系汉奸，越日过其地，则此少年身首异处矣！询所谓汉奸之铁证者，火药一小包耳，余时发辫已去，年正少，故未受纤微之惊。队长朱君会被疑为张彪，余等力白始免，所谓战地人民刍狗者，殆非无因。

原载于《人道指南》1913 年第 2 号

鄂江风潮余波点点

（王利用受诬被捕）

鄂都督府日前得忧时子告密一函云，赤十字会会长王利用有潜谋不轨行为，于会内藏有枪弹，以印刷物勾煽客军同叛等情。黎公查王为某党激烈派，恐非无因，即派本府侦探员彭义华等多人赴巡警第五署，会同警长巡士前往贡院前罗家巷赤十字会内搜捕。得王及来宾熊国祥一并捆缚，遍搜往来信件详加检阅，并无为匪之据，亦无枪械等项，遂将王解送巡警总厅看管，听候调查。旋由第三师长王安澜遣人保出，王以无辜被捕，已赴高等检察厅起诉，亟通电各处赤十字会矣。

原载于《新闻报》1913 年 4 月 20 日

鄂省查缉乱党之余波

都督府调查孔玉珊日前诬报赤十字会鄂会长王利用为乱党，派兵抄捕，旋以查无证据释放，而王谓兵丁抢去其纸币二千元及损失书籍等项珍物，现倩（请）万国赤十字会某西人出面交涉，向当道索赔损失三千元，并请治该调查以诬陷之罪。查鄂省近日逮捕之人颇有无辜受罪者，有此一举，以后当道于捕犯必加审慎也。

原载于《新闻报》1913 年 4 月 21 日

王利用被捕记

鄂省赤十字会会员王利用被捕略志昨报，兹据武昌函，详述始末如下：

王君利用留学日本法政大学，初渡东时即投身同盟会，归国侧身报界，鼓吹革命甚力，复历充湖北自治研究所、法政学堂及各法官养成所管教各职。前岁起义时，曾经多数同志推为司法局局长。阳夏战争剧烈之险，复充军政府秘书官。迨南北统一以后，又代理司法司篆务。卒以湖北政界黑暗已达极点，遂决计辞职，专从事于教育。刻下屏除一切，任法律专科学校教务长一席，置理乱于不闻，不谓日前竟有天外飞来之奇祸。

王君原系赤十字会会计，一切存款均在会中，故居于内以便照料。讵日前十二日上午九时，有前自治研究所学员熊国祥君到会探视谈次，突来军警数十人，手执枪械，势甚洶洶（汹汹）。甫入门，声称："何人是王利用？"王君正拟起答，渠等即不由分说，蜂拥上前，拉住领口，当有多人遍体摸索。搜毕，问曰："汝是王利用否？"答曰："是。"复曰："你是国民党员否？"答曰："是。"渠等曰："是国民党就可以拿。"于是将王君及来客熊国祥一并绸绑牵去。

未几，行至警察署，王君云："何不向都督府去？在此何为？"渠等厉声曰："在此坐坐，何必性急，将息精神，好为自己辩护。"王君曰："杀则杀耳，何辩之有？处此黑暗世界，虽生何益？"复问曰："究犯何罪，请明白示我。"答曰："汝是号民一否？以前无此名字，起义后始改为民一，是否？"王君曰："诚号民一，但民一两字在京津、武汉各报作文即署此名，不自今日始也。"言毕，即见渠等以电话告都督府云："王利用已拿获。"闻电话内云："抄得子弹炸药否？"答云："未。"又云："天楼板上亦无有。"言毕，数十人狰狞如夜叉，将王君牵往巡警厅而去。

至巡警厅后，即拘至看守所管押。迨下午二时，突有王君同乡朱君由都督府持第三师师长王君安澜函而来，谓王君曰："刻下师长已在都督府，特嘱予来取保。"王君应声曰："贵师长何来之巧也。"朱君曰："师长系都督电召之来，此函即在都督府所写云。"少焉，即同赴第三师司令部而去。王君见师长曰："鄙人被捕，倘搜有何项证据，蒙贵师长取保，诚为感激，但多方搜索并未有何禁物，殊不敢劳动大驾。"师长曰："有强权无公理，君何执拗为言次。"即由衣袋中取出信函二纸（函附后），信尾署名"正肃"字样。所谓名"正肃"者，必另有名刺在。试问究系何人，都督故不交出，且系何处，投递何信封，亦不与观。既而师长复问王君曰："君曾有函致都督乎？"复云："他说你骂他。"王君曰："致函（函摘录于后）则有之，唾骂则未有也。"师长又曰："有函内君亡国之大夫不足以图存，败兵之将不足以言勇。果何人招之来，而令政界黑暗一至于此云云。都督谓：谁招来？招谁来？"王君曰："锻炼周纳，罗织成狱，不图文字之狱复见于今日也。"师长复再三劝慰，遂著人送王君归。归时途中人相顾而语曰："上午所谓捕盗犯，今则胡为乎坐官轿而来？大是奇事！大是奇事！"

□附名"正肃"函一件

（按：此函不仅倾陷王君一人，实污蔑国民党全体，奸人之作恶乃至如此。呜呼！）

副总统宋卿先生台前：吾楚自共和告成，而乱机时止时发，国民党之原动力甚多。近日，党中首恶枣阳人，姓王名利用，又字民一，住某某街赤十字会内，前充此会会员，后充司法科科长并法律专将（科）学校校监。今春自解司法职后，怨公甚深，鼓吹骚动。前日，震旦报载之新四书，及昨九日所载东墨荪之七绝诗，心象已见。然此尤细者，近两月以来，常开秘密会，对党外人则曰讨论十字会中之事。此人善辞辩，心计则令人莫测。现今三大部起事，京师、上海、湖北，此人为湖北一部之主谋长，各处往来不轨之函均在后宅书箧，药弹分藏天楼板壁中。昨已派同主谋者至德使，勾引同乡某师长，去冬并密约吾辈入党，因肄业门下，阳为承诺，实藉以观渠之动静。不知，必责我辈为同类相残，要知周公诛管蔡，为报怨计乎？为天下计乎？不求官不求赏，即相残不过不利于一人，而非同伊等扰□治安。且近数日暗集同谋者发信各部，恐不出旬日，鄂中不止前岁之祸。因事关重大，势迫情急，潜将为首之王利用禀报查核，早除乱苗之莠，不胜惶恐待命之至。专肃，静请钧安。

摘录王君致黎元洪函

宋卿都督麾下：别麾下久矣！曩者阳夏鏖战之际，曾蒙麾下召为记室，待遇优渥，曷胜感佩。讵受命未匝月，而咯血之疾复作，遂辞职去，心尚怏怏，未能报麾下于万一也。其后麾下位益高、望益隆，而伺候于左右者日益进，因是而稍有风节者遂日益隔。利用戆拙成性，淡泊自甘，厌世之念深，而疏狂之名日著。夫厌世之念深，则为君子所弃；疏狂之名著，则为同僚所嫉。黄钟毁弃，瓦缶雷鸣，由是麾下之庭遂无利用之足迹矣。今者共和成立已一周年，熙熙攘攘，居然太平景象。不□麾下于酒阑灯灺时，犹忆及炮火横飞之际，都督府中有一秘书王某其人焉否耶？迩时同事诸人，至今得勋章者有人，受上赏者有人，其次腰缠万贯团团作富家翁者亦有人。夫赏果当其功，禄果当其位，利用固不敢有所訾议，而惟日见夫不言禄而亦弗及者仍多如鲫也，区区若利用者又何足道哉！不宁惟是当大局未定时，各机关人皆一时革命之士，及事定后，兔走狗烹，鸟尽弓藏，而卑鄙龌龊之州县候补道均徐徐然出现矣。至革命稍有功绩者，率皆束之高阁，揆之事理，岂可谓平？不特此也。前清政治之所以腐败者，一般官吏实尸其咎。革命者革除政治上之障碍物也，今则障碍物仍布满天下，欲得政治上之良好结果，能乎不能？语云：亡国之大夫不足以图存，败兵之将不足以言勇。果何人招之来，而今（令）政界之黑暗一至于此，吾窃百思不得其解。（下略）

原载于《民立报》1913 年 4 月 21 日

战时之红十字会（节录）

中国红十字会抱定疗伤蒸（拯）亡拯救同胞宗旨，不分畛域，一视同仁，惟恐战线蔓延，伤亡日众，临时组织，鞭长莫及。该会二马路总办事处暨天津路分医院、徐家汇路总医院昼夜部署，函电旁午，兹将进行手续采录下方。

——请黄兴司令电饬津浦南段允给红十字救护专车，并给救护员乘车执照。

——电宁、赣、皖各省司令长官通饬各军队，一体优待保护，业得回电照准。又接陆军部黎元洪电通饬鄂、鲁、豫各军队并张勋、倪嗣冲等一体优待承认。

原载于《申报》1913 年 7 月 21 日

黎督之疑心病

汉口人道会以两军交战，不免互有损伤，组织临时赤十字会前往救护。一面筹办一切，一面添招会友。黎督据侦探报告，以为江西军来汉招兵，派侦探长出面干涉，由该会会长胡某赴军政府说明，乃罢查。该会于上年成立，黎氏亦在名誉会长之列，遗书褒美，何亦善忘乃尔？

原载于《民立报》1913年7月29日

特别访函一

……

上海红十字会致武昌黎副总统电云：连日江湾、吴淞剧战不已，伤亡甚众，商业既慨凋敝，难民流离尤众，民不堪命。迫不得已请本会医长柯师驰赴宝山，见钮铁生力劝反正，至再至三。订条约四条，呈送刘总长、李总司令核准电大总统钧允。昨夜钮军卫队三百人退至三十英里，至嘉定界暂驻。炮台及联鲸舰悬红十字会旗，归红会中立人暂管，淞沪大局遂定。惟善后赈济防疫诸端尤为亟迫，当勉力进行，以副仁德。沈敦和，元。

又致武昌黎副总统及山西、直隶、济南、开封、奉天、吉林、浙江、四川、云南、贵州等各省都督民政长电云：兵燹之余，生灵涂炭，救伤葬亡，防疫振济及一切善后，天职所在，罔敢或懈。奉大总统命令，特捐二万金为本会经费，并责成海寰、敦和广为劝募，仰见大总统泽被疮痍，博爱慈祥之至意。惟商业凋敝，生计困穷，难民充斥，疫疠乘之。皖、赣、宁、镇、淞沪饥民遍野，除于沪南设妇孺留养院一所以资救济而保孑遗外，其他战地救护队医队临时医院等四出拯救，双方并进，事巨款绌，来日方长，务祈通令行政军政各署地方议会商会自治机关集款救济，迅赐电汇，至纫公谊，并候电复。中国红十字会吕海寰、沈敦和叩，寒。

原载于《申报》1913年8月15日

湘鄂宣布罢兵后之小战

十三日，湘督谭延闿来电宣布取消独立罢兵，而武汉江面竟有湖南党人所派之小轮三艘，冒挂红十字会旗帜，轮上之人亦冒红会装饰，以窥探湖北军情及地域形势，为水警厅长何锡蕃□汉阳渡江时所觉。当即报告都督，命停泊鲇鱼套内，建威兵轮立刻追至青山以外江面，开炮击伤其船身，始一并截获，当有数人投水自溺，并有二人被炮轰毙，在船之二十三人则已一并解送军法局讯办矣。

原载于《申报》1913 年 8 月 19 日

特别访函二

……

汉口人道总会用红十字标帜结队百数十人由汉口下驶，自称奉黎副总统给发执照，并经海陆军部通电各省军队保护等语。一半往芜湖，一半已抵上海。会首陈铁汉带领数十人，自称已经红十字会许可，于昨□赴西门斜桥西林庵，硬欲占住。该庵住持慧贞得知西区警局，并赴二马路红十字会总会报告情形，请为阻止，闻郑镇守使、穆警务长已通饬军警彻查云。

原载于《申报》1913 年 8 月 28 日

欧洲战事之武汉观——十字会组织行队

汉口万国红十字会分部向设同仁医院内，近以奥塞战云日急，特召集全体会员，提议组织一行队，配合医官、药剂及队员夫役，预备先往沪上取齐，再定出发地点救护。

原载于《申报》1914 年 8 月 10 日

中国红十字会谨谢湖北段上将军、吕巡按使捐助青岛救护经费银五百元

接奉湖北段上将军、吕巡按使铣电，渥蒙钧助银五百元，并慨认鼎募军政各界协助，鸿施稠叠，骏惠均沾，祗领之余，曷胜钦感！除另电申谢外，合亟登报宣布，以扬仁风。

上海二马路望平街口中国红十字总会总办事处沈敦和谨启

原载于《申报》1914 年 9 月 17 日

中国红十字会敬谢黄潜记君经募无名氏大善士捐助洋一百元

顷接汉口黄怀清君来函，并交到黄潜记君经募无名氏大善士捐助洋一百元，仰见热心善举，感谢莫名。除交会计董事朱葆三君外，合亟登报，以扬仁风。

上海二马路中国红十字会总会总办事处沈敦和启

原载于《申报》1915 年 6 月 19 日

时局渐平中之鄂讯

汉口为吾国名埠，向无红十字会之团体。自滇事发生，汉口商务总会、各团体联合会、慈善会同时俱发起组织红会，因意见不能一致，款项又难筹集，迁延未能成立。致川、湘战地，仅汉口外人医院所组万国红会前往治疗。嗣因各团体联合会会长王琴甫当选为总商会副会长，各团体与总商会遂携手一致进行，并与慈善会联为一体，派员赴申，与中国红十字会本部议妥承认其为汉口分会。

适值川、湘独立，湖北将成为战地，该会组织愈为加紧，已筹集数万元经费，正在赶组救护队，预备出发。适项城病□，时局顿变为和

平，遂尔中止。在不知者以为□会将归消灭，实则该会职务不□在战时救护，平时亦应筹备款项、设立医院、置办医务材料、造就医学人才暨赈济水旱偏灾、防护疫疠及其他各项危害，范围甚广。故□会现仍于福建庵后堤街觅定屋宇，设立会所，于十三日假万寿宫开发起大会，选举临时干事三十人及互选干事长一人，俟组织妥协，再选举会长。汉口有此善团，裨益于地方殊为不少也。

……

原载于《申报》1916年6月17日

黎总统颁给汉口红十字会匾额

汉口红十字会当帝制发生后南北冲突，诊生济死，颇资得力。闻黎总统特颁给匾额一方，以资鼓励，其文曰：心存博爱。并电鄂省王督军转为送交云。

原载于《大公报》1916年9月26日

湖北水灾之杂闻

沙市滨临大江，地势低洼，形如釜底。当兹夏江泛涨之时，纯恃沿江大堤为全埠之保障。昨闻该处江水已与堤平，近数日来尚有加无已，沿堤居民纷纷迁避，状极危险。惟该处地极低洼，在平日水面尚高出屋顶，若堤身一有溃决，不独沙市一埠受灾，即下游各埠亦难免阳侯肆虐，故不得不为沙民惧也。

青山下招贤乡江堤日前被江水冲破百余丈，曾经武昌包知事前往查勘，当拨款协助乡民抢筑，各乡民以此堤与彼等均有生命财产关系，是以拼力抢护，加之堤身虽破，堤脚尚未摇动，救筑亦易收效，故仅历五日之久，即将已溃之口复行堵塞，苟能长此保持，实该处人民之福也。

连日川湖之水下注，湍激澎湃，异常汹涌。调查水椿，五日又长六寸，文昌门江岸渐被浸入，探其水源，多来自湘江，又兼连日东风大作，海潮上涌，已达中江（皖），上游之水，无从消纳，沿江低洼之区，禾稼均被淹没，倘再涨数尺，则江岸居民均有其鱼之叹矣。

夏口县属戴家山一带堤垸年久失修，倒塌不堪，现因江水陡涨，难免冲破之患。有民人黄家堂者，昨在京汉铁路驻汉事务所禀请恳准鸠工兴筑，保全生命，所长业已照准矣。

旅汉巨商殷世和等以黄冈县此次被水淹没各区甚广，灾民惨状不堪入目，除请慈善会及红十字会施救外，并拟将去年所获洋纱红利捐入慈善会，以济各区灾黎。

内河外江水势大涨，匪特急流如矢，且多旋转若轮，加之划户贪载，飓风一起，立蹈危亡。四日，东风大起，船只覆没者不下二十余只，以赴汉阳者为多。五日，闻汉阳山头左近翻一小划，盖皆因激流所致也。

原载于《申报》1917 年 8 月 11 日

武汉间近闻一束（节录）

十字会解回伤军

湘南战争激烈，两方面受伤军士不少。汉口红十字会昨七号又从武岳路解回伤军四十二名之多，由鲇鱼套用驳船装载来汉，抬往第一、第二、第三临时病院诊治，洵称系由□□、□县、湘阴等处收集而来，听其口音，则南北军队俱有。

原载于《大公报》1918 年 5 月 12 日

催缴福引券款

汉口红十字会函催天津总商会速缴福引券电，总商会鉴：福引券承贵会热心认销，感荷无似，惟该款结束已久，亟应汇报交处券款，想已收齐，请速交吕超起君汇汉。汉口十字会叩。

原载于《大公报》1918 年 8 月 25 日

红商两会之纠葛

汉口红十字分会去岁出发沙市，遣散乱兵，耗去一万一千三百零九串，此款原定由沙市给还。事后曾还与五千四百串文，由沙分驻所借用一千五百串，余款由红会副会长王琴甫前往索缴。沙商会不但不清，且言前五千四百串因沙商会感激红会维持并本慈爱之念捐于红会后，一千五百串系借用，必须偿还，因此而起纠□一节已志报端。兹闻特□该会书记长王道铎赴沙交涉一切，两相争持。沙会所持理由，红会资遣乱兵出境为其职责，本条约早已载明，乌能要就地偿还，且乐捐随人，安能强迫？红会所持理由为沙会不请红会维持，红会不出面维持，沙市必致蹂躏。此款不但已经承认，即不承认，本良心亦应偿还。两方争执不下，闻现已向江陵县依法起诉矣。

原载于《大公报》1918 年 10 月 5 日

美红会今年五月份筹款报告

上海方面总数为墨银一零八二二一、三八元，外国人入会者计一五五二人，中国人有二六五七七人，汉口总数为墨洋四五八四零、八一元，广东则一五六三五、一八元，南京总数有墨洋一三一四九、七零元及金洋四一七元。下所列者为详细报告：

福州墨银六千三百二十元三角六分，金洋一千二百零三元。

重庆金洋一千元。

厦门金洋五千元。

汉口墨洋四万五千八百四十元八角一分。

南京墨洋一万三千一百四十九元七角，金洋四百十七元。

汕头金洋二千零十六元。

烟台金洋三千零八十元六角一分。

香港金洋一千八百四十六元五角。

广东墨洋一万五千六百三十五元一角八分。

北京金洋约五千元。

天津墨洋约五千元。

上海墨洋十万八千二百二十一元三角八分。

上海分部五处细数如左：

济南墨洋一千六百六十七元，金洋四百七十六元。

长沙墨洋一千二百四十五元零五分。

杭州金洋三百六十四元五角四分。

镇江墨洋一千二百七十六元七角六分，金洋一百五十元。

奉天金洋一千一百三十元。

以上共计墨洋十九万八千三百五十九元二角四分，金洋二万一千六百八十三元六角五分（未完）。

原载于《申报》1918年10月24日

美国红十字会之中美提携成绩（节录）

此次美国红十字会，在中国招募赞助员。我人以人道主义及国际荣誉与人格所关，以十分同情之心与美国联络一致，由王正廷先生等提倡协力，主持其事。今特汇其开始征求以来所得之成绩，报告如下：

……

汉口开会之第一日，共募得捐洋五千元。所有居留汉口之西人，每国均被选举干事一人，分向本国人民募集。汇丰银行大班格拿，为中国方面之干事。更有洋行买办多人，相助为理。现在印刷红十字说明书三万册，赠中国人。

原载于《兴华》1918年第22期

湖北新店被劫之惨状

蒲圻县属之新店镇商店林立，生意颇为畅旺，该镇魏久胜匹头号规模宏大，素有富称。十六日夜十二时许，有大批匪徒身着军服，携带枪弹破门入内。店主魏品三急出视之，被匪推倒地上，用枪托击伤其头，登时晕绝（厥）。此外又打伤伙友数人，枪毙街邻一人，所有该号货物银钱等件被匪众抢劫一空，损失之数约在二万元以上。匪众抢毕，又往其他店户肆行抢劫，全市商户无一幸免。各户鉴于魏姓惨状，任其所为，无敢反抗，该匪等尽情捲（卷）洗呼啸而去。其受伤之魏品三因年迈伤重，势甚危殆，现已来汉请求红十字会觅医诊治，一面报告军民两长派队前往履勘矣。

原载于《大公报》1920 年 6 月 18 日

红分会复鄂督电

本埠红分会复萧鄂督电云：武昌萧督军钧鉴，顷奉皓电，敬悉我公捐洋一千元，足征慈祥恺悌，恻隐为怀，感戴之情，胡可言喻。除此款已由敝会领取外，肃此电复，藉申谢忱。中国红十字会天津分会叩。

原载于《大公报》1922 年 6 月 25 日

救灾时军民对红会发生误会

本埠中国红十字会总办事处，前得湖北郧县分会来函云：我国以博爱恤兵为宗旨，章程载在六法全书，列入军事首条，军士上讲堂，先为宣读演说，俾知红会之美意。兵燹迭兴，宣读久停，知红会之名义者少，故此次老洋人窜郧，围攻三昼夜，及其退去，红会原有出发救护、掩埋伤亡之天职，因电线早已斫断，又不能以快邮代电通知总会，请转前线饬知保护，乃遵章就近通知军事长官、地方长官饬知保护。地方官已饬警备照章保护见复，团长因见宛洛会员被老洋人所拉之报，未经发明，迟迟未复。乃有无知见嫉之人，唆动军官，诬以分会与老洋人通函欢迎等语，将与分会为难。岂不知此匪到处烧杀蹂躏，无所不为，谁无身家性命，而欢迎无人道之匪。彼姑妄言，此竟妄听，烦言啧啧，几将全会会员哄动偾事。幸得在上津受伤兵士齐抬赴分会医治，始将风潮按息。事已往矣，姑不必言，务请函知督军省长，通饬一体优加保护，勿令军民误会名义，破坏慈善，阻碍进行，是为至祷云云。该会当即致电鄂省当道云：武昌督军、省长大鉴：据郧县红十字会来函，声称老洋人窜陨，红会会员率被扰害，而军官听人诬唆，传信红会会员通匪，几至偾事。幸该分会办理医队，疗治病兵，始得证明，风潮方息等情。相应据转，敬请通饬各军长官及地方官厅，一体出示妥为保护，令军民切勿误会，破坏善团，是所祷切云云。昨该会得鄂督复电云：皓电致悉，郧西上年被匪，贵分会热诚救助，几至误会，准电前因，当饬知军队及地方官妥为保护，以免误会云云。

原载于《申报》1924年3月23日

中国红十字会各省分会一览表（节录）

湖北：武昌分会、汉口分会、潜江分会、通城分会、崇阳分会、宜都分会、沙市分会、襄阳分会、郧县分会、黄冈分会、樊城分会、大冶分会、宜昌分会、鄂城分会、蕲水分会、枣阳分会、蕲春分会、光化分会、当阳筹备处、老河口筹备处

原载于《中国红十字会二十周年纪念册》1924年

中国红十字会全国分会总数表

（截至十三年五月三十日止）

京兆一处；直隶三处；热河七处；江苏三十处；湖南廿三处；江西十三处；河南四十一处；广东九处；云南二处；吉林十处；广西三处；福建十三处；浙江十处；四川四十七处；安徽廿二处；湖北二十处；山东八处；山西二处；陕西七处；黑龙江一处；贵州三处；奉天二处，共计二百七十七处。

（增补）

河南：叶县分会、西华分会、汲县分会、郑县分会

吉林：双城分会

奉天：兴城分会

直隶：大名分会、霸县分会、固安分会
以上增补九处，总计二百八十六处。

原载于《中国红十字会二十周年纪念册》1924 年

中国红十字会之新年希望

（记者）

今为中华民国之十二年一月，履端于始，百度维新，我中国红十字会之希望于此新年者，厥有四端：

……

三、关于上海者。中国红十字会托始甲辰，为上海士绅醵金所成，故设总办事处于上海二马路，组织医队分赴武汉、江皖、京豫一带救护伤残，黎大总统在武昌奖以所费不资（赀），厥功甚巨，电请南京孙前总统准予立案，并经日本赤十字社介绍，得邀万国红十字联合会，公认为中华民国正式红十字会。自甲辰迄壬戌十九年来，天灾人患，无岁不有，上海总办事处亦无役不从，而组织于上海本埠者则有五医院，曰徐家汇总医院、曰北市医院、曰南市医院、曰天津路时疫医院、曰吴淞防疫医院。徐家汇总医院曾托西医士代理数年，近岁收回自办，延请牛惠霖医博士及各名医，新又由总办事处理事长庄箓慨捐巨资购到极大爱克司光镜，研精治疗，院务、医务皆日事扩充。北市医院从前僦屋而居，今乃于新闸路购建广厦，迁移开幕。各医院成绩尤愿与年俱进，又新组织上海马路救护伤人之医队，时时奔赴，全活良多。又暹罗国开万国红十字会联合大会讨论卫生、禁烟及种种公益之事，中国红会代表杨晟受托联合会返沪组织万国拒土会，种种胥赖经营，虽本埠总办事处数年前略经顿挫，譬之个人，病瘳而神旺；譬之国祚，几绝而中兴。惟愿新年成绩大胜往年，我中国红十字会之希望新年者此其三。

四、关于分会者。今我中国红十字之分会成立，计全国二十二省中得二百余处，其筹备将成立者尚属纷纷。上年大会，分会代表到者计十九省一百有六处，函电赞同表示服从大会议案者三十七处，通计一百四十三处。修正章程，公定通则，改良会务，全国翕然。此二百余处各分会如手足之捍头目，总办事处对于分会如躯干之运指臂。分会救灾振患，备尝险阻艰难，各省战祸、各地偏灾，近岁尤甚于昔岁，如奉直之争，救护者津、汴各分会；川陕之乱，救护者川、陕各分会；粤赣之兵，救护者粤、赣各分会；粤桂之变，救护者粤、桂各分会；滇黔之讧，救护者滇、黔各分会；汴皖之匪，救护者汴、皖各分会；东三省之盗，救护者东三省各分会；鄂汴之旱，救护者鄂、汴各分会；苏皖之水，救护者苏、皖各分会；潮汕之风，救护者粤、汕各分会。以逮全浙水灾、闽中兵患，沪总办事处近日频频出发救护队，救护温浙、潮汕。而倚赖于各分会者，成绩尤多，虽其他分会或有不能毅力进行，前曾特派调查，现拟更增采访，职有未尽，固宜取缔而望改图；功有特殊，尤当宏奖而昭激劝，深盼各分会不辞劳瘁，日起有功，我中国红十字会之希望新年者此其四。

尤希望各界同胞匡襄补助，善则赞之，过则规之，俾实事求是，凡百改良，国民之幸福日增，国际之光荣丕焕，斯我中国红十字会尤当额手称庆，引为深喜者已。

原载于《中国红十字会二十周年纪念册》1924 年

鄂同乡会欢迎汉红会代表

本埠湖北旅沪同乡会，昨晚六时，假北京路功德林欢迎汉口红十字分会代表王森甫、杜树棠、谢铸陈、方监予四君，到者关絅之、刘万青、孙松年、卢星阶、周霁光、陶理堂、盛采芝、张恕堂等二十五人。推关絅之、刘万青主席，由周霁光致欢迎词，略谓中国红十字会汉口分会，办理救护事业成效昭著，近如救济武昌兵灾，收容难民，掩埋浮棺尸骸各善举。其急公好义、乐善不倦之心，遐迩钦崇。兹者各代表不远千里而来为灾民请命，尤为敬佩，敝会同人设席欢迎，为诸君洗尘云。次由王代表森甫起谓谬承贵会招待，愧不敢当，此次衔命莅会为灾民乞赈，实属万不得已，武汉经此次兵燹后，百业停顿，经济枯窘，呼吁无门，告募维艰。而冬赈在即，待款孔殷，惟望贵会诸乡长量力援助则感激无慨云。又传观红会救护灾民，及收埋浮尸惨状图影，惨不忍睹，直至八时散会。

原载于《申报》1926 年 12 月 18 日

各省区灾况调查表

省别	灾别	灾情
陕西	疫、旱、兵、□、雹、蝗	灾区八十五县，灾民六百四十八万另二百三十七人
甘肃	旱、兵、匪、地震	灾区六十五县，灾民六百四十四万另八百四十二人
山西	旱、兵、匪、雹、蝗	灾区八十六县，灾民六百另一万七千八百九十七人
绥远	旱、雹、地震	灾区十七县，灾民一百四十九万八千八百八十九人
河北	水、兵、匪、雹、蝗、风	灾区八十二县，灾民六百另一万零二百四十六人
察哈尔	旱、蝗、霜、鼠	灾区十六县，灾民三百另六万八千四百三十二人
河南	风、旱、兵、匪、蝗、雹、霜	灾区一百一十一县，灾民七百五十一万七千六百二十九人
山东	水、兵、匪、蝗、旱、风	灾区八十三县，灾民五百万人
湖北	水、旱、兵、匪、□、蝗	灾区六十二县，灾民九百一十九万七千二百人
湖南	水、旱、□、兵、风、匪、疫	灾区六十三县，死亡者百余万人，损失破百万元
安徽	兵、匪、旱、水、雹、共	灾区四十一县，灾民五百四十六万一千八百八十二人
江苏	水、旱、蝗、□、匪、风	灾区十五县，灾民人数，尚无报告
浙江	水、风	灾区三十三县一市，灾民七十余万
广东	旱、水、□、匪、水、火、蝗、雹	灾区五十九县，一市，灾民一百二十七万一千八百人
广西	旱、火、水、蝗	灾区五十一县，一市，灾民三百十六万一千二百三十九人

（续表）

省别	灾别	灾情
江西	□、匪、水、旱、蝗、风	灾区六十九县，损失九千六百余万元，死伤者四万四千余人，灾民数目，尚无报告
总计灾区九百三十八县，灾民五千五百八十二万八千四百九十一人，湖南、江西两省死伤一百数十万人，灾民确数与江苏均无切实调查		

原载于《中国红十字会月刊》1931 年第 1 期

各机关各分会乞赈文电一览表

（自本年一月份起至本年三月份止）

（子京编）

来文机关	受灾地点	何种灾情
六安灾区振务委员会	安徽六安	匪、□
宿迁县临时救灾委员会	江苏宿迁	水、旱
泗阳县政府	江苏泗阳	匪
郾城县振务分会	河南郾城	旱、蝗、兵、匪
滑县赈灾分会	河南滑县	兵、匪
河南省振务会	河南全省	大雪
石首县善后委员会	湖北石首	匪、□
江西旅扬同乡赣灾善后协进会	江西吉安三十四县	匪
河南杞县县党部县政府振务分会等	河南杞县	兵、匪
中国红十字会禹县分会	河南禹县	水、旱、兵、匪
汉中灾民呼救会	陕西西乡镇巴等县	兵
泰兴县匪灾救济委员会	江苏泰兴	匪
河南省政府	河南新安渑池陕县等处	兵、匪
河南宜阳灾民代表请愿团	河南宜阳	匪、旱
安徽霍山县救灾委员会	安徽霍山	匪、□

（续表）

来文机关	受灾地点	何种灾情
河南省振务会	河南全省	兵、匪
陕西省振务会	陕西乾郿等县	旱、蝗
河南陕县党务整理委员会	河南陕县	兵
巴县临时振务委员会	四川巴县	水、旱
何应钦	江西全省	匪、□
国民政府振务委员会江西放振专员包寿钦等	江西永新等县	匪、□
青海省政府	青海全省	旱、蝗、兵、匪

原载于《中国红十字会月刊》1931 年第 1 期

全国红十字会统计

共计五百零七处、会员十一万余人

红十字会为欧洲各国所创始，现已普及全世界各国，该会专事办理慈善事业，造福人群实非浅鲜。我国年来对于该会之组织亦颇发达，全国计有分会五百零七处，会员人数达十一万二千二百八十六人。兹特将最近调查统计如下：（一）上海市二；（二）南京市一；（三）北平市一；（四）青岛市一；（五）江苏省七十；（六）浙江省三；（七）安徽省三七；（八）江西省一二；（九）湖北省二三；（十）湖南省一六；（十一）福建省八；（十二）广东省一二；（十三）广西省六；（十四）云南省二；（十五）贵州省二；（十六）四川省二〇；（十七）山东省四三；（十八）陕西省七；（十九）河北省五；（二十）河南省八三；（二十一）陕西省四；（二十二）辽宁省一五；（二十三）吉林省一五；（二十四）黑龙江省一〇；（二十五）哈尔滨市二；（二十六）热河省六。（新新社）

原载于《新闻报》1934 年 2 月 10 日

中国红十字会大事记

卫铁铮

第八年辛亥　清宣统三年，民国纪元前一年，西历一千九百十一年中国红十字会，本名为大清红十字会，改为今名，基于辛亥。固是年为我红会有关于革命之一时期也。查辛亥之秋，武汉起义，血战经旬，死伤甚众。清廷复派吕海寰为会长，以继盛宣怀，并派沈敦和、福开森为总董，会同协理救济事宜，于是时改名为中国红十字会。公举沈敦和为理事长，江绍墀为理事，开会筹捐。组织救护队三队，聘请英人柯师、丹麦人峨利生及王培元、杨智生诸医博士，率领男女看护队三十余人，于九月四日，驰赴战地，设临时医院于汉口、武昌、汉阳竭力救护，并派掩埋队从事掩埋，计共治疗伤病数千人，掩埋尸骸八千余具。同时，推设分会于宜昌、沙市、荆州、南京、宿州、正阳等处，各分会亦各组织医院，从事救护，而以南京分会之掩埋尸骸七百余具，天津分会之救护队驰赴战地，竭力救护，尤著劳绩。是时也，工作繁殷，需款綦巨，本会乃制定会员制度，经董事会决议，以捐二十五元者为正会员，二百元以上者为特列会员，一千元以上者为名誉会员，制造佩章、刊印凭照，由理事长签名发给，征集会员，以裕捐款。旬日之间，多至千余人，中国红十字会之明定会员制度，征求会员，以是年始也。

原载于《中国红十字会月刊》1935 年第 2 期

第二次征求会员各省市县委员题名录（续）（节录）

汉口市

队长：刘绍卿　杨辉庭　邓以诚　江述之　曹延祥　祝雍斋　李叔熙　周敏　祝鸿钧　宋如海　余常慎　刘汝霖　俞琼　周光汤　李玉英　陆德泽　阮绶　徐维荣　范香圃　计国桢　欧阳德胜

原载于《中国红十字会月刊》1936 年第 7 期

中国红十字会总会月刊纪念

汉口分会正会员王保民敬赠

博爱恤兵之宗旨，从此可发扬光大矣！

原载于《中国红十字会月刊》1936 年第 7 期

纪录：中国红十字会总会放振委员会第一次会议纪录

会场：本会议事室

日期：二十四年七月二十六日下午五时

出席者：王儒堂、王一亭、关䌹之、许静仁

主席：王一亭

纪录：卫锐锋

开会如仪

（甲）报告事项

一、报告本委员会系由本会理监事会第十三次联席会议决议成立，依照募捐办法第四项之规定，本委员会之职权为决定各灾区振款（包括振米、振衣等件）数额之支配；

二、报告截止七月二十四日止，共收放振款洋五万一千四百二十四元二角二分，除付振款洋三千〇七十五元一角四分，净存洋四万九千三百四十九元〇八分，共收面粉七千九百五十包，单夹棉衣裤约一万件；

三、报告本会前购治疫药水早经拨尽；

（乙）讨论事项

一、公推王一亭先生为主席；

二、本会迭据灾区各分会向本会请求援助振款、振粮、振衣及药品等件前来应如何支配，请讨论案；

决议：先放湖南、湖北、山东、江苏四省，每省各拨振款一万元，面粉二千包，衣服二千五百件，治疫药水五百匣，共计振款四万元，面粉八千包，面粉一万件，治疫药水二千匣，统交中国华洋义赈救灾总会散放，至尚少之面粉五十包由会购买补足。

散会：时间下午六时

主席：王一亭

原载于《中国红十字会月刊》1936年第9期

组织：分会一览表（节录）

湖北省共二十处：

武昌分会　汉口分会　沙市分会　襄阳分会

宜昌分会　鄂城分会　光化分会　老河口分会
潜江分会　鄀县分会　通城分会　樊城分会
蕲水分会　枣阳分会　均县分会　武穴分会
宜都分会　大冶分会　蕲春分会　钟祥分会

原载于《中国红十字会月刊》1937 年第 19 期

中国红十字会总分会一览表（节录）

<table>
<tr><td>总会</td><td colspan="3">会长：汪大燮　伯唐；
驻京副会长：蔡廷干　耀堂；
驻沪副会长：杨晟　小川；
理事长：庄录　得之</td></tr>
<tr><td>分会</td><td colspan="3"></td></tr>
<tr><td>省分</td><td>名称</td><td>主任</td><td>通讯处</td></tr>
<tr><td rowspan="17">湖北</td><td>武昌</td><td>黄祖徽</td><td>武昌斗级营</td></tr>
<tr><td>汉口</td><td>刘义方</td><td>汉口福建会馆堤街</td></tr>
<tr><td>潜江</td><td>涂家福</td><td>潜江张截港</td></tr>
<tr><td>通城</td><td>吴智人</td><td>通城</td></tr>
<tr><td>崇阳</td><td>殷□华</td><td>崇阳</td></tr>
<tr><td>宜都</td><td>雷春阳</td><td>宜都河桥大关庙</td></tr>
<tr><td>沙市</td><td>汪文灿</td><td>沙市商会内</td></tr>
<tr><td>襄阳</td><td>杨先惠</td><td>襄阳第一保卫团西首</td></tr>
<tr><td>郧县</td><td>史治平</td><td>郧县三桂保杨四将军行宫</td></tr>
<tr><td>黄冈</td><td>秦昱</td><td>黄冈汉川门正街</td></tr>
<tr><td>樊城</td><td>李广德</td><td>樊城钱业公所</td></tr>
<tr><td>大冶</td><td>郭寿昌</td><td>大冶黄石港</td></tr>
<tr><td>宜昌</td><td>盖多马</td><td>宜昌大南门同善堂</td></tr>
<tr><td>蕲水</td><td>姜南山</td><td>蕲水关岳庙</td></tr>
<tr><td>枣阳</td><td>李福田</td><td>枣阳县鹿头镇</td></tr>
<tr><td>蕲春</td><td>刘学海</td><td>蕲春县救生局</td></tr>
<tr><td>当阳筹备处</td><td></td><td>当阳商会</td></tr>
<tr><td colspan="4">说明：查本表编造截至十二年十二月止共正式成立者二百四十一处，其筹备者三十一处，此后续行成立者汇列下届表中合并注明</td></tr>
</table>

原载于《中国红十字会月刊》1937 年第 28 期

中华民国红十字会总会所属分会一览表（节录）

（中华民国廿六年十一月三十日编）
（各省区均以换发图记先后为序）

（五）湖北省（共十二处）

大冶县　广济县　宜昌县　钟祥县　汉口市　宜都县　通城县　江陵县　郧县　襄阳县　鄂城县　武昌市

……

共计二百四十五处：内已换发图记者二百三十九处，特准暂缓合并者一处，尚未换发图记者五处。

原载于《中国红十字会月刊》1937年第30期

中华民国红十字会总会驻汉办事处鸣谢广告

本会驻汉办事处自□月一日起至九月二十六日止，蒙各界大善士捐助款项及购品材料甚多，嘉惠我伤将士，实匪浅鲜。除掣奉正式收据外，兹再将台衔列后以资征信而扬仁风（再本会上海总会香港办事处在沪港所收捐款物品另由各该负责机关就地登报鸣谢合并声明）。无名氏大善士国币一万元（收据第四六三八号），大公报馆经募一元另四分（硬币一元折合），香港九龙关同仁九十五元（陈肇文君三十元、张钟声君十元、盛元青君十元、陈仲文君二十元、林光震君十元、邓兆勤君十元、陈云程君五元），又九龙关同人二十七元（港币十五元，折合计孙贻谋君二元、蔡福华君二元、王恩耀君三元、冯镇南君二元、王炳志君五元、李修龄君一元），大公报馆经募硬币十二元，潮海关华员同仁二百九十二元三角，Miss Mathllde Vasel 三十元，矿青小学（广州教育厅转来）一百二十九元，大公报馆经募十三元八角一分（金戒一只折合如十数），B Pinchley Congregation Curch Sunday School 三十一元四角四分（£ 1-3-7 折合），Miss U. K. Shebboare 二十六元六角七分（£ 1-折合），Mr. W. I. K. Croden（Scout Commission The Lizare）二十六元六角七分（£ 1-折合），美国芝加哥中国救济会药品材料五十件（另详清单），华成电器厂武汉办事处十滴水十盒（计五百瓶）又十大瓶，吴云灿君药品一件，沈教昌大夫药品一批（另详清单），大公报馆经募中小型铜综质银鼎四只，德国红十字会药品材料九百八十件（另详清单），中国国货银行棉军衣袴十八件，美国芝加哥救济协会药品五件（另详清单），香港养和医院药品十二瓶，香港工人后援会药品十八件（另详清单），香港妇女慰劳会药品十五件（另详清单），美国纽约救济中国协会药品四十一件（另详清单），美国加利福尼亚洲（州）斯妥克顿中国协会药品十六箱，瑞典红十字会药品五件（另详清单），香港国际救护委员会药品三十件（另详清单），上海万国红十字会药品十一件（另详清单），荷兰华侨后援会药品二十件（另详清单），瑞典人民援华协会药品二百件（另详清单），巴拿马十字会药品材料九件（另详清单），美国援华医药救济会药品材料三十八件（另详清单），加拿大华侨药品材料九件，香港万国医药救济会药品材料十一件（另详清单），American Bureau Pot Medical aid to China New York（香港妇女慰劳会转来）药品材料七件（另详清单），波兰红十字会药品材料一件（另详清单），瑞典人民药品材料二件（另详清单），International Committee Dela Cralx Rauge，Geneva 药品材料五件（另详清单），吴云灿大夫药品一件，胡文虎君（赈济委员会转来）药品十件（另详清单）。

地址：特三区怡和街一号　电话：二三三〇二

原载于《大公报》1938 年 9 月 27 日

上海国际红十字会支配赈款顾问委员会募捐启

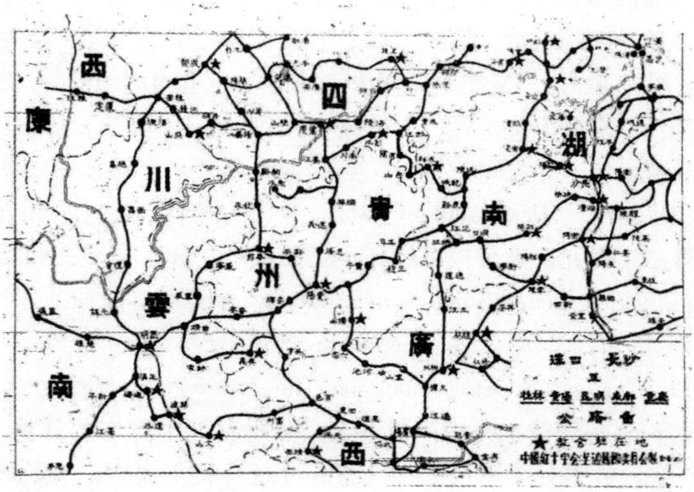

自战事移至华中各省后，当地居民，群赴川、黔、滇、桂等省避难，过去二月间，由汉口撤退者，已达二十万人。第以舟车缺乏，费用支绌，率多徒步远征，一路忍饥耐暑，露宿风餐，困苦情形，匪言可喻。倘不加以援助，恐锋镝余生，将因长途跋涉而疲病！上图表示贯通桂林、贵阳、昆明、成都、重庆等处之公路。沿途重要都市，均有教会可为难民服务。如承各界善士慷慨输将，本会赈款分配委员会当以是项捐款，分拨各地教会，办理救济也。

原载于《中国红十字会上海国际委员会救济月刊》1938 年第 4 期

汉日军留难难民米谷

（汉口）据此间探悉，汉口日本当局，现拒绝发给国际红十字会难民米谷之运输通行证，竟要求所有米谷，应交汉口和平维持会，代为分散。国际红十字会对于日方要求，当即严峻拒绝。八千中国难民遂因日本当局之留难，均有断粮之虞。（十四日海通社电）

原载于《申报》1939 年 2 月 15 日

图书在版编目(CIP)数据

中国红十字运动史料选编·湖北专辑(第十一辑)/宋悦明,池子华主编. —合肥:合肥工业大学出版社,2019.6

(红十字文化丛书)

ISBN 978-7-5650-4528-8

Ⅰ.①中… Ⅱ.①宋…②池… Ⅲ.①红十字会—史料—湖北 Ⅳ.①D632.1

中国版本图书馆 CIP 数据核字(2019)第 129732 号

中国红十字运动史料选编·湖北专辑(第十一辑)

宋悦明 池子华 主编

责任编辑	章 建 张 燕
出版发行	合肥工业大学出版社
地　　址	(230009)合肥市屯溪路 193 号
网　　址	www.hfutpress.com.cn
电　　话	总 编 室:0551-62903038 市场营销部:0551-62903198
开　　本	710 毫米×1010 毫米 1/16
印　　张	19
字　　数	323 千字
版　　次	2019 年 6 月第 1 版
印　　次	2019 年 7 月第 1 次印刷
印　　刷	安徽昶颉包装印务有限责任公司
书　　号	ISBN 978-7-5650-4528-8
定　　价	50.00 元

如果有影响阅读的印装质量问题,请与出版社市场营销部联系调换。